Andreas Stender

Netzinfrastruktur-
Management

Konzepte für die Elektrizitätswirtschaft

D1720272

GABLER EDITION WISSENSCHAFT

Bibliografische Information der Deutschen Nationalbibliothek
Die Deutsche Nationalbibliothek verzeichnet diese Publikation in der
Deutschen Nationalbibliografie; detaillierte bibliografische Daten sind im Internet über
<http://dnb.d-nb.de> abrufbar.

Dissertation Universität St. Gallen, 2008

1. Auflage 2008

Alle Rechte vorbehalten
© Gabler | GWV Fachverlage GmbH, Wiesbaden 2008

Lektorat: Frauke Schindler / Britta Göhrisch-Radmacher

Gabler ist Teil der Fachverlagsgruppe Springer Science+Business Media.
www.gabler.de

Umschlaggestaltung: Regine Zimmer, Dipl.-Designerin, Frankfurt/Main
Gedruckt auf säurefreiem und chlorfrei gebleichtem Papier

ISBN 978-3-8349-1345-6

Vorwort

Selten lässt sich Wissenschaft derart mit aktuellen Praxisentwicklungen verbinden wie im Rahmen der vorliegenden Arbeit. Über das vorrangige Ziel der Fortführung meiner akademischen Laufbahn hinaus eröffnete mir das Dissertationsprojekt zusätzlich die Möglichkeit, mich mit dem Wandel des Netzgeschäftes in der Elektrizitätswirtschaft in einem hochaktuellen praktischen Themengebiet weiter zu vertiefen. Auf diese Weise konnte ich aus dem hohen Zeitaufwand für das Promotionsstudium auch einen direkten inhaltlichen Nutzen für meine weitere Praxislaufbahn ziehen.

Vor diesem Hintergrund gilt mein Dank an vorderster Stelle meinem Referenten Herrn Prof. Dr. oec. publ. et Dipl. Ing. ETH Reiner Fickert. Neben seiner stets hohen Hilfsbereitschaft und zahlreichen wertvollen Ratschlägen begünstigten insbesondere das gewährte Maß an wissenschaftlicher Freiheit und die unkomplizierte Art der Betreuung den Erfolg des Dissertationsprojektes sehr.

Herrn Prof. Dr. rer. pol. Andreas Grüner danke ich herzlich für die Übernahme des Korreferates. Das vermittelte große Interesse am Thema der Arbeit stellte er durch eine ebenfalls hohe Hilfsbereitschaft und viele sehr förderliche Diskussionsbeiträge unter Beweis.

Mein Dank gilt weiterhin den zahlreichen Diskussionspartnern aus der Unternehmens- und Beratungspraxis. Durch ihre Teilnahme an den Praxisinterviews und die oftmals weitere Zusammenarbeit wurde die praktische Relevanz und Einsatzfähigkeit der entwickelten Lösungsansätze maßgeblich unterstützt.

Während des Dissertationsprojektes standen mir zudem einige Freunde innerhalb und außerhalb der HSG für Konsultationen jeglicher Art zur Seite. Für ihre Unterstützung danke ich insbesondere Dipl. oec. Alexander Becker, Dr. rer. pol. Daniel Besse, Dr. rer. pol. Bernd Ital, Dr. rer. pol. Florian Meister, lic. oec. Philipp Meixner, lic. oec. Björn Petersen und Dr. oec. Lucian Schönefelder. Zudem gilt mein besonderer Dank meinem Bruder cand. rer. pol. Christian Stender.

Nicht zuletzt möchte ich meinen Eltern für ihre liebevolle Unterstützung danken. Sie gaben mir wie in allen vorherigen Ausbildungsstufen stets den nötigen Rückhalt, bestärkten mich in meinen Zielen und standen mir in schwierigen Lagen motivierend zur Seite. Ihnen ist diese Arbeit gewidmet.

St. Gallen, Juni 2008   Andreas Stender

Inhaltsverzeichnis

Zusammenfassung

Die Elektrizitätswirtschaft befindet sich aktuell in einem fundamentalen Wandel durch weltweite Liberalisierungsbestrebungen. Zentrale Merkmale des generellen Liberalisierungspfades sind die Abspaltung des Netzgeschäftes aus der integrierten Wertschöpfungskette der etablierten Stromversorgungsunternehmen bzw. ehemaligen Monopolisten – das so genannte „Unbundling" – und die Einführung von regulatorischen Effizienzvorgaben für die Netznutzungsentgelte – die so genannte „Anreizregulierung". Für das bislang wenig anspruchsvolle Performance Management im natürlichen Monopolbereich des Netzgeschäftes bedeuten diese Entwicklungen eine erhebliche Steigerung der Anforderungen. Erste Erfahrungen mit Unbundling und Anreizregulierung aus Großbritannien zeigen zum Beispiel, dass den neuen Rahmenbedingungen häufig nur mit einem übermäßigen Substanzverzehr der Netzinfrastruktur begegnet werden konnte.

Die vorliegende Arbeit entwickelt ein Konzept für das Management eines eigenständigen Stromverteilungsnetzgeschäftes im Rahmen einer Anreizregulierung mit vorgegebenen Erlösgrenzen. Es wurde ein Framework für eine möglichst umfassende, aber auch verständliche Beurteilung und Steuerung der unternehmerischen Performance der Netzinfrastruktur geschaffen. Kern des Frameworks ist ein Netz-Performance Cockpit (NPC), das aus der Perspektive des Asset Managements eine integrierte Gesamtbetrachtung der wesentlichen Performancebereiche des Netzgeschäftes ermöglicht. Aus Sicht der Asset Owner können mit dem NPC insbesondere die technischen Restriktionen des Stromnetzgeschäftes wie die Begrenzung des aktuellen Störungsrisikos und die Sicherstellung der langfristigen Versorgungsqualität auch für branchenfremde Finanzanalysten nachvollziehbar dargestellt werden. Die konkrete Ausgestaltung des Performance Managements auf Basis des NPCs wird durch das im Rahmen der Arbeit durchgängig verwendete Fallbeispiel „City-Network" veranschaulicht.

Die praktische Relevanz und Einsatzfähigkeit der konzeptionellen Ansätze dieser Arbeit wurden durch Praxisinterviews bei 15 Energieversorgungsunternehmen und 7 Unternehmensberatungen unterstützt.

Abstract

The electricity industry is currently experiencing a fundamental change caused by worldwide liberalization efforts. The separation of the grid business from the integrated value chain of the incumbent utilities or former monopolists – the so called "unbundling" – and the introduction of regulatory efficiency targets for grid fees – the so called "incentive regulation" – are central characteristics of the general liberalization path. These developments substantially increase the requirements for the so far little ambitious performance management of the naturally monopolistic network business. Initial experiences with unbundling and incentive regulation in Great Britain show for example that the new regulatory framework could in many cases only be mastered with an excessive depletion of network infrastructure assets.

This thesis develops a concept for the management of a stand-alone electricity distribution business within an incentive regulation. A network infrastructure management framework for a comprehensive and understandable evaluation and steering of the business performance of network infrastructure was generated. Core of the framework is a Network Performance Cockpit (NPC), which enables an integrated reflection of the substantial performance areas of the network business from an asset manager perspective. From an asset owner's view, complex technical business restrictions, i.e. the current breakdown risk or long-term quality of supply constraints, can be comprehensibly represented for financial analysts of other non-industry experts. The concrete application of the NPC is illustrated by the case study "City-Network" that is consistently used in the context of this thesis.

The practical relevance and feasibility of the methods and approaches of this thesis are supported by expert interviews with 15 utility companies and 7 management consulting companies.

Abbildungsverzeichnis

Tabellenverzeichnis

Abkürzungsverzeichnis

AK/HK	Anschaffungs-/Herstellungskosten
ASB	Accounting Standards Board
BCF	Brutto Cash Flow
BIB	Brutto-Investitionsbasis
bspw.	beispielsweise
bzgl.	bezüglich
CAIDI	Customer Average Interruption Duration Index
CAPEX	Capital Expenditures (Investitionsauszahlungen)
CAPM	Capital Asset Pricing Model
CIGRE	International Council on Large Electric Systems
CFROI	Cash Flow Return on Investment
CVA	Cash Value Added
DEA	Data Envelopment Analysis
DCF	Discounted Cash Flow
DCVA	Discounted Cash Value Added
EAT	Earnings after Taxes
EBIAT	Earnings before Interest after Taxes
EBIT	Earnings before Interest and Taxes
EBITDA	Earnings before Interest, Taxes, Depreciation and Amortization
EK	Eigenkapital
EP	Economic Profit
ERM	Enterprise Risk Management
EU	Europäische Union
EVU	Energieversorgungsunternehmen
evtl.	eventuell
FASB	Financial Accounting Standards Board
FCF	Free Cash Flow
ff.	folgende
FK	Fremdkapital
GDP	Gross Domestic Product (Bruttoinlandsprodukt)
ggf.	gegebenenfalls
grds.	grundsätzlich
HS	Hochspannung
IASB	International Accounting Standards Board
ICF	Investiver Cash Flow
i. d. R.	in der Regel
IPO	Initial Public Offering

IRR	Internal Rate of Return
KV	Kilovolt
MS	Mittelspannung
MVA	MegaVoltAmpere
MWH	Megawattstunden
NIM	Netzinfrastruktur-Management
NOA	Net Operating Assets
NPC	Network Performance Cockpit
NPM	Network Performance Management
NS	Niederspannung
NSM	Network Strategy Map
OCF	Operativer Cash Flow
OFGEM	The Office of Gas and Electricity Markets
o. g.	oben genannt
OPEX	Operating Expenditures (Kosten der operativen Geschäftstätigkeit exklusive Abschreibungen; z.b. Personal-, Material- und Dienstleistungskosten)
PAS	Publicly available Specification
PPI	Public Private Infrastructure
PSERC	Power Systems Engineering Research Center
RAV	Regulated Asset Value
RCN	Replacement Cost New (Wiederbeschaffungskosten zum Tagesneuwert)
REVU	Regionalversorgungsunternehmen
RIMAP	Risk-based inspection and maintenance procedures for european industries
ROE	Return on Equity
RONOA	Return on Net Operating Assets
SAIDI	System Average Interruption Duration Index
SAIFI	System Average Interruption Frequency Index
SFAC	Statement on Financial Accounting Concepts
sog.	so genannte
SST	Schaltstation
StromNEV	Stromnetzentgeltverordnung
TOTEX	Total Expenditure bzw. Gesamtkosten (OPEX zzgl. Abschreibungen und Gesamtkapitalkosten)
u. a.	unter anderem
UK	United Kingdom
USPG	Umspannung
u. U.	unter Umständen

v. a.	vor allem
VaR	Value at Risk
VBM	Value Based Management
vgl.	vergleiche
WACC	Weighted Average Cost of Capital
WBW	Wiederbeschaffungswert
WEA	Windenergieanlage
z. B.	zum Beispiel
z. T.	zum Teil
zzgl.	zuzüglich

1 Einleitung

1.1 Problemstellung

Die Elektrizitätsversorgung ist eine der wichtigsten und kapitalintensivsten Infrastrukturen einer entwickelten Volkswirtschaft. Aufgrund der mangelnden Substituierbarkeit des Gutes Strom bestimmen die Sicherheit und die Kosten der Elektrizitätsversorgung das wirtschaftliche und gesellschaftliche Geschehen eines Landes maßgeblich mit.[1] Hinsichtlich der Sicherstellung einer funktionierenden und günstigen Elektrizitätsversorgung kommt dabei neben den Stromerzeugungsanlagen vor allem der Netzinfrastruktur eine zentrale Bedeutung zu.

Weltweit belaufen sich die durchschnittlichen jährlichen Investitionen für Stromnetze nach einer OECD-Schätzung aktuell auf ca. 127 Mrd. US-$. Sie werden sich in den nächsten Jahren auf bis zu 241 Mrd. US-$ im Zeitraum 2020–2030 verdoppeln. Die Stromnetzinfrastruktur bildet diesbezüglich – neben dem Bereich Wassernetz – den am stärksten wachsenden großen Infrastruktursektor (siehe Abb. 1).

Derzeit vollzieht sich insbesondere in Europa ein fundamentaler Wandel des Stromnetzgeschäftes, dem im Rahmen dieser Arbeit zwei wesentliche Entwicklun-

Netz-infra-struktur-typ	2000–2010 (Mrd. US-$)	Anteil am World-GDP (%)	2010–2020 (Mrd. US-$)	Anteil am World-GDP (%)	2020–2030 (Mrd. US-$)	Anteil am World-GDP (%)
Elektrizität	127	0,22	180	0,24	241	0,24
Schiene	49	0,09	54	0,07	58	0,06
Straße	220	0,38	245	0,32	292	0,29
Telekommunikation	654	1,14	646	0,85	171	0,17
Wasser	576	1,01	772	1,01	1.037	1,03

Abb. 1: Durchschnittliche jährliche Infrastrukturinvestitionen weltweit 2000–2030 (geschätzte Neu- und Ersatzinvestitionen)[2]

---

[1] Zum Beispiel werden die volkswirtschaftlichen Kosten des großen Blackouts in Nordamerika am 14. August 2003, der über 50 Millionen Menschen bis zu 2 Tage von der Elektrizitätsversorgung abschnitt, auf 4,5 bis 8,2 Milliarden US-Dollar geschätzt, die sich im Wesentlichen aus entgangenen Unternehmenseinnahmen und Löhnen, Kosten durch verdorbene Produkte, direkten Schadenkosten der Versorgungsunternehmen und zusätzlichen Staatskosten zusammensetzen (vgl. ANDERSON et al. (2003).

[2] Vgl. Organisation for Economic Cooperation and Development (OECD) (2006), S. 29.

gen zugeschrieben werden: das Unbundling der Utility-Wertschöpfungskette sowie die Einführung einer Anreizregulierung für die Netzerlöse (siehe Abb. 2).

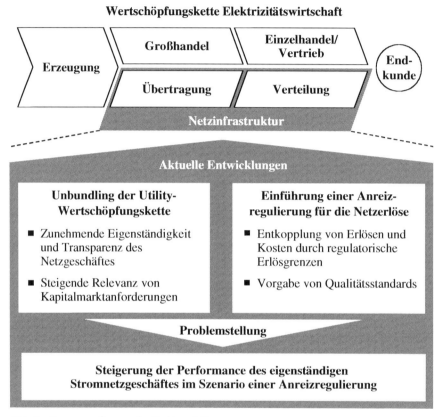

Abb. 2: Zusammenfassung der Problemstellung

Der Begriff „**Unbundling**" umfasst die gesetzlich vorgeschriebene Abspaltung der Netzinfrastruktur aus der bis dahin stark integrierten Wertschöpfungskette der Elektrizitätswirtschaft.[3] Dieses wurde aus Sicht der Gesetzgeber erforderlich, weil die ehemaligen Monopolisten wie EDF (Frankreich), E.ON, RWE oder ENBW (Deutschland), Endesa (Spanien) oder Enel (Italien) nach der Öffnung des Endkundenmarktes für neue Wettbewerber aufgrund des in ihrem Besitz befindlichen Stromnetzes einen strukturellen Wettbewerbsvorteil besaßen. Durch die Kontrolle des Stromdurchleitungsweges zum Endkunden konnten z.B. die Kosten für die Netz-

---

[3] Vgl. MEISTER (2007), S. 270.

nutzung so gestaltet werden, dass die verbleibende mögliche Marge für neue Strom-
anbieter zu gering für einen ernsthaften Geschäftsaufbau war.[4] Darüber hinaus hatten
die ehemaligen Monopolisten über die für sie verfügbaren Netzdaten gegenüber neu-
en Wettbewerbern Informationsvorsprünge im Bereich Kundenakquise und -betreu-
ung. Aus Sicht der etablierten Stromversorger konnte der natürliche Monopolbereich
der Netzes daher als ein „Herzstück" ihrer Wertschöpfungskette betrachtet werden,
das nach dem Start der Marktliberalisierung im Rahmen einer verflochtenen Utility-
Wertschöpfungskette einen wirksamen Schutz gegen neue Wettbewerber im Endkun-
denmarkt bot.[5]

Mit dem gesetzlich vorgeschriebenen Unbundling verfolgen die zuständigen Regulierungsbehörden das Ziel, wettbewerbswidrige Synergieeffekte durch die gemeinsame Kontrolle von Netzinfrastruktur und übrigen Utility-Wertschöpfungsstufen zu
eliminieren.[6] Bezüglich des vorgeschriebenen Umfangs des Unbundling können
prinzipiell fünf verschiedene Unbundlingstufen unterschieden werden (siehe Abb. 3).
In den EU-Staaten wird diesbezüglich die Stufe des Legal Unbundling für die betreffenden Netzbetreiber verbindlich vorgegeben.[7] In der Schweiz ist das Unbundling
erst seit neuester Zeit geregelt. Gemäß dem per 1. Januar 2008 in Kraft gesetzten
Schweizer Stromversorgungsgesetz (StromVG) muss der Verteilnetzbereich in
Schweizer Elektrizitätsversorgungsunternehmen buchhalterisch und informatorisch
von den übrigen Wertschöpfungsstufen getrennt werden.[8]

Im Rahmen eines fortgeschrittenen Unbundling wie dem für die EU vorgesehenen
Legal Unbundling bildet die Netzinfrastruktur künftig einen eigenständigen Ge-
schäftsbereich innerhalb der Utility-Wertschöpfungskette, dessen finanzielle Performance zunehmend transparenter wird. Für das Management eines solchen neu defi-

---

[4] Möglichkeiten zur Kostengestaltung ergaben sich z. B. durch die überproportionale Verrechnung von Vertriebsgemeinkosten in die Netznutzungsentgelte für das Stromverteilungsnetz. In
diesem Fall würden neue Wettbewerber den Vertrieb des ehemaligen Monopolisten über die
Netznutzungsentgelte mitfinanzieren.

[5] Zur näheren Erläuterung des allgemeinen Liberalisierungspfades der Elektrizitätswirtschaft
siehe Abschnitt 2.2.

[6] Vgl. Meister (2007), S. 270.

[7] Für die Staaten der europäischen Union ist das Unbundling durch die EU-Richtlinie
2003/54/EG geregelt. Die Anforderung des Unbundling ist in der EU-Richtlinie z. B. für Ver-
teilungsnetzbetreiber in Artikel 15 Absatz 1 wie folgt verfasst: „Gehört der Verteilernetzbetrei-
ber zu einem vertikal integrierten Unternehmen, so muss er zumindest hinsichtlich seiner
Rechtsform, Organisation und Entscheidungsgewalt unabhängig von den übrigen Tätigkeits-
bereichen sein, die nicht mit der Verteilung zusammenhängen. Diese Bestimmungen begrün-
den keine Verpflichtung, eine Trennung in Bezug auf das Eigentum des vertikal integrierten
Unternehmens an Vermögenswerten des Verteilernetzes vorzunehmen."

[8] Vgl. StromVG vom 23. 3. 2007 (Stand 1. 1. 2008), Art. 10 (Bundesversammlung der Schweizerischen Eidgenossenschaft (2007)).

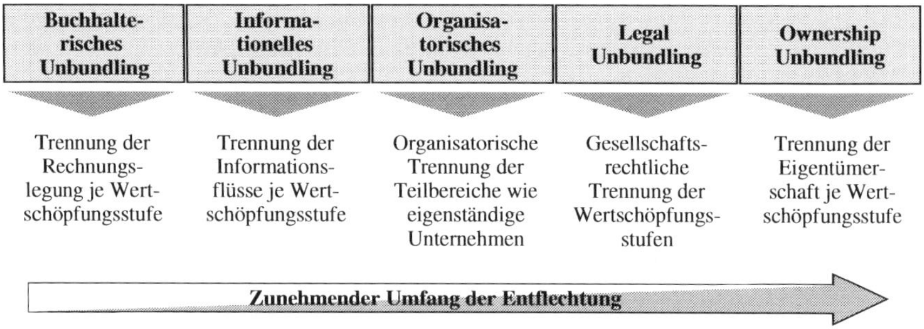

Buchhalte- risches Unbundling	Informa- tionelles Unbundling	Organisa- torisches Unbundling	Legal Unbundling	Ownership Unbundling

Trennung der Rechnungs- legung je Wert- schöpfungsstufe	Trennung der Informations- flüsse je Wert- schöpfungsstufe	Organisatorische Trennung der Teilbereiche wie eigenständige Unternehmen	Gesellschafts- rechtliche Trennung der Wertschöpfungs- stufen	Trennung der Eigentümer- schaft je Wert- schöpfungsstufe

Zunehmender Umfang der Entflechtung

Abb. 3: Mögliche Ausprägungen des Unbundling[9]

nierten Geschäftsbereiches bedeutet dies die Herausforderung, die Anforderungen von Anteilseignern und Fremdkapitalgebern künftig ohne den bisherigen „Deck- mantel" wettschöpfungskettenübergreifender Synergien eigenständig zu erfüllen.

Die zweite fundamentale Veränderung im Stromnetzgeschäft umfasst die Einfüh- rung einer **Anreizregulierung** für die Netzerlöse.[10] Diese hat den Hintergrund, dass die Netzentgelte aufgrund des fehlenden Wettbewerbs im natürlichen Monopol- bereich des Netzes traditionell im Rahmen einer klassischen Zuschlagskalkulation auf Basis der unternehmensindividuellen Kosten ermittelt wurden.[11] Dieses „Cost Plus"-Modell der Entgeltkalkulation liefert allerdings keinen finanziellen Anreiz für Effizienzsteigerungsmaßnahmen wie die Optimierung von Instandhaltungszyklen oder technische Innovationen im Anlagenbereich. Im Gegenteil, hier basieren Ge- winne aufgrund der Zuschlagskalkulation gerade auf einem hohen Kostenniveau. Um auch im natürlichen Monopolbereich des Netzes einen Kostendruck zu Gunsten verbraucherfreundlicher Netznutzungsentgelte zu erzeugen, werden im Rahmen der Anreizregulierung Erlösgrenzen bzw. Revenue Caps vorgegeben, die zu einer Budgetbegrenzung für Stromnetzbetreiber führen (siehe Abb. 4).[12]

---

[9] In Anlehung an SEIFERTH et al. (2003), S. 225; MEISTER (2007), S. 270.

[10] Die Einführung einer Anreizregulierung bezieht sich in den EU-Staaten auf die Sicherstellung der Erfüllung der in Artikel 14 Absatz 1 definierten Aufgabe eines Verteilnetzbetreibers, „ein sicheres, zuverlässiges und effizientes Elektrizitätsverteilernetz" zu unterhalten (vgl. Europä- ische Union (2003)). In der Schweiz existieren nach aktuellem Kenntnisstand bisher noch kei- ne expliziten Regelungen bezüglich einer Anreizregulierung.

[11] Zum Beispiel werden die Stromnetzentgelte in Deutschland gemäß der Stromnetzentgelt- verordnung (StromNEV) 2005 aus den jährlichen netzbezogenen Kosten einschließlich Fremdkapitalzinsen und kalkulatorischen Steuern zuzüglich eines festen Gewinnzuschlag- satzes auf Basis des investierten Eigenkapitals ermittelt (vgl. Bundesministerium der Justiz (2005)), § 17 Ermittlung der Netzentgelte).

[12] Zur näheren Erläuterung konkreter Ausgestaltungsformen der Anreizregulierung siehe Ab- schnitt 2.3.

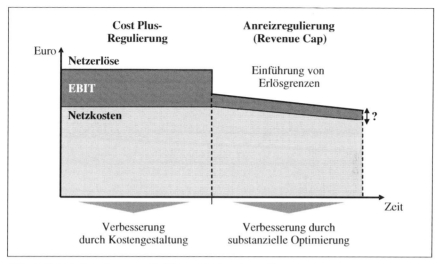

Abb. 4: Prinzipdarstellung zur Einführung der Anreizregulierung

Durch den Übergang von der Cost Plus- zur Anreizregulierung geht das Stromnetz-geschäft von einer Situation mit prinzipiell nicht knappen Ressourcen in eine Situation mit knappen Ressourcen über, wodurch sich die Managementkomplexität erheblich erhöht. Während für das Stromnetzgeschäft in der Cost Plus-Regulierung aufgrund gesicherter Gewinne keine Notwendigkeit für Innovationen im Performance Management bestand, wird durch die Einführung der Anreizregulierung eine Neudefinition von Geschäftsmodellen, Steuerungskonzepten und Führungsprozessen erforderlich.

Das Unbundling der Utility-Wertschöpfungskette und die Einführung der Anreizregulierung führen somit zu erheblich gestiegenen Anforderungen an das Netzinfrastruktur-Management in der Elektrizitätswirtschaft. Erste Erfahrungen mit Unbundling und Anreizregulierung aus Großbritannien zeigen zum Beispiel, dass dem entstandenen Performancedruck häufig nur durch einen übermäßiger Substanzverzehr der Netzinfrastruktur begegnet werden konnte.[13]

Der dargestellte fundamentale Wandel des Stromnetzgeschäftes und seine Konsequenzen für die Netzsteuerung führen zu der Frage, wie ein eigenständiges Netzinfrastruktur-Management in der Elektrizitätswirtschaft im Szenario einer Anreizregulierung mit vorgegebenen Erlösgrenzen künftig ausgestaltet werden sollte.

---

[13] Zum Beispiel räumte die UK-Regulierungsbehörde OfGEM für die aktuelle Regulierungsperiode 2006–2010 aufgrund aufgestauter Erneuerungsinvestitionen aus den Vorperioden eine durchschnittliche Erhöhung der CAPEX-Budgets um ca. 50% ein. Vgl. EVELEIGH (2005), S. 13.

1.2   Zielsetzung der Arbeit

Ziel der Arbeit ist die Entwicklung eines Netzinfrastruktur-Management (NIM)-Frameworks für eine integrierte Beurteilung und Steuerung der Performance des Stromnetzgeschäftes nach Umsetzung des Unbundling und der Anreizregulierung mit vorgegebenen Erlösgrenzen.[14] Die im Rahmen des NIM-Frameworks erarbeiteten Konzepte sollen eine Grundlage dafür geben, wie Stromnetzbetreiber ihre finanzielle Performance hier bei gleichzeitiger Erhaltung einer angemessenen Versorgungsqualität nachhaltig steigern können.

Das Stromnetzgeschäft war in der Vergangenheit nur einem geringen Performancedruck ausgesetzt und wurde vermutlich aus diesem Grunde in der wissenschaftlichen Diskussion zum Performance Management bislang kaum betrachtet. Durch die vorliegende Arbeit soll diesbezüglich ein spezifischer Beitrag geliefert werden, der auf die besonderen Rahmenbedingungen des Performance Managements im Stromnetzgeschäft wie dem speziellen Entscheidungsspielraum im Rahmen des regulierten natürlichen Monopols oder den zu Grunde liegenden extrem langfristigen Ursache-Wirkungs-Beziehungen eingeht. Die Arbeit richtet sich im Bereich der Wissenschaft daher insbesondere an Leser, die sich für branchenspezifische Weiterentwicklungen des Performance Managements interessieren.

Neben der geschäftsspezifischen Erweiterung der wissenschaftlichen Diskussion zum Performance Management soll das NIM-Framework zudem auch als eine mögliche Grundlage für die praktische Ausgestaltung des Netzinfrastrukturmanagements dienen können. Die Arbeit richtet sich vor diesem Hintergrund insbesondere an das Management und die Anteilseigner von Stromnetzbetreibern sowie an interessierte potentielle Investoren. Aus der Perspektive des Managements soll das NIM-Framework dabei eine Fokussierung der internen Steuerung auf die Steigerung des Netzwertes aus Anteileignersicht ermöglichen. Aus der Perspektive der Anteilseigner sollen mit Hilfe des NIM-Frameworks vor allem die technischen Restriktionen des Stromnetzgeschäftes wie die Begrenzung des aktuellen Störungsrisikos und die Sicherstellung der langfristigen Versorgungsqualität auch für branchenfremde Finanzanalysten nachvollziehbar dargestellt werden können. Als erweiterter Adressatenkreis in der Praxis werden zudem die weiteren Stakeholder des Stromnetzgeschäftes – z. B. der Regulator, Kunden oder Konzessionsgeber – in Betracht gezogen, denen das NIM-Framework eine verbesserte Transparenz der Performance des Stromnetzgeschäftes ermöglichen soll.

Da die spezifischen Wertschöpfungsstufen des Stromnetzgeschäftes „Stromübertragung" und „Stromverteilung" wesentliche Unterschiede hinsichtlich Technik, Kos-

---

[14] Als zu Grunde liegende Unbundlingstufe wird dabei mindestens von einem organisatorischen Unbundling ausgegangen. Das heißt, dass der Bereich der Netzinfrastruktur als eigenständiges Geschäft innerhalb der Utility-Wertschöpfungskette betrachtet wird.

tenstruktur und Netznutzungskunden aufweisen, wird im Rahmen der Arbeit zur Fokussierung der Untersuchung des Betrachtungsobjektes eingegrenzt. Die vorliegende Arbeit konzentriert sich diesbezüglich auf das Netzinfrastruktur-Management im Bereich der Stromverteilung, der im Vergleich zur Stromübertragung die bei weitem höhere Kapitalintensität und höhere Anzahl physischer Assets zukommt.[15]

1.3 Vorgehensweise

1.3.1 Struktur der Arbeit

Die vorliegende Arbeit ist in drei Hauptkapitel gegliedert (siehe Abb. 5). Im ersten Hauptkapitel (Abschnitt 2) werden zur Vorstellung des Untersuchungsobjektes die Grundlagen und aktuellen Herausforderungen des Netzgeschäftes in der Elektrizitätswirtschaft aufgezeigt. Dazu wird eingangs die Zusammensetzung der Wertschöpfungskette der Elektrizitätswirtschaft dargestellt, auf deren Basis im Anschluss die Liberalisierung der Elektrizitätswirtschaft erläutert wird. Darauf aufbauend werden die aus dem Liberalisierungspfad resultierenden aktuellen Rahmenbedingungen des Stromnetzgeschäftes vorgestellt. Es wird diesbezüglich zunächst die Methodik der Anreizregulierung erörtert und im Anschluss die Unternehmensstruktur von eigenständigen Stromnetzbetreibern dargelegt. Zum Abschluss des ersten Hauptkapitels werden die aus den aktuellen Rahmenbedingungen resultierenden Herausforderungen für Stromnetzbetreiber auf Basis von Ergebnissen der im Rahmen der Arbeit durchgeführten Praxisinterviews konkretisiert.

Im zweiten Hauptkapitel (Abschnitt 3) wird ein Überblick verschafft über den Status Quo der bereits bestehenden Konzepte für das Netzinfrastruktur-Management. Es werden dafür zunächst die allgemeinen und besonderen Konzeptanforderungen an das Netzinfrastruktur-Management definiert und die diesbezüglichen grundsätzlichen Konzeptgrenzen in Hinblick auf verhaltensbezogene Aspekte im Rahmen des Performance Managements abgegrenzt. Daraufhin werden die bestehenden allgemeinen und geschäftsspezifischen Management-Konzepte für das Netzinfrastruktur-Management in der Elektrizitätswirtschaft überblicksweise vorgestellt und im Rahmen einer abschließenden Beurteilung den definierten Konzeptanforderungen gegenübergestellt.

Aufgrund der aufgezeigten Grenzen der bestehenden Konzepte wird im dritten Hauptkapitel (Abschnitt 4) das Netzinfrastruktur-Management (NIM)-Framework

---

[15] Zur konkreten Abgrenzung der beiden Wertschöpfungsstufen und näheren Begründung der Eingrenzung siehe Abschnitt 2.1. Falls keine besonderen Hinweise vorliegen, werden die Begriffe Netz, Stromnetz und Stromverteilungsnetz im Rahmen dieser Arbeit synonym verwendet.

1. Darstellung der Grundlagen und Herausforderungen des Netzgeschäftes in der Elektrizitätswirtschaft

- Erläuterung der Wertschöpfungskette und des Liberalisierungspfades der Elektrizitätswirtschaft
- Darstellung der Methodik der Anreizregulierung
- Vorstellung der Unternehmensstruktur von eigenständigen Stromnetzbetreibern

- Konkretisierung der aktuellen Herausforderungen für Stromnetzbetreiber

2. Vorstellung bestehender Konzepte für das Netzinfrastruktur-Management in der Elektrizitätswirtschaft

- Definition allgemeiner und geschäftsspezifischer Konzeptanforderungen
- Herausstellung verhaltensbezogener Grenzen von Managementkonzepten

- Vorstellung bestehender allgemeiner Managementkonzepte
- Vorstellung bestehender geschäftsspezifischer Managementkonzepte

- Beurteilung der bestehenden Konzepte anhand der definierten Konzeptanforderungen

3. Entwicklung des Netzinfrastruktur-Management-Frameworks

- **Unternehmensleitbild:**
  Erläuterung der Leitbildformulierung für ein eigenständiges Stromnetzgeschäft

- **Netz-Strategy Map:**
  Definition der strategischen Ziele des Stromnetzgeschäftes in der Anreizregulierung

- **Netz-Performance Cockpit:**
  Erarbeitung der wesentlichen Messgrößen für die Performancebeurteilung u. -steuerung

  - Ableitung der zentralen Performance-Bereiche aus den strategischen Zielen der Netz-Strategy Map
  - Ausarbeitung der einzelnen Performance-Bereiche
  - Integrierte Gesamtbetrachtung der Wechselwirkungen zwischen den Performance-Bereichen

- Beurteilung des Netzinfrastruktur-Management-Frameworks anhand der definierten Konzeptanforderungen

Abb. 5: Struktur der Arbeit

entwickelt, das sich in Anlehnung an das Performance Management nach KAPLAN/ NORTON auf die Steuerungsebenen des Unternehmensleitbildes, der strategischen Ziele und der Performancegrößen bezieht.[16] Das NIM-Framework setzt sich diesbezüglich aus den Bestandteilen „Leitbild", „Netz-Strategy Map (NSM)" und „Netz-Performance Cockpit (NPC)" zusammen, wobei letzteres den inhaltlichen Kern des NIM-Frameworks bildet. Im Anschluss an eine einführende Erläuterung der übergreifenden NIM-Elemente „Leitbild" und „NSM" konzentriert sich das dritte Hauptkapitel daher auf die Strukturierung und Ausarbeitung der konkreten Performance-Bereiche des Netzinfrastruktur-Managements im Rahmen des NPC.[17] Nach einer abschließenden Erörterung der wesentlichen Wechselwirkungen zwischen den einzelnen Performance-Bereichen erfolgt zum Ende des dritten Hauptkapitels eine finale Gesamtbeurteilung des erarbeiteten NIM-Frameworks auf Basis der zuvor definierten Konzeptanforderungen.

1.3.2   Praxisinterviews

Im Rahmen der Dissertation wurden verschiedene Ansprechpartner der Unternehmens- und Beratungspraxis interviewt. In Summe wurden im Zeitraum von Mai bis Dezember 2006 und von Juli bis Dezember 2007 Gespräche mit 31 direkten Ansprechpartnern von 15 Energieversorgungsunternehmen bzw. Stromnetzbetreibern und 7 Unternehmensberatungen geführt. Die teilnehmenden Unternehmen aus Deutschland, Großbritannien, Schweden und der Schweiz bestanden dabei aus zwei Konzernholdinggesellschaften, sieben Regionalverteilern und sechs Stadtverteilern (siehe Abb. 6).[18] Die Hierarchieebenen der Ansprechpartner bei den Unternehmen reichen dabei vom Vorstand auf Energiekonzernebene über die Geschäftsführung von Stromnetzgesellschaften bis hin zu Fachmitarbeitern im Asset Management. Die interviewten Berater auf der Partner- bzw. Projektleiterebene gestalten seit vielen Jahren die Entwicklung der Energiewirtschaft mit.[19]

Zielsetzung der Praxisinterviews war, die praktische Relevanz und Einsatzfähigkeit der im Rahmen der Arbeit entwickelten Konzepte zu unterstützen. Sie dienten weiterhin der ergänzenden Validierung der auf Basis von Literaturquellen und sachlogischen Schlussfolgerungen hergeleiteten Resultate der Arbeit. Aufgrund der angestrebten offenen Diskussion und ihrer geringen Stichprobenanzahl sollten sie aller-

---

[16] Zur näheren Erläuterung der Strukturierung des NIM-Frameworks vgl. Abschnitt 4.1.

[17] Zur näheren Erläuterung der Strukturierung des NPC siehe Abschnitt 4.4.

[18] Die E.ON AG und Vattenfall AB sind als reine Konzernholdinggesellschaften nicht operativ am Stromnetzgeschäft beteiligt. Bei diesen Unternehmen wurden Gespräche mit Experten zum Sonderthema Regulierung geführt.

[19] Zur Übersicht der Interviewteilnehmer siehe Abschnitt 7.1.

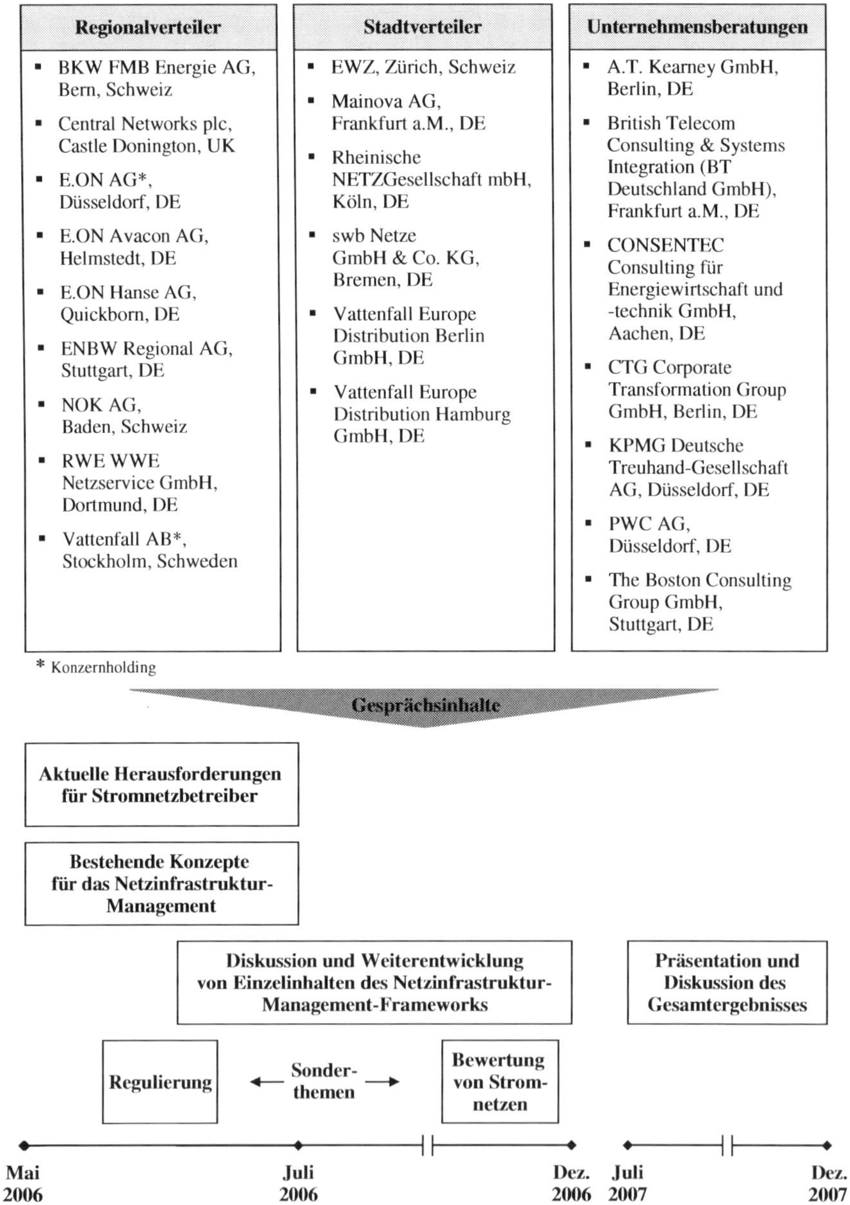

Regionalverteiler	Stadtverteiler	Unternehmensberatungen
• BKW FMB Energie AG, Bern, Schweiz • Central Networks plc, Castle Donington, UK • E.ON AG*, Düsseldorf, DE • E.ON Avacon AG, Helmstedt, DE • E.ON Hanse AG, Quickborn, DE • ENBW Regional AG, Stuttgart, DE • NOK AG, Baden, Schweiz • RWE WWE Netzservice GmbH, Dortmund, DE • Vattenfall AB*, Stockholm, Schweden	• EWZ, Zürich, Schweiz • Mainova AG, Frankfurt a.M., DE • Rheinische NETZGesellschaft mbH, Köln, DE • swb Netze GmbH & Co. KG, Bremen, DE • Vattenfall Europe Distribution Berlin GmbH, DE • Vattenfall Europe Distribution Hamburg GmbH, DE	• A.T. Kearney GmbH, Berlin, DE • British Telecom Consulting & Systems Integration (BT Deutschland GmbH), Frankfurt a.M., DE • CONSENTEC Consulting für Energiewirtschaft und -technik GmbH, Aachen, DE • CTG Corporate Transformation Group GmbH, Berlin, DE • KPMG Deutsche Treuhand-Gesellschaft AG, Düsseldorf, DE • PWC AG, Düsseldorf, DE • The Boston Consulting Group GmbH, Stuttgart, DE

* Konzernholding

Gesprächsinhalte

Aktuelle Herausforderungen für Stromnetzbetreiber

Bestehende Konzepte für das Netzinfrastruktur-Management

Diskussion und Weiterentwicklung von Einzelinhalten des Netzinfrastruktur-Management-Frameworks

Präsentation und Diskussion des Gesamtergebnisses

Regulierung ← **Sonder-themen** → **Bewertung von Strom-netzen**

Mai	Juli	Dez.	Juli	Dez.
2006	2006	2006	2007	2007

Abb. 6: Teilnehmende Unternehmen und Inhalte der Praxisinterviews

dings nicht als Grundlage empirischer Auswertungen bzw. als Beleg für die im Rahmen der Arbeit getroffenen Aussagen genutzt werden.[20] Inhaltlich gestaltete sich die Durchführung der Praxisinterviews als kontinuierlicher Prozess. Während sich die ersten Gespräche zunächst auf die Erhebung der aktuellen Herausforderungen für Stromnetzbetreiber und bestehende Konzepte für das Netzinfrastruktur-Management konzentrierten,[21] wurden im weiteren zeitlichen Verlauf zunehmend Lösungsvorschläge für Einzelinhalte des Netzinfrastruktur-Management-Frameworks zur Diskussion gestellt und darauf aufbauend sukzessive weiterentwickelt. Ergänzend wurden zudem spezifische Gespräche für die Sonderthemen der Regulierung und der Bewertung von Stromnetzbetreibern geführt.[22] In der letzten Phase der Praxisinterviews wurden letztlich die Gesamtergebnisse der Arbeit überblicksweise vorgestellt und noch einmal abschließend diskutiert.

Über die durchgeführten Gespräche hinaus erfolgte bei ausgewählten Unternehmen im Anschluss an die Interviews eine weitere Zusammenarbeit. Diese umfasste z. B. die unternehmensspezifische Konkretisierung einzelner Inhalte des NIM-Frameworks oder die Ausarbeitung des im folgenden Abschnitt erläuterten Fallbeispiels City-Network.

1.3.3 Beispielunternehmen City-Network

Die konzeptionellen Darstellungen der Arbeit werden an vielen Stellen durch Anwendungsbeispiele auf Basis des in dieser Arbeit durchgängig verwendeten fiktiven Beispielunternehmens City-Network ergänzt. City-Network steht für einen Stadtnetzbetreiber in einem Ballungsraum mit 1,5 Mio. Kunden und 15.000 km Leitungslänge. Als Stadtnetzbetreiber weist City-Network einen hohen Verkabelungsgrad und somit eine sehr hohe Kapitalbindung im Leitungsnetz auf.[23]

Der Aufbau des frei gewählten Beispiels erfolgte z.T. auf Basis von realen Zahlenverhältnissen, die bei ausgewählten Unternehmen im Zuge der Praxisinterviews erhoben wurden. Die Basisdaten von City-Network wurden allerdings soweit abgewandelt, dass ein Bezug zu den Ursprungsdaten nicht mehr möglich ist. Eventuell in Einzelaspekten bestehende Übereinstimmungen mit realen Unternehmensdaten sind somit als rein zufällig zu betrachten.

---

[20] Eine Ausnahme stellt diesbezüglich die in Abschnitt 2.5 vorgenommene Aufstellung der im Rahmen der Praxisinterviews erhobenen aktuellen Herausforderungen für Stromnetzbetreiber dar, die dem Leser einen Praxiseindruck vom aktuellen Wandel des Stromnetzgeschäftes vermitteln soll.

[21] In Abschnitt 7.1.3 wird diesbezüglich der verwendete Basis-Interviewleitfaden für die Interviewstufen „Aktuelle Herausforderungen für Stromnetzbetreibern" und „Bestehende Konzepte für das Netzinfrastruktur-Management" dargestellt.

[22] Siehe bspw. den Interviewleitfaden für das Sonderthema Regulierung in Abschnitt 7.1.3.

[23] Zu den weiteren Basisdaten von City-Network siehe Abschnitt 7.2.

2 Grundlagen und Herausforderungen des Netzgeschäftes in der Elektrizitätswirtschaft

Im Hauptkapitel 2 werden nach einen Kurzvorstellung der Wertschöpfungskette der Elektrizitätswirtschaft in Abschnitt 2.2 der sich derzeit abzeichnende Liberalisierungspfad in Europa dargestellt und die diesbezüglichen Auswirkungen auf das Stromnetzgeschäft hervorgehoben. In Abschnitt 2.3 wird mit der Anreizregulierung daraufhin die zentrale regulatorische Rahmenbedingung für die finanzielle Performance des Netzgeschäftes detailliert erläutert. Nach der Vorstellung der spezifischen Unternehmensstruktur von Stromnetzbetreibern in Abschnitt 2.4 werden zum Ende dieses Hauptkapitels die aktuellen Herausforderungen des Netzgeschäftes in der Elektrizitätswirtschaft herausgestellt.

Hauptkapitel 2 gliedert sich somit wie folgt:

- Einführung in die Wertschöpfungskette der Elektrizitätswirtschaft
- Darstellung der Elektrizitätsmarktliberalisierung in Europa
- Erläuterung der Grundformen der Anreizregulierung und ihrer Auswirkungen auf die Netzsteuerung
- Vorstellung der spezifischen Unternehmensstruktur von Stromnetzbetreibern
- Herausstellung der aktuellen Herausforderungen für Stromnetzbetreiber

2.1 Wertschöpfungskette der Elektrizitätswirtschaft

Die Elektrizitätswirtschaft kann in die fünf Wertschöpfungsstufen „Erzeugung", „Großhandel", „Einzelhandel/Vertrieb", „Übertragung" und „Verteilung" untergliedert werden.[24]

Die Wertschöpfungsstufe **„Erzeugung"** umfasst die reine Generierung der Elektrizität. Die dafür genutzten Erzeugungsanlagen sind zum einen Großanlagen wie Kern-, Kohle-, Gas- oder Wasserkraftwerke, welche in Europa den bei weitem über-

---

[24] In Anlehnung an GERKE et al. (2000), S. 15. Die einzelnen Wertschöpfungsstufen der Elektrizitätswirtschaft werden in der Literatur unterschiedlich abgegrenzt, so dass die hier gewählte Strukturierung als eine von mehreren möglichen Darstellungsmöglichkeiten zu sehen ist. BRUNEKREEFT/KELLER unterscheiden z. B. die Stufen „Erzeugung", „Transport", „Verteilung" und „Versorgung" (vgl. BRUNEKREEFT et al. (2003), S. 135 ff.). SENDNER sieht dagegen neben den in Abb. 7 dargestellten Stufen zusätzlich die Bereiche „Messung/Abrechnung" sowie „Querschnittsfunktionen" (vgl. SENDNER (2003), S. 4).

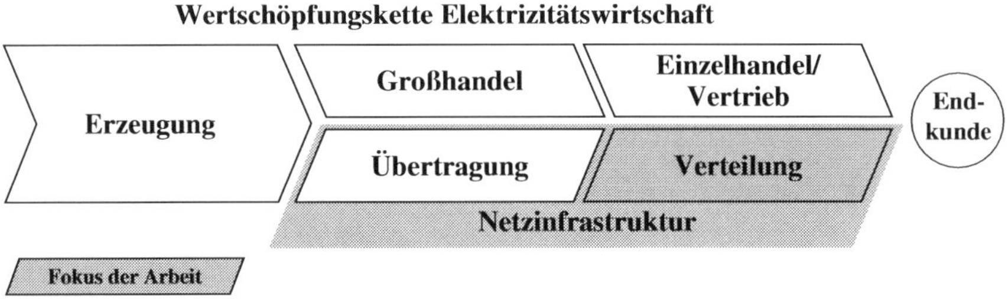

Wertschöpfungskette Elektrizitätswirtschaft

Abb. 7: Wertschöpfungskette der Elektrizitätswirtschaft[25]

wiegenden Teil des Strombedarfes abdecken und zum größten Teil innerhalb der Energiekonzerne in eigenständigen Tochterunternehmen bzw. Bereichen organisiert sind. Der in den Großanlagen generierte Strom wird i. d. R. zum Abtransport in das Übertragungsnetz eingespeist.

Zum anderen gibt es eine stark zunehmende Anzahl von kleinen und kleinsten dezentralen Erzeugungsanlagen wie Biogas- oder Windenergieanlagen, die von einer Vielzahl an Einzelanbietern und Privathaushalten betrieben werden.[26] Der in derartigen Erzeugungsanlagen generierte Strom wird i. d. R. direkt in das Verteilungsnetz eingespeist.[27]

Die Wertschöpfungsstufen „Großhandel" und „Einzelhandel/Vertrieb" umfassen die kommerzielle Vermittlung der elektrischen Energie zwischen der Erzeugungsebene und der Ebene der Endkunden. Sie sind im Prinzip unabhängig von eigenen Erzeugungsmöglichkeiten und Netzen.

Als Stromhandel kann sowohl der bilaterale Handel auf Basis physischer Kunden-/ Lieferantenbeziehungen als auch der institutionalisierte Handel mit strombezogenen Finanzprodukten auf einer Strombörse verstanden werden.[28] Dem Großhandel sind dabei der institutionalisierte Handel und die Transaktionen zwischen Erzeugern und Intermediären wie Regional- und Stadtversorgern zuzuordnen. Der Einzelhandel beinhaltet prinzipiell die Versorgung von Endkunden. Da allerdings Großabnehmer wie Unternehmen der produzierenden Industrie i. d. R. auf Basis von Großhandelsverträgen beliefert werden, verläuft die Grenze zwischen Groß- und Einzelhandel in der Praxis fließend.

---

[25] In Anlehnung an RUHLAND (2001), S. 349.

[26] Vgl. MEISTER (2007), S. 257.

[27] Zur Einspeisungsentwicklung als operative Herausforderung von Stromverteilungsnetzbetreibern vgl. auch Abschnitt 2.5.

[28] Vgl. SCHMIDLI (2005), S. 32. in Verbindung mit GERKE et al. (2000), S. 10 ff.

Falls der Einzelhandel Teil eines Energieversorgungsunternehmens (EVU) mit eigenem Stromverteilungsnetz ist, wird er auch als „Vertrieb" bezeichnet.[29] Der Großhandel wird in diesem Fall auch nur als „Handel" bezeichnet.

Das Stromnetzgeschäft umfasst die Wertschöpfungsstufen **„Übertragung"** und **„Verteilung"**, welche im Gegensatz zu den liberalisierten Stufen „Erzeugung", „Großhandel" sowie „Einzelhandel/Vertrieb" den regulierten natürlichen Monopolbereich der Elektrizitätswirtschaft darstellen.[30]

Die Stufe der Übertragung beinhaltet den Betrieb des Höchstspannungsnetzes[31] für den Stromtransport zwischen den großen Erzeugungsanlagen und den Verteilungsnetzen.[32] Aufgrund der verschiedenen länderübergreifenden Wechselwirkungen zwischen den einzelnen Übertragungsnetzen und ihrer hohen Bedeutung für die Versorgungsqualität steht das Höchstspannungsnetz in den einzelnen europäischen Ländern i. d. R. unter der Kontrolle eines einzigen bzw. nur sehr weniger Übertragungsnetzgesellschaften, die entweder wirtschaftlich unabhängig oder als rechtlich selbstständige Unternehmen Bestandteil eines großen Energiekonzerns sind.[33]

Im Rahmen der Wertschöpfungsstufe „Verteilung" wird der Strom von der Übertragungsnetzebene oder den dezentralen Erzeugungsanlagen zu den Endkunden durchgeleitet. Die einzelnen Verteilnetze gehen dabei oftmals nicht direkt ineinander über, sondern sind i. d. R. indirekt über die Übertragungsnetzebene miteinander verbunden. Aufgrund der Vielzahl an Endabnehmern ist das Verteilnetz in Bezug auf die Anzahl an Leitungskilometern und Betriebsmitteln weitaus größer als das Übertragungsnetz.

---

[29] Vgl. MEISTER (2007), S. 259. Aufgrund des aktuell noch relativ geringen Marktanteils reiner Einzelhändler ohne eigenes Verteilungsnetz wird u. a. in Deutschland der überwiegende Teil der Endkunden durch den Einzelhandel/Vertrieb eines Energieversorgungsunternehmens mit eigenem Verteilungsnetz versorgt. Dem Stromvertrieb des EVUs obliegt in Deutschland als jeweils regionalem Marktführer dabei neben der Handelsfunktion zudem die Grundversorgungspflicht im betreffenden Netzgebiet. Diese verpflichtet ihn – sofern aus wirtschaftlichen Gründen zumutbar – zur Versorgung der Haushalte im Netzgebiet des gemeinsamen EVUs, welche keinen Stromliefervertrag mit einem Stromhändler besitzen (vgl. § 36 Abs. 1 EnWG). Er hat daher auch die Kundengruppen zu versorgen, die eine schlechte Zahlungsmoral bzw. eine sehr geringe Bonität aufweisen. Über das eigene Netzgebiet hinaus kann der Stromvertrieb eines EVUs auch als Händler in fremden Netzgebieten agieren.

[30] Zur Liberalisierung der Elektrizitätswirtschaft vgl. Abschnitt 2.2.

[31] Das Höchstspannungsnetz umfasst bspw. in Deutschland die Spannungsebenen 220 bzw. 380 KV.

[32] Vgl. BRUNEKREEFT et al. (2003), S. 136.

[33] In Großbritannien, Spanien und Italien wird z. B. jeweils das gesamte Übertragungsnetz des Landes durch die bereits börsennotierten Unternehmen National Grid, Red Electrica de España und Terna betrieben (vgl. auch Abschnitt 2.4.1). In Deutschland wird das Übertragungsnetz bspw. durch die vier Unternehmen EnBW Transportnetze AG, E.ON Netz GmbH, RWE Net AG und Vattenfall Europe Transmission AG betrieben.

Innerhalb der Verteilungsnetzebene kann zwischen Regionalverteilern und Stadt-bzw. Kommunalverteilern unterschieden werden. Während Regionalverteiler End-kunden in der Fläche versorgen und eher ländliche Netzgebiete aufweisen,[34] agieren Stadt- bzw. Kommunalverteiler in eher städtischen Netzgebieten bzw. Ballungs-räumen.[35]

Segmentberichterstattung EDF Group, Annual Report 2006

(in millions of euros)	Generation-Supply	Distribution	Transmission	Other	Eliminations [1]	Total
At December 31, 2006:						
External sales:						
- France	19,695	8,529	4,009	552	(858)	31,927
- Rest of the world	21,327	1,161	-	4,517		27,005
TOTAL SALES	**41,022**	**9,690**	**4,009**	**5,069**	**(858)**	**58,932**
Segment assets	60,962	58,579	12,592	11,530	(2,732)	140,931
Non-allocated assets	-	-	-	-	-	38,155
Purchases of property, plant and equipment and intangibles	1,634	2,856	602	953	-	6,045

Abb. 8: Kapitalbindung im Stromnetzgeschäft am Beispiel EDF[36]

In Abb. 8 wird die Kapitalintensität des Stromnetzgeschäftes verdeutlicht. Im Bei-spiel Electricité de France (EDF), einem der weltweit größten integrierten Stromkon-zerne, wiesen die Assets des Stromnetzgeschäftes[37] in 2006 einen Bilanzwert von ca. 71 Mrd. € auf und machten dabei einen Anteil von ca. 51 Prozent der Total Assets aus. Da der Großteil der Assets der EDF Group auf den französischen Strommarkt entfällt und EDF nahezu das gesamte französische Übertragungs- und Verteilungs-netz kontrolliert, vermitteln die Beispielwerte einen Eindruck von der Kapitalbin-dung im gesamtfranzösischen Stromnetz.

Aufgrund der strukturellen Unterschiede zwischen den Wertschöpfungsstufen „Übertragung" und „Verteilung" erfolgt im Rahmen dieser Arbeit eine Konzentration auf das Stromverteilungsnetzgeschäft. Die Wertschöpfungsstufe der Verteilung weist

---

[34] Zum Teil speisen Regionalverteiler dabei in die Netze von Stadt- bzw. Kommunalverteilern ein.

[35] Vgl. MEISTER (2007), 258.

[36] Electricité de France (EDF) (2006), Financial Report S. 44. Der überwiegende Anteil der in der Segmentberichterstattung abgebildeten Assets stammt aus dem französischen Markt. Die EDF Group kontrolliert neben dem französischen Stromnetz zudem den Großteil der in Frankreich erzeugten Elektrizität. Darüber hinaus ist sie außerhalb Frankreichs an diversen europäischen, südamerikanischen sowie asiatischen EVUs beteiligt.

[37] Das Stromnetzgeschäft umfasst in Abb. 8 die Bereiche „Distribution" (Verteilung) und „Transmission" (Übertragung).

zum einen die bei weitem höhere Kapitalbindung auf. Zum anderen ist das Performance Management von Stromverteilungsnetzbetreibern aufgrund der Vielzahl strukturell verschiedener Teilnetze und der höheren Betriebsmittelanzahl aus wirtschaftlicher Sicht deutlich komplexer.[38]

2.2 Liberalisierung der Elektrizitätswirtschaft

Die Elektrizitätswirtschaft befindet sich seit mehreren Jahren in einem fundamentalen Wandel durch weltweite Liberalisierungsbestrebungen. Auch wenn sich einzelne Länder in unterschiedlichen Stadien der Liberalisierung befinden und im Detail verschiedene Ansätze verwenden, zeichnet sich ein genereller Liberalisierungspfad ab (siehe Abb. 9).

In der **ersten Stufe** wird die Regulierung des Marktzugangs aufgehoben und neuen Marktteilnehmern so die Möglichkeit zum Wettbewerb in den Wertschöpfungsstufen „Erzeugung", „Handel" und „Vertrieb" eröffnet, welche grds. überwindbare Markteintrittsbarrieren aufweisen.

Aufgrund einer möglichen Wettbewerbsdiskriminierung durch Quersubventionierungen[39] zwischen den Wettbewerbs- und Monopolbereichen werden die integrierten

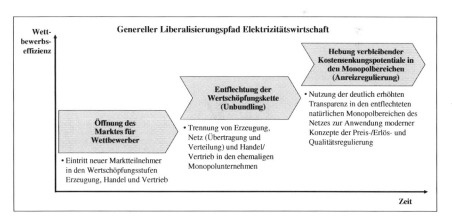

Abb. 9: Genereller Liberalisierungspfad der Elektrizitätswirtschaft[40]

---

[38] Die Begriffe „Stromverteilungsnetzbetreiber" und „Stromnetzbetreiber" sowie „Stromverteilungsnetzgeschäft" und „Stromnetzgeschäft" werden im Rahmend dieser Arbeit synonym verwendet.

[39] Zum Beispiel durch die Verlagerung von Vertriebskosten in den Netzbereich.

[40] Eigene Darstellung in Verbindung mit: Joskow (2005), S. 1–7; Newberry (1999), S. 201–204; Ogasawara (2005), S. 3–8.

EVUs in der **zweiten Liberalisierungsstufe** gesetzlich zu einer Entflechtung der Wertschöpfungskette verpflichtet. Diese erfolgt entweder in Form einer organisatorischen oder einer eigentumsrechtlichen Trennung von Erzeugung, Netz und Handel/ Vertrieb.

Die resultierende Erhöhung der Ergebnistransparenz des Netzgeschäftes wird im Rahmen der **dritten Stufe** dazu genutzt, verbleibende Kostensenkungspotentiale in diesem natürlichen Monopolbereich zu heben. Die Kostensenkungspotentiale sind i. d. R. erheblich, da das Netzgeschäft aufgrund seiner Monopolstellung keinem Wettbewerbsdruck ausgesetzt war und die Netzkosten über ein Cost Plus-Erlösmodell vollständig erstattet wurden.[41] Die dritte Liberalisierungsstufe trägt daher entscheidend zum Liberalisierungserfolg bei.

Die konkrete Ausgestaltung der einzusetzenden Regulierungskonzepte zur Steigerung der Kosteneffizienz des Netzgeschäftes wird aktuell in vielen Ländern noch intensiv diskutiert. Gemäß führenden internationalen Regulierungsexperten wird sich allerdings eine Anreizregulierung in Form eines Mixes aus Kostensenkungs- und Qualitätsanforderungen als Rahmenbedingung für Stromnetzbetreiber durchsetzen.[42]

Die landesspezifischen Fortschritte im Rahmen der Liberalisierung der Elektrizitätswirtschaft unterscheiden sich im internationalen Vergleich deutlich. Dies liegt u. a. daran, dass die Liberalisierung zu verschiedenen Zeitpunkten begonnen wurde und sich die Umsetzung zudem als ein komplexer und langwieriger Prozess darstellt. Einzelne Länder wie Großbritannien, Niederlande, Schweden und die USA haben bereits die dritte Liberalisierungsstufe erreicht und erste Erfahrungen mit einer Anreizregulierung zur Steigerung der Kosteneffizienz im entflechteten Stromnetzgeschäft gesammelt (siehe Abb. 10). Die Netznutzungsentgelte wurden in diesen Ländern durch z. T. rigide Kostensenkungsvorgaben für die Stromnetzbetreiber deutlich verringert. Da die Stromnetzbetreiber die Erlösminderungen allerdings nicht vollständig durch substanzielle Verbesserungen ihrer Kostenstrukturen abfedern konnten, wurden die Kostensenkungsziele häufig nur durch einen Aufschub von Erneuerungs- bzw. Instandhaltungsmaßnahmen zu Lasten der Versorgungsqualität erreicht, was z. T. in erhöhten Netzausfallquoten und auch in spektakulären Blackouts resultierte.[43]

Aktuell rückt in diesen Ländern daher zunehmend die Versorgungsqualität in den Vordergrund der Regulierung.[44] Für die betroffenen Netzbetreiber stellt diese Entwicklung eine erhebliche Herausforderung dar, da sie bei gleich bleibend anspruchs-

---

[41] Vgl. WOLF et al. (2005), S. 778/779.

[42] Vgl. JOSKOW, S. 84–86; GROWITSCH et al. (2005), S. 28; PARKER (2003), S. 95.

[43] Vgl. BOLKESTEIN (2004), S. 127; BIALEK (2004); Rheinisch-Westfälische Energie AG (RWE) (2004), S.71.

[44] Vgl. NEWBERRY (2005), S. 60; WAGNER (2005), S. 22–27.

vollen Preis- bzw. Erlösvorgaben Lösungen für eine deutliche Qualitätserhöhung finden müssen.

Weitere Länder wie Deutschland, Italien oder Frankreich befinden sich in der Übergangsphase zur dritten Liberalisierungsstufe bzw. noch in der zweiten Stufe. Die Einführung einer Anreizregulierung wurde hier vor kurzem initiiert bzw. es liegen konkrete Umsetzungspläne für die Realisierung vor. In Deutschland wird z. B. ab Beginn 2009 eine Anreizregulierung auf Basis von Revenue Caps eingeführt[45]. In den weiteren EU-Ländern gibt es ähnliche Bestrebungen zur Erfüllung der im Rahmen der EU-Richtlinie 2003/54/EG verabschiedeten Vorgaben für die Einführung einer Anreizregulierung zur Hebung von Kostensenkungspotentialen im Stromnetzgeschäft. Die Einführung der Anreizregulierung erfordert bei den betroffenen Stromnetzbetreibern eine Neuausrichtung des Performance Managements, da die Netzkosten bisher im Rahmen eines Cost Plus-Erlösmodells weitgehend auf die Netznutzungsentgelte umgelegt werden konnten und daher kein expliziter Anreiz für Effizienzsteigerungen bestand.

In der Schweiz ist die Anreizregulierung bisher noch nicht vorgesehen. Gemäß dem per 1. Januar 2008 in Kraft gesetzten Schweizer Stromversorgungsgesetz (StromVG) werden hier zunächst nur die ersten beiden Liberalisierungsschritte umgesetzt. Es erfolgt hier bzgl. des ersten Schrittes eine Teilöffnung des Elektrizitätsmarktes für Verbraucher ab 100 MWh. Hinsichtlich des zweiten Schrittes muss der Verteilnetzbereich in Schweizer Elektrizitätsversorgungsunternehmen fortan buchhalterisch und informatorisch von den übrigen Wertschöpfungsstufen getrennt werden.[46] Auch wenn die Anreizregulierung in der Schweiz bisher nicht explizit geregelt ist, wird im Rahmen dieser Arbeit davon ausgegangen, dass auch für die zum überwiegenden Teil durch die Kantone und Gemeinden kontrollierten schweizerischen Netzbetreiber langfristig ein Anreiz besteht,[47] sich zur Erhaltung der Attraktivität des Wirtschaftsstandortes den EU-weiten Anforderungen anzunähern.

Die weiteren EU-Länder in der ersten Liberalisierungsstufe wie Griechenland oder Portugal sind auch durch die Regelungen der EU-Richtlinie 2003/54/EG zur Umsetzung der weiteren Liberalisierungsstufen verpflichtet. In Japan liegen ebenfalls derartige Regelungen zur Weiterverfolgung des Liberalisierungspfades vor.[48] Die betroffenen Netzbetreiber in diesen Ländern stehen daher vor den gleichen Herausforderungen wie die Netzbetreiber in den Ländern in der Übergangsphase zur dritten Stufe oder in der zweiten Stufe.

---

[45] Vgl. Abschnitt 2.3.2.
[46] Vgl. StromVG vom 23.3.2007 (Stand 1.1.2008), Art. 6 und 10 (Bundesversammlung der Schweizerischen Eidgenossenschaft (2007)).
[47] Vgl. SCHMIDLI (2005), S. 53.
[48] Vgl. OGASAWARA (2005), S. 46.

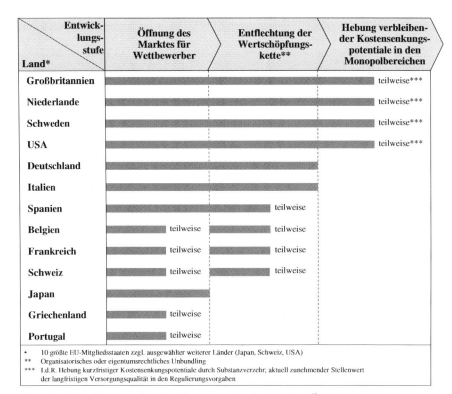

Abb. 10: Liberalisierungsfortschritt im internationalen Vergleich[49]

Einen Eindruck von dem möglichen Ausmaß der Preissenkungen in einzelnen Ländern liefert eine Analyse der durchschnittlichen Endkundenstrompreise im internationalen Vergleich (siehe Abb. 11). Neben dem hohen Anteil der Netznutzungsentgelte am Gesamtstrompreis werden vor allem die deutlichen Unterschiede zwischen den Netznutzungsentgelten in den verschiedenen EU-Ländern sichtbar. Zum Beispiel betragen die Netznutzungsentgelte in Norwegen weniger als die Hälfte der Netznutzungsentgelte in Deutschland. Es wird hier davon ausgegangen, dass diese Preisdifferenzen durch die betreffenden Stromnetzbetreiber gegenüber ihrem Regulator nur zum Teil durch Strukturunterschiede erklärt werden können. Da die gelieferte Strommenge nur wenigen Schwankungen unterliegt, werden sich die resultie-

---

[49] Eigene Darstellung auf Basis von Tendenzaussagen. Vgl. GLOBAL INSIGHT (2005); Euromonitor (2004); OGASAWARA (2005); SOBEK (2006), S. 2; SCHMIDLI (2005), S. 66–73; Euromonitor (2004a); Euromonitor (2004b).

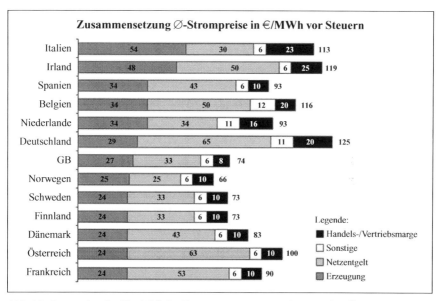

Abb. 11: Internationaler Vergleich der Zusammensetzung von Strompreisen[50]

renden Preissenkungen nahezu vollständig auf die Erträge der betroffenen Stromnetzbetreiber durchschlagen.

Neben länderspezifischen Niveaus der Netznutzungsentgelte weisen Stromnetzbetreiber im internationalen Vergleich weiterhin erhebliche Unterschiede hinsichtlich der Qualität ihrer Versorgungsleistung auf (siehe Abb. 12). Anhand der durchschnittlichen Netzausfallzeiten je Kunde lässt sich bspw. feststellen, dass die Netzzuverlässigkeit in Ländern wie Spanien oder Italien um ein Vielfaches schlechter ist als z. B. in Deutschland oder den Niederlanden. Auch diese Abstände können ggf. nur zum Teil durch Strukturunterschiede erklärt werden.[51]

Eine gemeinsame Betrachtung von Netznutzungsentgeltniveau und Netzzuverlässigkeit zeigt zum einen, dass in bestimmten Ländern wie Deutschland und Italien einem hohen Netznutzungsentgelt zumindest eine hohe Netzzuverlässigkeit gegenübersteht bzw. umgekehrt bei einer relativ niedrigen Netzzuverlässigkeit kein allzu hohes Netznutzungsentgelt verlangt wird. Zum anderen gibt es aber auch Fälle wie die Niederlande, bei denen eine relativ gute Netzzuverlässigkeit bei gleichzeitig

---

[50] Für Kunden mit einem durchschnittlichen Verbrauch von 50 MWh/Jahr (Schätzung EU-Kommission 2004); Europäische Kommission (2004), S. 15.

[51] Zur Interpretation von Netzzuverlässigkeitskennzahlen vgl. Abschnitt 4.9.

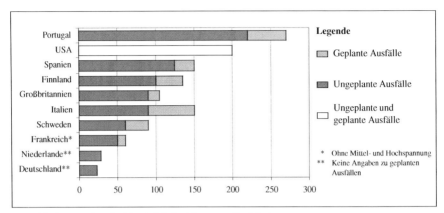

Abb. 12: Internationaler Vergleich der Netzzuverlässigkeit
(Durchschnittliche Netzausfallzeiten in min/Kunde)[52]

niedrigen Preisen erreicht wird. Derartige Beispiele geben den Regulatoren in Ländern mit offensichtlichen Optimierungspotentialen eine gute Argumentationsbasis für die Durchsetzung von Vorgaben zur Kostensenkung oder Qualitätsverbesserung, auf die sich die betroffenen Stromnetzbetreiber einstellen müssen.

2.3   Anreizregulierung

2.3.1   Grundlegende Szenarien

Ausgangspunkt für die Einführung einer Anreizregulierung ist der fehlende Effizienzdruck der Cost Plus-Regulierung, welche das Stromnetzgeschäft lange Zeit geprägt hat. Durch die vollständige Erstattung der Gesamtkosten zzgl. eines Gewinnaufschlages befanden sich Stromnetzbetreiber in der Vergangenheit in einer Ausgangssituation mit prinzipiell nicht knappen Ressourcen, die aus Sicht der Regulierungsbehörden weitreichende Kostensenkungspotentiale vermuten lässt.

Das Grundprinzip der Anreizregulierung besteht darin, durch Effizienzvorgaben im Rahmen der Netzentgeltkalkulation einen Kostendruck im natürlichen Monopolbereich des Netzes zu erzeugen. Die Effizienzvorgaben basieren dabei auf Best Practice-Kostenstrukturen, die durch den Regulator im Rahmen eines Effizienzbench-

---

[52] Quellen: Institute of Electrical and Electronics Engineers (2004) (für USA); Verband der Netzbetreiber e.V. (2005) (für Deutschland); Council of European Energy Regulators (CEER) (2005) (für sonstige Länder). Zur näheren Erläuterung der Netzzuverlässigkeit vgl. Abschnitt 4.9.1.

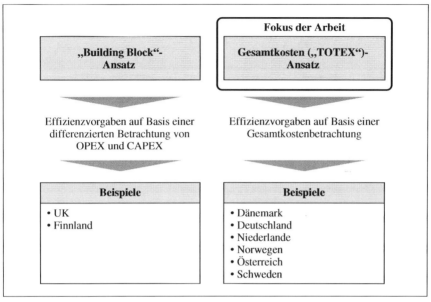

Abb. 13: Grundlegende Szenarien der Anreizregulierung[53]

markings zwischen vergleichbaren Stromnetzbetreibern erhoben werden. Als grundlegende Szenarien der Anreizregulierung können der „Building Block-Ansatz" und der Gesamtkosten bzw. Total Expenditure („TOTEX")-Ansatz unterschieden werden (siehe Abb. 13).[54]

Bei Anwendung des **Building Block-Ansatzes** werden die Operating Expenditures (OPEX) und Capital Expenditures (CAPEX)[55] eines Stromnetzbetreibers isoliert betrachtet. Auf Basis eines OPEX-Benchmarkings zwischen vergleichbaren Stromnetzbetreibern werden im Rahmen der Netzentgeltkalkulation separate OPEX-Effizienzvorgaben vorgesehen. Für die CAPEX wird dagegen zwischen Regulator und Stromnetzbetreiber ein unternehmensindividuelles Budget vereinbart, in dem ggf. Effi-

---

[53] Zur Übersicht der Anwendungsbeispiele vgl. JANSEN (2006), S.7; AJODHIA et al. (2005), S. 5; VILJAINEN et al. (2004), S. 5. Für die Schweiz ist die Anreizregulierung nicht explizit vorgesehen (siehe auch Abschnitt 2.2).

[54] Vgl. JANSEN (2006), S. 5–7; JONGEPIER (2007), S. 2. AJODHIA et al. (2005), S. 1.

[55] Die OPEX werden im Rahmen dieser Arbeit als die Kosten der operativen Geschäftstätigkeit wie Personal-, Material- und Dienstleistungskosten exklusive von Abschreibungen definiert. Die CAPEX entsprechen den jährlichen Investitionsauszahlungen. Die Begriffe CAPEX, Investitionen und Investitionsauszahlungen werden im weiteren Verlauf der Arbeit synonym verwendet.

zienzsteigerungsfaktoren für die Durchführung der Investitionsmaßnahmen Berücksichtigung finden können (siehe Abb. 14 und Abb. 15).

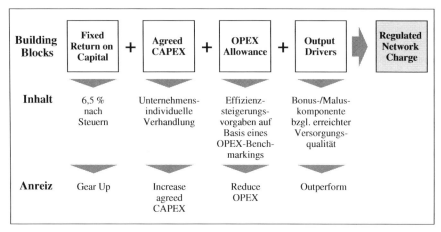

Abb. 14: Prinzipdarstellung Building Block-Ansatz am Beispiel UK[56]

Das primäre Ziel der blockweisen Kostenbetrachtung und unternehmensindividuellen CAPEX-Genehmigung ist die Vermeidung eines Anreizes zum Aufschub von substanzerhaltenden Investitionen, welcher im Falle undifferenzierter Kostensenkungsvorgaben entstehen kann. Der Building Block-Ansatz liefert dabei allerdings einen Anreiz zu einer übermäßigen Kapitalisierung des Stromnetzgeschäftes, da für den Kostenblock der Investitionen noch weitgehend das Cost Plus-Prinzip gilt. Zum Beispiel könnten Stromnetzbetreiber diesbezüglich eine unverhältnismäßig hohe Anzahl an Redundanzen im Versorgungsnetz und einen übermäßigen Automatisierungsgrad anstreben, um ihre OPEX reduzieren. Weiterhin ist denkbar, dass Stromnetzbetreiber Aktivierungs- und Abschreibungswahlrechte dafür nutzen, den Ausweis von CAPEX und OPEX im Rahmen des Benchmarkings zu ihren Gunsten zu gestalten.

Aus Sicht der Regulierungsbehörde besteht eine wesentliche Anwendungsgrenze des Building Block-Ansatzes darin, dass die unternehmensindividuelle CAPEX-

---

[56] In Anlehnung an EVELEIGH (2005), S. 6. Der rechnerische Zusammenhang für die Ermittlung der Regulated Network Charge bzw. Revenue Allowance ergibt sich wie folgt (ohne Output Drivers):

Revenue Allowance = OPEX Allowance + Depreciation
+ Cost of Capital × Average Regulated Asset Value (RAV)

vgl. OFGEM (2004), S. 2. Der RAV entspricht dem Buchwert der betriebsnotwendigen Vermögensbestandteile für das regulierte Geschäft.

million £	EDF Energy Networks	Scottish and Southern Energy	Scottish Power	E.ON Central Networks
Network length (thousand km)	172	122	113	129
Points of supply (million)	7,6	3,4	3,3	4,7
Reg. Asset Value (04/05)	2.689	2.078	1.969	1.913
Cumulative price control elements for period 2005/06–2009/10				
Revenue Allowance	3.488	2.562	2.352	2.466
OPEX Allowance	1.642	1.239	991	1.154
CAPEX Allowance	1.789	858	859	1.101

Abb. 15: Beispielauszug revenue allowance UK (regulation period 2005–2010)[57]

Genehmigung bei einer hohen Anzahl von Stromnetzbetreibern zu einem unverhältnismäßig hohen Regulierungsaufwand führt. Seine Anwendung beschränkt sich daher weitgehend auf Länder mit einer vergleichsweise niedrigen Anzahl an Stromnetzbetreibern.[58]

Bei Umsetzung einer Anreizregulierung auf Basis eines Gesamtkosten bzw. TOTEX-Ansatzes, welcher im folgenden Abschnitt 2.3.2 anhand des Beispiels Deutschland gesondert vorgestellt wird, werden für die Netzentgeltkalkulation Effizienzvorgaben auf Basis eines Vergleichs der Gesamtkosten von Stromnetzbetreibern ermittelt.[59] Ein wesentlicher Vorteil der Gesamtkostenbetrachtung besteht darin, dass sie über OPEX-Senkungen hinaus auch einen Anreiz zur Verbesserung der Struktureffizienz des Stromnetzes liefert. Weiterhin fallen die i. d. R. erheblichen Unterschiede in der unternehmensindividuellen Abgrenzung von OPEX und CAPEX im Rahmen eines Gesamtkostenbenchmarkings als Störfaktoren weitaus geringer ins Gewicht als bei einem separaten OPEX-Benchmarking.[60] Aufgrund des undifferenzierten Kostendrucks aus dem Gesamtkostenbenchmarking besteht allerdings auch die Gefahr, dass Stromnetzbetreiber den Erlösminderungen anstelle von nachhaltigen

---

[57] Vgl. Sottish Power; Iberdrola (2007), S. 25.

[58] In UK existieren z. B. nur 12 verschiedene Stromverteilungsnetzbetreiber im Vergleich zu über 900 in Deutschland oder Norwegen. Vgl. EVELEIGH (2005), S. 4.

[59] Als Gesamtkosten bzw. „TOTEX" werden im Rahmen dieser Arbeit die OPEX zzgl. der Abschreibungen und Gesamtkapitalkosten betrachtet.

[60] Vgl. AJODHIA et al. (2005), S. 3.

Kostensenkungen mit substanzverzehrenden Asset Strategien wie dem systematischen Aufschub von anstehenden Instandhaltungsmaßnahmen begegnen.

Da die Netzentgelte auf Basis eines Gesamtkostenbenchmarkings vollständig methodenbasiert ohne eine besondere unternehmensindividuelle CAPEX-Betrachtung wie im Building Block-Ansatz ermittelt werden können, ist die Anreizregulierung auf Basis einer Gesamtkostenbetrachtung aus Sicht des Regulators insbesondere bei einer hohen landesspezifischen Anzahl an Netzbetreibern geeignet und wird in den EU-Ländern auch mehrheitlich verwendet.[61]

Um sicherzustellen, dass sich die Effizienzvorgaben nicht negativ auf die Versorgungsqualität auswirken, wird im Rahmen der Anreizregulierung sowohl bei der Building Block- als auch bei der Gesamtkostenbetrachtung eine Qualitätskomponente vorgesehen. Die regulatorischen Qualitätsvorgaben können dabei nach übergreifenden und kundenindividuellen Qualitätsstandards unterschieden werden.[62]

Während sich die übergreifenden Qualitätsstandards auf gesamtnetzbezogene Qualitätskriterien wie die durchschnittlichen Ausfallminuten je Kunde beziehen, zielen kundenindividuelle Qualitätsstandards wie die Vorgabe einer maximalen Unterbrechungshäufigkeit je Kunde auf die Sicherstellung einer angemessenen Versorgungsqualität aus Einzelkundensicht ab. Die Zielerreichung bzgl. der übergreifenden Qualitätsstandards wird dabei durch eine Bonus- bzw. Maluskomponente im Rahmen der Netzentgeltkalkulation berücksichtigt. Die Nicht-Einhaltung kundenindividueller Qualitätsstandards wird durch direkte Strafzahlungen an die betroffenen Kunden pönalisiert.[63]

Fokus der weiteren Untersuchung

Für das im weiteren Verlauf der Arbeit zu entwickelnde Netzinfrastruktur-Management-Framework wird von einer Anreizregulierung auf Basis einer Gesamtkostenbetrachtung und einer daraus resultierenden vollständigen Entkopplung von Erlösen und unternehmensindividuellen Kosten ausgegangen.[64]

---

[61] Vgl. AJODHIA et al. (2005), S. 4.

[62] Vgl. MÜLLER-KIRCHENBAUER (2006), S. 41.

[63] Zur näheren Erläuterung der Qualitätskriterien im Stromnetzgeschäfts siehe Abschnitt 4.9.4.

[64] Bzgl. der Annahme einer Entkopplung von Erlösen und Kosten ist zu beachten, dass in der Einführungsphase einer Anreizregulierung der Erlöspfad für eine Regulierungsperiode an die unternehmensindividuelle Kostenbasis zum Periodenbeginn geknüpft sein kann und hier somit zeitpunktbezogen noch eine Kopplung von Erlösen und Kosten vorliegt. Während der Regulierungsperiode sind Erlöse und Kosten dann unabhängig voneinander. Eine vollständige Entkopplung von unternehmensindividuellen Kosten und Erlösen liegt letztlich bei einer vollständig umgesetzten Anreizregulierung in Form der im folgenden Abschnitt erläuterten Yardstick-Regulierung vor, in der die unternehmensindividuellen Netznutzungentgelte ausschließlich auf Basis von Best Practice-Branchenkosten vorgegeben werden.

Zum einen entspricht diese Ausgangsbasis dem bereits angewendeten bzw. geplanten grundlegenden Regulierungsszenario in dem überwiegenden Teil der EU-Länder. Zum anderen ist der Handlungsspielraum des unternehmensspezifischen Netzinfrastruktur-Managements im Rahmen des Gesamtkosten- bzw. TOTEX-Ansatzes deutlich umfassender als im Building Block-Szenario. Während sich der Regulator bei einer Anreizregulierung auf Basis einer Gesamtkostenbetrachtung auf die Vorgabe einer branchenübergreifenden Methodik für das Effizienzbenchmarking und die daraus abgeleitete Erlösbestimmung beschränkt, greift er im Building Block-Ansatz durch die unternehmensindividuelle CAPEX-Abstimmung maßgeblich in die Unternehmenssteuerung ein.

Darüber hinaus kann sich die Arbeit durch die Annahme einer Entkopplung von Erlösen und unternehmensindividuellen Kosten auf die Management-Aspekte konzentrieren, die unabhängig von konkreten landesspezifischen Vorgaben für die Netzentgeltkalkulation sind, welche sich i.d.R. im Zeitablauf verändern und sich im Ländervergleich stark unterscheiden.[65]

2.3.2 Ausgestaltung der Anreizregulierung am Beispiel Deutschland

Als Beispiel für die Ausgestaltung einer Anreizregulierung mit Gesamtkostenbetrachtung wird im Folgenden die geplante Vorgehensweise der Anreizregulierung

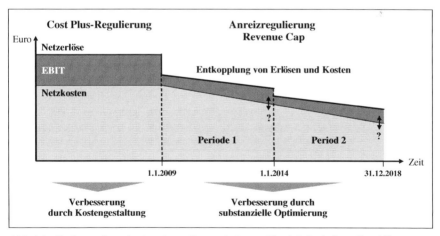

Abb. 16: Geplanter Start der Anreizregulierung in Deutschland (Prinzipdarstellung)[66]

---

[65] Beim Building Block-Modell wäre insbesondere die Gestaltung des OPEX/CAPEX-Verhältnisses ein wesentlicher Werttreiber, welcher allerdings nur auf einer rechnerischen Verbindung zwischen den CAPEX und den eingeräumten Erlösen und basiert.

[66] In Anlehnung an KINAST (2007), S. 6 in Verbindung mit ARegV (2007).

in Deutschland vorgestellt. Gemäß der Anreizregulierungsverordnung (ARegV) vom 29. Oktober 2007 wird die Bundesnetzagentur für deutsche Stromnetzbetreiber ab dem 1.1.2009 für die ersten beiden jeweils fünfjährigen Regulierungsperioden Effizienzvorgaben auf Basis von Revenue Caps bzw. Erlösobergrenzen einführen (siehe Abb. 16, S. 27).

Im Rahmen des Revenue Cap-Modells werden gemäß ARegV als Startwert für den Erlöspfad jeweils zum Beginn der beiden Regulierungsperioden zunächst die unternehmensindividuellen Kostendaten der Basisjahre 2006 und 2011 angesetzt. Der zeitliche Verlauf der Erlösobergrenzen ergibt sich dann anhand der folgenden Erlösformel:[67]

$$EO_t = KA_{dnb,t} + [KA_{vnb,0} + (1 - V_t) \times KA_{b,0}] \times \left(\frac{VPI_t}{VPI_0} - PF_t \right) \times EF_t + Q_t$$

mit:

EO_t	Erlösobergrenze aus Netzentgelten
$KA_{dnb,t}$	Dauerhaft nicht beeinflussbarer Kostenanteil im Jahr t
$KA_{vnb,0}$	Vorübergehend nicht beeinflussbarer Kostenanteil im Basisjahr 0
V_t	Verteilungsfaktor für den Abbau der Ineffizienzen gemäß Effizienzbenchmarking
$KA_{b,0}$	Beeinflussbarer Kostenanteil im Basisjahr 0
VPI_t	Verbraucherpreisgesamtindex für das Jahr t
VPI_0	Verbraucherpreisgesamtindex für das Basisjahr 0
PF_t	Genereller sektoraler Produktivitätsfaktor für den allgemeinen Produktivitätsfortschritt der Branche (in der ersten Regulierungsperiode jährlich 1,25 Prozent und in der zweiten Regulierungsperiode 1,5 Prozent).
EF_t	Erweiterungsfaktor für das Jahr t bei Veränderung von Strukturparametern wie der versorgten Fläche oder der Anzahl Anschlusspunkte
Q_t	Zu- und Abschläge auf die Erlösobergrenze aus der Qualitätsregulierung

Zu den dauerhaft nicht beeinflussbaren Kosten gehören bspw. anfallende Entgelte für die erforderliche Inanspruchnahme vorgelagerter Netzebenen, Konzessionsabgaben oder Betriebssteuern. Durch den Posten der vorübergehend nicht beeinflussbaren Kostenanteile können strukturelle Besonderheiten eines Versorgungsgebietes berücksichtigt werden, die nicht hinreichend durch die Strukturparameter des regulatorischen Effizienzbenchmarking erfasst werden. Als beeinflussbare Kostenanteile gelten entsprechend alle verbleibenden Kostenanteile, die weder dauerhaft noch vorübergehend nicht beeinflussbar sind.

---

[67] ARegV (2007), Anlage 1 zu § 7.

Die vorübergehend nicht beeinflussbaren und direkt beeinflussbaren Kostenanteile stellen zusammen die Basis für die Ermittlung des unternehmensindividuellen Effizienzwertes im Rahmen des regulatorischen Effizienzbenchmarkings dar. Der vorübergehend nicht beeinflussbare Kostenanteil ergibt sich dabei als Produkt von Effizienzwert und grundsätzlich – d. h. vorübergehend oder direkt – beeinflussbaren Kosten.

Durch den Verteilungsfaktor V_t werden die Erlösobergrenzen eines Stromnetzbetreibers innerhalb der ersten beiden Regulierungsperioden schrittweise auf das Niveau des Best Practice-Effizienzwertes gemäß Effizienzbenchmarking gebracht. Je höher der Effizienzrückstand des betrachteten Unternehmens im Effizienzbenchmarking ist, desto höher fällt somit der jährliche Erlösabschlag aus.

Die Effizienzvorgaben werden im Revenue Cap-Modell durch übergreifende bzw. kundenindividuelle Qualitätsstandards ergänzt. Die Zielerreichung bzgl. der Qualitätsvorgaben wird dabei durch die Bonus-/Maluskomponente Q_t im Rahmen der Erlösermittlung incentiviert.

Auf Basis der so ermittelten Erlösobergrenzen können letztlich die konkreten Netznutzungsentgelte des betreffenden Stromnetzbetreibers abgeleitet werden. Die Differenz zwischen den zulässigen Erlösen gemäß ARegV und den vom Netzbetreiber unter Berücksichtigung der tatsächlichen Mengenentwicklung erzielten Erlösen wird jährlich auf einem Regulierungskonto verbucht, das durch den Regulator geführt wird.

Aufgrund der Komplexität der vorgestellten Regulierungsformel wird in Abb. 17 ergänzend ein fiktives Rechenbeispiel zur Anreizregulierung gemäß ARegV für das Jahr 2009 darstellt. Unter der Annahme eines Anteils der grundsätzlichen beeinflussbaren Kosten an den gesamten Netzkosten von 55% und eines Effizienzwertes aus dem Effizienzbenchmarking in Höhe von 80% ergibt sich im Zahlenbeispiel für 2009 eine indizierte Erlösobergrenze von 182. Es wird dabei vereinfachend von gleichen Werten für VPI_{2009} und PF_{2009} ausgegangen. Weiterhin werden Netzerweiterungen sowie eine Qualitätsregulierung vernachlässigt.

Es lässt sich festhalten, dass im Revenue Cap-Modell die Erlöse eines Stromnetzbetreibers während der Regulierungsperiode vollständig von den unternehmensindividuellen Kosten entkoppelt sind. Jeweils zum Beginn einer Regulierungsperiode basiisert der Ausgangspunkt des Erlöspfades allerdings noch auf den unternehmensindividuellen Kosten des jeweils angesetzten Basisjahres.

Ab der dritten Regulierungsperiode ist für Deutschland die so genannte Yardstick-Competition bzw. ein Vergleichswettbewerb geplant, welcher dem eingeschwungenen Zielzustand der Anreizregulierung entspricht.[68] Die Erlösermittlung soll dabei anstelle der Ausgangsbasis mit unternehmensindividuellen Kosten zum Beginn der

---

[68] Vgl. MÜLLER-KIRCHENBAUER (2006), S. 25.

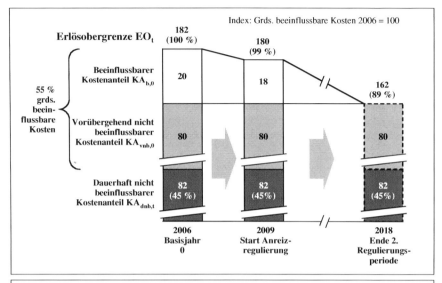

Abb. 17: Rechenbeispiel zur Anreizregulierung in Deutschland[69]

Regulierungsperiode generell auf Basis von Best Practice-Kostenstrukturen erfolgen, die im Rahmen von regelmäßigen Benchmarkinguntersuchungen kontinuierlich validiert werden. Die Zielerreichung bzgl. der allgemeinen Qualitätsstandards soll diesbezüglich als Outputfaktor in das Effizienzbenchmarking integriert werden. Die Yardstick-Competition wird bspw. bereits in den Niederlanden und in Norwegen als Regulierungsmodell angewendet.[70]

Im Rahmen der Yardstick-Competition liegt somit eine vollständige Entkopplung von Erlösen und unternehmensindividuellen Kosten vor. Zur Erreichung einer hohen finanziellen Performance muss ein Stromnetzbetreiber in diesem Regulierungsszenario kontinuierlich eine führende Position im Effizienzbenchmarking sicherstellen.

---

[69] In Anlehnung an ZANDER et al. (2008).

[70] Vgl. MÜLLER-KIRCHENBAUER (2006), S. 12.

2.4   Unternehmensstruktur von Stromnetzbetreibern

2.4.1   Finanzielle Performance ausgewählter europäischer Stromnetzbetreiber

Während die Umsatzzahlen und das investierte Kapital des Netzgeschäftes üblicherweise im Rahmen der Finanzberichterstattung von Energiekonzernen offengelegt werden,[71] sind spartenspezifische Umsatzmargen und Renditekennzahlen für den hier fokussiert betrachteten Stromverteilungsnetzbereich i.d.R. nicht bzw. nur sehr begrenzt öffentlich verfügbar. Für einen konkreten Überblick über die spezifische finanzielle Performance von Stromverteilungsnetzbetreibern lassen sich bisher somit kaum geeignete Vergleichsdaten finden.

Um dennoch einen gewissen Eindruck von der finanziellen Performance des Stromverteilungsnetzgeschäftes zu vermitteln, können prinzipiell auch die Finanzdaten erster börsennotierter Stromübertragungsnetzbetreiber in Europa herangezogen werden. Aufgrund der prinzipiell gleichen Geschäftsgrundlage können die im Folgenden aufgeführten Finanzdaten für das Stromübertragungsnetzgeschäft als Anhaltspunkt für die mögliche finanzielle Performance der zunehmend eigenständigen Stromverteilungsnetzbetreiber dienen.[72]

Als ausgewählte europäische Stromnetzbetreiber werden in diesem Zusammenhang die börsennotierten Unternehmen National Grid, Red Electrica de España und Terna betrachtet.[73] In Abb. 18 wird die Kursentwicklung der einzelnen Unternehmen seit ihrem Initial Public Offering (IPO) im Vergleich zur Entwicklung des jeweiligen Vergleichsindexes dargestellt. Die relative Entwicklung einer Aktie im Vergleich zu einem relevanten Marktportfolio gilt allgemein als ein wesentlicher Indikator für die finanzielle Performance eines börsennotierten Unternehmens. Es zeigt sich, dass

---

[71] Siehe z. B. Abb. 8. Bei den z. T. bereits vorhandenen Gewinn- und Renditeinformationen für den organisatorisch eigenständigen Netzbereich ist die originäre finanzielle Performance des Netzes aufgrund konzerninterner Verrechnungen i. d. R. nicht abgrenzbar.

[72] Bei der Interpretation der Kennzahlen ist allerdings zu beachten, dass die im weiteren Verlauf dieser Arbeit betrachteten Stromverteilungsnetzbetreiber wesentliche strukturelle Unterschiede zu Stromübertragungsnetzbetreibern aufweisen (siehe Abschnitt 2.1).

[73] National Grid ist Besitzer und Betreiber des Stromübertragungsnetzes in England und Wales sowie Betreiber des Stromübertragungsnetzes in Schottland. Weiterhin ist National Grid Besitzer und Betreiber des Gasübertragungsnetzes in Großbritannien. Darüber hinaus hält National Grid diverse weitere Netzsparten wie die Bereiche „US electricity transmission", „UK gas distribution", „US electricity and gas distribution" und „Wireless Infrastructure" (vgl. National Grid (2006)). Red Electrica de España ist Besitzer und Betreiber des spanischen Stromübertragungsnetzes (vgl. Red Electrica de Espana (2006)). Terna ist Besitzer und Betreiber des italienischen Stromübertragungsnetzes (vgl. TERNA (2005)). Zu den detaillierten Finanzinformationen der Unternehmen siehe Anhang.

National Grid bzw. Red Electrica de España seit dem IPO ihren Marktwert in etwa bzw. mehr als verdreifacht haben und damit in Hinblick auf den Vergleichsindex eine weit überdurchschnittliche finanzielle Performance aufweisen. Das seit 2004 börsennotierte Unternehmen Terna weist dagegen eine relativ schwache finanzielle Performance knapp unter dem Niveau des Vergleichsindexes Milan Comit Global auf.

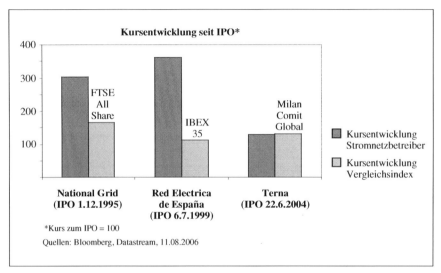

Abb. 18: Kursentwicklung ausgewählter europäischer Stromnetzbetreiber[74]

In Abb. 19 werden Renditekennzahlen der betrachteten Stromnetzbetreiber dargestellt. Während die Gesamtkapitalrendite (Return on Assets) nur innerhalb einer Bandbreite von 4,2 Prozent bis 6,0 Prozent schwankt, weisen die Eigenkapitalrenditen (Return on Equity) deutlich größere Differenzen auf. Letzteres liegt in den verschiedenen Eigenkapitalquoten und der diesbezüglichen unterschiedlichen Ausnutzung des Leverage-Effektes begründet.[75] Zum Beispiel könnte das Unternehmen Terna seine Eigenkapitalrendite bei einer Ceteris Paribus-Annahme und einer Fremdkapitalverzinsung unterhalb der Gesamtkapitalrendite deutlich erhöhen.

Vor dem Hintergrund des infolge der natürlichen Monopolstellung geringen Risikos des Netzgeschäftes verdeutlichen die Eigenkapitalrenditen der drei Beispielunternehmen und die in Abb. 18 dargestellte Kursentwicklung von National Grid und

---

[74] Vgl. HEGEL (2006), S. 2–5.

[75] Der Leverage-Effekt bezeichnet die Hebelwirkung der Eigen- bzw. Fremdkapitalquote auf die Eigenkapitalverzinsung. Ein positiver Hebel ergibt sich dann, wenn das Fremdkapital zu günstigeren Konditionen beschafft werden kann als das die Gesamtkapitalrendite.

Red Electrica de España die Attraktivität des Stromnetzgeschäftes für externe Investoren.

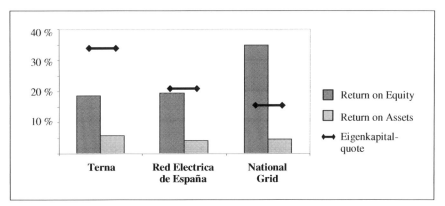

Abb. 19: Renditekennzahlen ausgewählter europäischer Stromnetzbetreiber

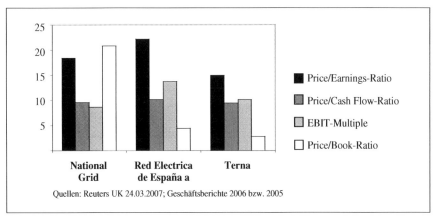

Abb. 20: Valuation Ratios ausgewählter europäischer Stromnetzbetreiber[76]

In Abb. 20 werden die betrachteten Unternehmen anhand diverser Verhältniskennzahlen zum Vergleich von Börsenwert und Fundamentaldaten analysiert. Anhand von Kennzahlen wie dem Kurs/Gewinn-Verhältnis (Price/Earnings-Ratio) kann unter-

---

[76] Die Marktkapitalisierung ergab sich je Unternehmen am 24. 03. 2007 wie folgt: National Grid 21.233 Mio. GBP, Red Electrica de España 4.588 Mio. €, Terna 5.510 Mio. €. Zu den Detaildaten siehe Anhang 0. Die deutlichen Unterschiede bzgl. des Price/Book-Ratios beruhen im Wesentlichen den in Abb. 19 dargestellten unternehmensspezifischen Eigenkapitalquoten.

sucht werden, ob eine Aktie eher hoch oder eher niedrig bewertet ist. Auf Basis des Kurs/Gewinn-Verhältnis wäre bspw. das Unternehmen Red Electrica de España bei einer Vernachlässigung von strukturellen Besonderheiten eher hoch bewertet. Dies kann ein Hinweis dafür sein, dass die bisher starke Wertsteigerung an natürliche Grenzen stößt.[77]

2.4.2 Organisation von Stromnetzbetreibern

In einem integrierten Regionalversorgungsunternehmen (REVU) bzw. Stadtwerk ist das Stromverteilungsnetzgeschäft i. d. R. eng mit dem zugehörigen Stromvertrieb verbunden (siehe Abb. 21). Durch das gesetzlich vorgeschriebene Unbundling werden die beiden Bereiche zur Beseitigung wettbewerbswidriger Synergievorteile organisatorisch oder eigentumsrechtlich voneinander getrennt.[78]

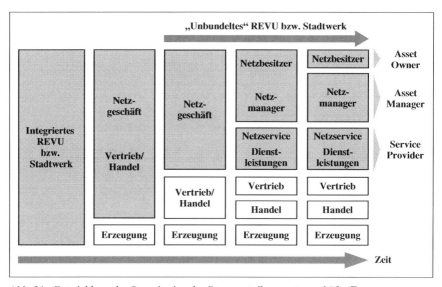

Abb. 21: Entwicklung der Organisation des Stromverteilungsnetzgeschäftes[79]

---

[77] Zur Interpretation von Valuation Ratios bzw. Multiples von Stromnetzbetreibern vgl. 4.5.1.

[78] Ein wettbewerbswidriger Synergievorteil besteht u. a. in der Möglichkeit zur Verlagerung von Kosten des Stromvertriebs in das Netzgeschäft. Weiterhin hat der Stromvertrieb durch die Kontrolle des Stromnetzes einen Informationsvorteil gegenüber Wettbewerbern, da er bspw. bei dem Netzanschluss von Neubaugebieten früher als Wettbewerber über potentielle Neukunden informiert ist. Zur Liberalisierung der Energiewirtschaft vgl. Abschnitt 2.2.

[79] In Anlehnung an SCHORN (2006), S. 5.

Im Rahmen der Organisationsoptimierung des fortan eigenständigen Stromnetz-geschäftes hat sich in Ländern mit einer weit fortgeschrittenen Liberalisierungsstufe wie Großbritannien oder den Niederlanden eine Gliederung des Stromnetzgeschäftes nach den drei Organisationsebenen „Asset Owner", „Asset Manager" und „Service Provider" etabliert.[80] Ziel der Unterscheidung zwischen den Rollen von Asset Manager und Service Providern ist dabei u. a. eine klare Abgrenzung der Planungs- und Entscheidungsprozesse von den Ausführungsprozessen.[81] Weiterhin soll durch eine Kunden-/Lieferanten-Beziehung zwischen Asset Management und Service Providern ein Marktdruck im Service Provider-Bereich aufgebaut werden.

Der im Rahmen dieser Arbeit zu erarbeitende Lösungsansatz für das Performance Management von Stromnetzbetreibern baut auf dieser grundlegenden Strukturierung des Stromnetzgeschäftes auf. Abb. 22 liefert einen Überblick über die einzelnen Aufgaben der verschiedenen Organisationsbereiche.

Die Organisationsebene „Asset Owner" beinhaltet die klassische Anteilseigner-funktion. Die Aufgaben des Asset Owners beschränken sich daher im Wesentlichen auf die Überwachung der Geschäftsentwicklung und die Vorgabe von finanziellen Performancezielen.

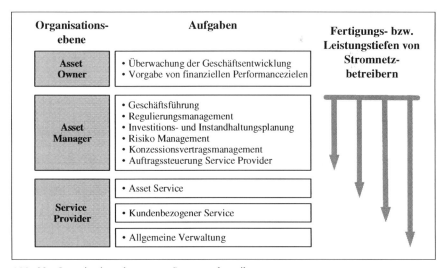

Abb. 22: Organisationsebenen von Stromnetzbetreibern

---

[80] Vgl. z. B. Jongepier (2007), S. 3; Clemens (2006), S. 7.

[81] Bei der in der Praxis häufig noch vorliegenden Vermischung von Planung und Ausführung besteht insbesondere die Gefahr, dass einzelne Asset Maßnahmen aufgrund eines fehlenden Überblicks über das Gesamtbudget zu Lasten der Wirtschaftlichkeit primär nach Qualitäts-aspekten freigegeben werden. Vgl. Sobek (2006), S. 5-6.

Da die EU-Richtlinie 2003/54/EG nur ein organisatorisches Unbundling verbindlich vorschreibt, bestehen die Anteilseigner des Stromnetzgeschäftes in der EU zum
überwiegenden Teil aus den ehemals integrierten Energiekonzernen. In einzelnen
Ländern mit bereits umgesetztem eigentumsrechtlichen Unbundling wie UK treten
als Anteilseigner von Stromnetzbetreibern vorwiegend Energiekonzerne aus anderen
Landesregionen bzw. Ländern und erste branchenfremde Investoren auf.[82]

Die Organisationsebene „Asset Manager" stellt das Kernelement des hier zu Grunde liegenden Betrachtungsobjektes „Stromnetzbetreiber" dar. Die Aufgaben des Asset
Managers reichen von der Gesamtführung des Stromnetzgeschäftes im Spannungsfeld der Anforderungen von Anteilseignern und Regulator über konkrete Planungsauf-
gaben bis hin zur Auftragssteuerung bzw. Überwachung der Service Provider.

Auf der Service Provider-Ebene werden die operativen bzw. unterstützenden Prozesse des Stromnetzgeschäftes durchgeführt, welche in die Bereiche Asset Service,
kunden-bezogener Service und Allgemeine Verwaltung untergliedert werden können.[83]

Die Fertigungs- bzw. Leistungstiefe der infolge des Unbundling gegründeten Netzgesellschaften kann sich in der Praxis auf den Asset Management-Bereich beschränken
oder auch die vollständig autarke Abdeckung aller unternehmerischen Aufgaben des

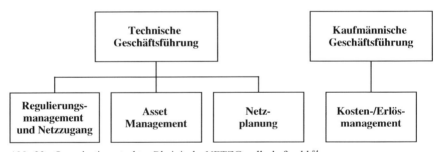

Abb. 23: Organisationsstruktur Rheinische NETZGesellschaft mbh[84]

---

[82] Vgl. EVELEIGH (2005), S. 4. Im hier ausgegrenzten Stromübertragungsnetzbereich gibt es in
Europa zudem bereits erste börsennotierte Stromnetzbetreiber (siehe Abschnitt 2.4.1).

[83] Zur näheren Erläuterung der Serviceprozesse siehe Abschnitt 2.4.3.

[84] ANGENEND (2006), S. 24. Die Rheinische NETZGesellschaft betreibt neben dem Stromverteilungsnetz der Stadt Köln und Umgebung in Deutschland zudem das Gasverteilungsnetz der
Region. Sie konzentriert sich dabei weitgehend auf die in Abb. 22 dargestellten Aufgaben des
Asset Managers. Die im Organigramm mit dem Begriff „Asset Management" bezeichnete
Hauptabteilung beschränkt sich primär auf die Instandhaltungs- und Erneuerungsplanung und
ist daher deutlich enger gefasst als die im Rahmen dieser Arbeit gewählte Aufgabendefinition
des Asset Managers. Die Rheinische NETZGesellschaft ist ein Tochterunternehmen der
RheinEnergie AG.

Stromnetzgeschäftes umfassen.[85] Weiterhin ergeben sich diesbezüglich divers Zwischenstufen. Die nicht in die Netzgesellschaft eingegliederten Service-Bereiche sind dabei i. d. R. weiterhin Bestandteil des ehemals integrierten REVUs bzw. Stadtwerks. Unter dem Betrachtungsobjekt „Stromnetzbetreiber" werden im Rahmen dieser Arbeit daher Stromnetzgesellschaften mit dem Kernelement der oben dargestellten Funktion des Asset Managers verstanden, welche die verschiedenen Service-Aufgaben entweder selbst oder mit Hilfe externer Dienstleister durchführen.

In Abb. 23 werden als Praxisbeispiel für die Organisation eines Stromnetzbetreibers mit einer eher geringen Fertigungstiefe die oberen Führungsebenen des Organigramms der Rheinischen NETZGesellschaft mbh dargestellt.

2.4.3 Segmentierungsebenen der internen Steuerung

Für ein effektives Performance Management ist eine geeignete Segmentierung des Steuerungsobjektes eine wesentliche Erfolgsvoraussetzung. Die in klassischen Industrieunternehmen etablierte Unternehmenssegmentierung nach Märkten/Kunden, Sparten/Produkten oder Wertschöpfungsstufen/Prozessen kann allerdings nur sehr begrenzt auf Stromnetzgeschäft übertragen werden.

Das Bezugsobjekt „Kunde" ist bspw. für das Performance Management von Stromnetzbetreibern von nachrangiger Bedeutung, da zum einen eine gesetzliche Verpflichtung zur Versorgung von Endkunden besteht und zum anderen die Netznutzungsentgelte i. d. R. nach dem Grundsatz der Diskriminierungsfreiheit für alle Kunden einer Größenklasse innerhalb eines Netzgebietes gleich hoch angesetzt werden müssen.[86] Aufgrund festgestellter negativer Deckungsbeiträge einzelner Kunden könnten daher keine Preissteigerungen oder Maßnahmen zur Bereinigung des Kundenstamms eingeleitet werden.

Als Kernprodukt eines Stromnetzbetreibers kann der Netzanschluss und die damit verbundene Netznutzung für den Strombezug betrachtet werden. Da der Netzanschluss in einem Stromverteilungsnetz auf den Spannungsebenen Hoch-, Mittel- und Niederspannung erfolgen kann, kann man einen Stromverteilungsnetzbetreiber im Wesentlichen als ein Ein-Sparten-Unternehmen mit nicht mehr als drei bis fünf aufeinander aufbauenden Produkten betrachten.[87] Die Segmentierungsebene „Sparte" bzw. „Produkte" ist somit für das Performance Management von Stromnetzbetrei-

---

[85] Vgl. OHMEN (2006), S. 5; CLEMENS (2006), S. 9.

[86] Darüber hinaus kann die Netzzuverlässigkeit und Spannungsqualität aufgrund der Netztopologie nicht anschlussindividuell, sondern nur jeweils für einen gesamten Netzstrang spezifisch ausgestaltet werden.

[87] Ein Niederspannungskunde würde in diesem Beispiel die Produkte Netznutzung Hochspannung, Netznutzung Mittelspannung sowie Netznutzung Niederspannung beziehen. Weiterhin

(Fortsetzung Fußnote 87 auf S. 38)

bern zwar relevant, ermöglicht im Vergleich zu Branchen wie der Konsumgüter-industrie allerdings nur relativ undifferenzierte Analysen.

Als wesentliche Wertschöpfungsstufen eines Stromnetzbetreibers können das Asset Management und die einzelnen Service-Bereiche unterschieden werden. Da im Asset Management eher Effektivitäts- als Effizienzziele verfolgt werden und die Performance des Asset Managements durch die Erreichung der Gesamtunterneh-mensziele gemessen wird,[88] ist ein spezifische Betrachtung der Asset Management-Prozesse als Bezugsobjektebene der internen Steuerung nicht zwingend erforderlich. Im Service Provider-Bereich ist dagegen eine spezifische Prozessbetrachtung not-wendig, da die Service-Prozesse und -Maßnahmen die zentralen Bezugsobjekte der Performance-Beurteilung der Service Provider darstellen.

Die dargestellten Besonderheiten der Unternehmenssegmentierung von Strom-netzbetreibern erfordern eine spezifische Strukturierung des Steuerungsobjektes „Stromnetzgeschäft". Als relevante Bezugsobjektebenen des Performance Manage-ments werden im Rahmen dieser Arbeit die Bereiche „Teilnetze", „Betriebsmittel" sowie „Service-Prozesse" zusammengefasst (siehe Abb. 24).

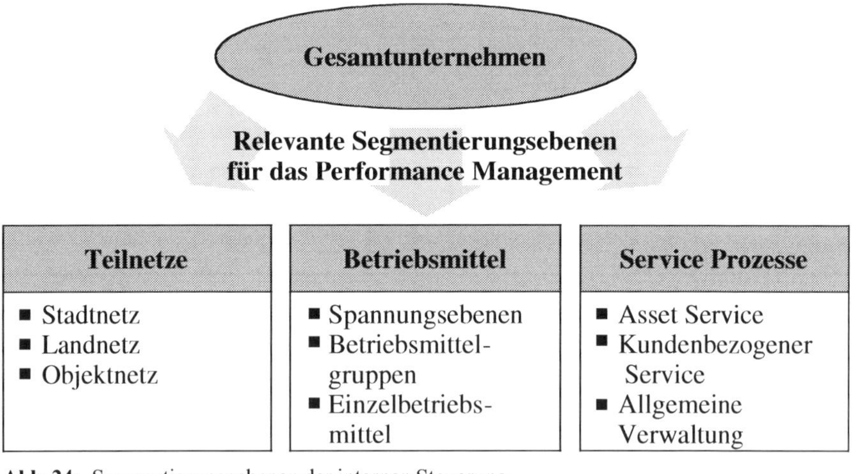

Teilnetze	Betriebsmittel	Service Prozesse
▪ Stadtnetz ▪ Landnetz ▪ Objektnetz	▪ Spannungsebenen ▪ Betriebsmittel- gruppen ▪ Einzelbetriebs- mittel	▪ Asset Service ▪ Kundenbezogener Service ▪ Allgemeine Verwaltung

Abb. 24: Segmentierungsebenen der internen Steuerung

---

[87] *(Fortsetzung von S. 37)* kann Strom auch direkt von einer Umspannungsanlage bezogen wer-den, so dass sich i. d. R. bis zu fünf Netznutzungsebenen ergeben. Im Rahmen der hier vorge-nommenen Produktdefinition wird nur das regulierte Kerngeschäft eines Stromnetzbetreibers betrachtet. Eventuelle Zusatzprodukte wie das Angebot von Netzplanungs-, Instandhaltungs- oder Abrechnungsleistungen für Dritte werden daher nicht mit berücksichtigt. Zum Produkt-programm von Stromnetzbetreibern siehe auch Abschnitt 3.3.3.

[88] Siehe Abschnitt 4.3.3.

Während einzelne Netzanschlüsse, wie oben erläutert, als Bezugsobjekte der internen Steuerung weniger relevant sind, liefert die spezifische **Betrachtung einzelner Teilnetze** eine wesentliche Entscheidungsunterstützung.[89] Zum Beispiel ist vor dem Hintergrund auslaufender Konzessionsverträge aus Sicht des Stromnetzbetreibers die Entscheidung zu treffen, ob eine Verlängerung der Konzession angestrebt werden soll.[90] Im Cost Plus-Regulierungsszenario war eine Konzessionsverlängerung aufgrund der Form der Erlöskalkulation und der daraus resultierenden gesicherten Renditen i. d. R. klar vorteilhaft. Im Szenario der Anreizregulierung mit vorgegebenen Erlösgrenzen ist der strategische Wert eines Konzessionsgebietes dagegen kritisch zu hinterfragen.[91]

Weiterhin wird es vor dem Hintergrund des ansteigenden Kostendrucks zudem erforderlich sein, die Struktureffizienz der Netzinfrastruktur durch den Abbau von Überkapazitäten zu verbessern. Für eine differenzierte Analyse der Strukturkosten ist diesbezüglich die Aufteilung des Gesamtnetzgebietes in Teilnetzgebiete mit in sich weitgehend homogenen Strukturmerkmalen eine wesentliche Voraussetzung.

---

[89] Die Segmentierung des Gesamtnetzes eines Stromnetzbetreibers kann entweder nach netztopologischen oder nach geographischen Kriterien erfolgen. Im Rahmen einer netztopologischen Segmentierung wird das Netz in verschiedene technisch zusammenhängende Teilabschnitte wie Umspannwerksbereiche zerlegt. Bei einer geographischen Segmentierung kann das Netz bspw. nach einzelnen Konzessionsgebieten und/oder nach Gebieten mit in sich weitgehend homogenen Strukturmerkmalen wie der Bevölkerungs- bzw. Abnehmerdichte untergliedert werden. Während sowohl bei der netztopologischen als auch der geographischen Netzsegmentierung die segmentspezifischen Kosten prinzipiell relativ gut zuordnenbar sind, weist die netztopologische Segmentierung aus Sicht der Erlösrechnung den Nachteil auf, dass die Gesamterlöse häufig nicht eindeutig auf die Netzsegmente verteilt werden können. Bspw. können im Falle einer redundanten Versorgung einzelner Hausanschlüsse aus verschiedenen Teilnetzen die Anschluss-bezogenen Erlöse nicht eindeutig einem Teilnetz zugeordnet werden. Bei einer geographischen Segmentierung können die einzelnen Hausanschlüsse und die damit verbundenen Erlöse dagegen aufgrund ihrer Standorte den Teilnetzgebieten eindeutig zugeordnet werden. Im weiteren Verlauf der Arbeit wird daher bzgl. der Segmentierungsebene Teilnetze von einer geographischen Netzsegmentierung ausgegangen.

[90] Konzessionen sind Rechte zur Nutzung des durch die Netzinfrastruktur in Anspruch genommenen öffentlichen Grund und Bodens. Ziel der Vergabe von Gebietskonzessionen im Stromnetzgeschäft ist es, zumindest in längerfristigen Abständen einen Wettbewerb um die Stromverteilung zu ermöglichen. Konzessionen werden gegen Leistung einer periodischen Konzessionsabgabe durch die zuständige kommunale Behörde bzw. Gemeinde für einen fest vorgegebenen Zeitraum bewilligt. Nach Ablauf einer Konzession geht die Netzinfrastruktur i. d. R. zu einem im Konzessionsvertrag festgesetzten Wertansatz auf die Kommunalverwaltung über, sofern der Konzessionsvertrag nicht in beiderseitigem Einverständnis verlängert wird. Bei einer Nicht-Verlängerung des Konzessionsvertrages wird die Konzession dann durch Kommunalverwaltung neu ausgeschrieben. Die Laufzeit von Konzessionsverträgen umfasst z. B. in Deutschland i. d. R. 20 Jahre (vgl. SAUTHOFF (2006), S. 23–26).

[91] Zur Analyse des Teilnetzportfolios siehe Abschnitt 4.10.

Tabelle 1: Kostenverrechnung auf Spannungsebenen (Beispiel City-Network für das Jahr 2007)[92]

Kostenverrechung auf Spannungs- ebenen (Kosten- angaben in T€)	Netz- nutzung HS	Umspan- nung HS/MS	Netz- nutzung MS	Umspan- nung MS/NS	Netz- nutzung NS	Summe
Basisdaten						
Stromabnahme in MWh	369.402		4.802.223		4.063.420	9.235.045
Anteiliger Verbrauch in %	4%		52%		44%	100%
Basis-Verteilung angefallene Gesamtkosten (%)	11%	15%	39%	9%	26%	
Angefallene Gesamtkosten (ohne vorgelagerte NNE)	20.658	28.816	72.889	16.452	48.526	187.341
Kostenverrechnung						
Verrechnete Kostenanteile aus Umspannung HS/MS			15.609		13.207	28.816
Verrechnete Kostenanteile aus Umspannung MS/NS					16.452	16.452
Verrechnete Kostenanteile aus Netznutzung HS	826		10.742		9.089	20.658
Verrechnete Kostenanteile aus Netznutzung MS			39.482		33.407	72.889
Verrechnete Kostenanteile aus Netznutzung NS					48.526	48.526
Anteilige Gesamtkosten je Spannungsebene	**826**		**65.832**		**120.682**	**187.341**
Anteilige Kosten in %	0,4%		35%		64%	100%
Anteilige Gesamtkosten je Spannungsebene je MWH (€/MWH)	**2,24**		**13,71**		**29,70**	

---

[92] s. S. 41

Im Bereich der Stromverteilung werden im Rahmen dieser Arbeit folgende Hauptkategorien von Teilnetzen unterschieden:

- Stadtnetz
- Landnetz
- Objektnetz

Als Stadtnetz werden Stromnetze in Ballungsräumen mit einer hohen Bevölkerungsdichte betrachtet. Landnetze sind demgegenüber Netze in eher ländlichen Gebieten mit einer niedrigen Bevölkerungsdichte. Als Objektnetze werden Objekt-interne Netze von Infrastruktureinrichtungen wie Industrieparks, Flughäfen, Häfen bzw. Bahnhöfen oder von Contracting-Arealen wie großen Einkaufzentren angesehen.[93]

Die **Bezugsobjektebene Betriebsmittel** stellt die zentrale Steuerungsperspektive des Asset Managers dar und kann im Wesentlichen in drei Hierarchiestufen gegliedert werden. Auf der obersten Hierarchiestufe lassen sich im Verteilungsnetzbereich die Spannungsebenen Hoch-, Mittel- und Niederspannung unterscheiden, die gleichzeitig auch, wie oben erläutert, die wesentlichen Produktarten bzw. die Kostenträger eines Verteilungsnetzbetreibers darstellen. In Tab. 1 wird diesbezüglich ein Beispiel für die Kostenverrechnung auf die einzelnen Spannungsebenen dargestellt.

Auf einer weiteren Hierarchiestufe der Segmentierungsebene „Betriebsmittel" können Betriebsmittelgruppen unterschieden werden. Im Rahmen der Betriebsmittelgruppierung werden dabei häufig Untergliederungen vorgenommen, da sich die Einzelbetriebsmittel einer Betriebsmittelgruppe i. d. R. in eine Vielzahl von Einzelbestandteilen aufteilen lassen, die wiederum zu Betriebsmittelgruppen zusammengefasst werden können. Bspw. besteht eine Umspannanlage aus Einzelbetriebsmitteln wie Schaltanlagen, Transformatoren oder Hilfsenergieanlagen, für die innerhalb der Betriebsmittelgruppe „Umspannanlagen" weitere Untergruppen gebildet werden können (siehe Tab. 2). Die letzte Hierarchieebene der Segmentierung des Anlagenbestandes stellt schließlich die Ebene der Einzelbetriebmittel dar.

Durch eine geeignete **Verknüpfung der Segmentierungsebenen „Teilnetze" und „Betriebsmittel"** kann die Komplexität des Asset Managements reduziert und die

---

[92] Da bei der Netznutzung in niedrigen Spannungsebenen auch die höher liegenden Spannungsebenen in Anspruch genommen werden, werden die Netznutzungskosten höherer Spannungsebenen auf die niedrigeren Spannungsebenen umgelegt. Die Verrechnung erfolgt dabei nach dem anteiligen Energieverbrauch der betreffenden Spannungsebenen. Zum Beispiel werden die Kosten für den Betrieb der Hochspannungsebene entsprechend dem anteiligen Energieverbrauch in den Ebenen Hoch-, Mittel- und Niederspannung verteilt. Weiterhin werden die Umspannungskosten ebenfalls nach dem anteiligen Energieverbrauch auf die jeweils niedrigeren Spannungsebenen verrechnet. Zum Praxisbeispiel City-Network siehe Abschnitt 1.3.

[93] Vgl. z. B. KLEMM (2005); alternativ werden Objektnetze in der Praxis auch als Industrie-, Werks- oder Arealnetze bezeichnet.

Tabelle 2: Beispiel zur Betriebsmittelgruppierung im Verteilungsnetzbereich[94]

Betriebsmittel-gruppen	Zugehörige Spannungsebenen	Mögliche Untergruppen (Beispiele)
Hauptgruppe Verteilanlagen		
Umspannanlagen	Umspannung HS/MS (z. B. 110 KV/25 KV bzw. 110 KV/10 KV), Umspannung MS/MS (z. B. 25 KV/10 KV)	Schaltanlagen
		Transformatoren
		E-Spulen
		Hilfsanlagen (z. B. Krananlagen)
		Hilfsenergieanlagen
		Sekundärtechnik (z. B. Steuer- und Regeleinrichtung)
Hauptverteilstationen	Hauptverteilung MS (z. B. 25 KV/25 KV, 10 KV/10 KV)	Schaltanlagen
		E-Spulen
		Hilfsenergieanlagen
		Sekundärtechnik (z. B. Steuer- und Regeleinrichtung)
Ortsnetzstationen	Umspannung MS/NS (z. B. 10 KV/0,4 KV)	Schaltanlagen
		Transformatoren
Hauptgruppe Leitungen		
Kabel	HS (z. B. 110 KV), MS (z. B. 25 KV bzw. 10 KV) NS (z. B. 0,4 KV)	Kabel
		Kabelverteilerschränke
		Trennkästen
		Hausanschlusskästen
Freileitungen	HS (z. B. 110 KV), MS (z. B. 25 KV bzw. 10 KV) NS (z. B. 0,4 KV)	Leitungen
		Masten
		Hausanschlusskästen

unternehmensinterne „Wertsichtigkeit" deutlich verbessert werden. In Abb. 25 wird diesbezüglich ein Anwendungsbeispiel für die Segmentierung der Netzinfrastruktur dargestellt.

Die konkrete Ausgestaltung der Segmentierung eines Stromnetzes hängt letztlich allerdings auch stark von den unternehmensspezifischen Rahmenbedingungen ab. Insbesondere können die Qualität und Detaillierungstiefe der netzbezogenen Informationen eine bedeutende Restriktion bei der Auswahl der Segmentierungsvariante

---

[94] Beispiel City-Network; ohne Leittechnik, Betriebsgebäude und Grundstücke.

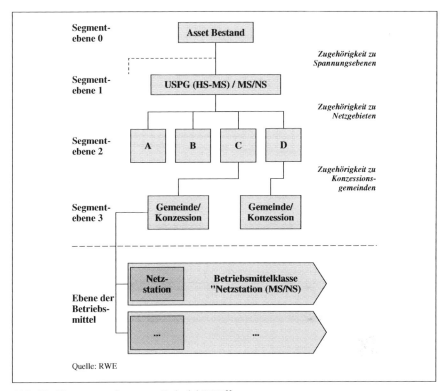

Abb. 25: Netzsegmentierung am Beispiel RWE[95]

darstellen. Für die im Szenario der Anreizregulierung zunehmend relevante Segmentierung nach Teilnetzen bzw. Konzessionsgebieten ist daher häufig zunächst eine relativ kostenintensive Verbesserung des Datenbestandes erforderlich.[96]

Während die **Bezugsobjektebene Prozesse** für das Asset Management, wie oben erläutert, von eher nachrangiger Bedeutung ist, stellt sie im personalintensiven Service Provider-Bereich die zentrale Steuerungsperspektive dar. In Abb. 26 werden diesbezüglich die wesentlichen Serviceprozesse von Stromnetzbetreibern zusammengefasst. Als Prozesse mit einem sehr hohen Mitarbeitervolumen können die Asset Service-Prozesse im Allgemeinen und die Kundenbetreuung im Call-Center hier hervorgehoben werden.

---

[95] SCHNEIDER (2006), S. 12.

[96] Vgl. BECKERS et al. (2002), S. 384.

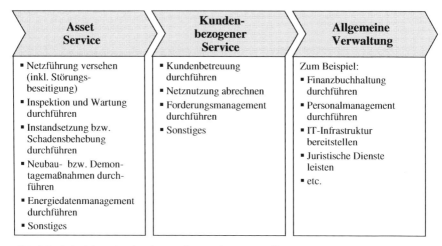

Abb. 26: Beispiel zur Strukturierung der Serviceprozesse[97]

2.5   Aktuelle Herausforderungen für Stromnetzbetreiber

Als Ergebnis von im Frühjahr/Sommer 2006 durchgeführten Praxisinterviews lassen sich folgende aktuelle Herausforderungen von Stromnetzbetreibern zusammenfassen (siehe Abb. 27).[98]

Anreizregulierung:
Antizipation des neuen Regulierungsszenarios
Die Einführung einer Anreizregulierung verändert die Rahmenbedingungen für Netzbetreiber grundlegend. Es gilt, möglichst schnell die mit dem neuen Regulie-

---

[97] Beispiel City-Network (siehe auch Abschnitt 1.3.3). Hinsichtlich der Schadensbehebung ist im Detail zwischen der Schadensbehebung auf eigene und auf fremde Rechnung zu unterscheiden. Die durch Dritte zu verantwortenden Schäden machen i. d. R. einen signifikanten Anteil an den gesamten Schadenkosten aus. Einen gängigen Schaden durch Dritte stellt bspw. ein Kabelriss infolge der Arbeiten eines Tiefbauunternehmens dar.

[98] Die Zusammenfassung der aktuellen Herausforderungen von Stromnetzbetreibern basiert auf qualitativen Praxisinterviews bei Regionalversorgern, Stadtverteilern und Unternehmensberatungen mit einem Schwerpunkt in der Energiewirtschaft. Die aufgeführten Herausforderungen ergeben sich aus einer Zusammenfassung der im Rahmen der Interviews durch die Ansprechpartner aktiv genannten aktuellen Herausforderungen des Stromnetzgeschäftes. Zur Herkunft der genannten Herausforderungen siehe Abschnitt 7.1.2. Zur näheren Erläuterung der Praxisinterviews siehe Abschnitt 1.3.2.

Themenbereich   **Herausforderung**

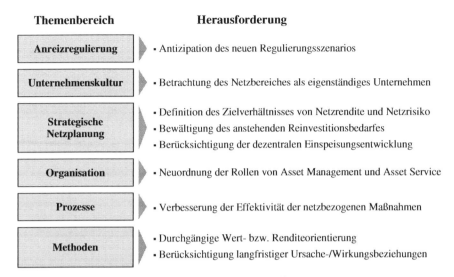

Abb. 27: Aktuelle Herausforderungen von Stromnetzbetreibern

rungskonzept verbundenen Chancen und Risiken für das eigene Unternehmen zu identifizieren und sich auf diese einzustellen. Für die strategische Planung stellt sich insbesondere die Herausforderung, die langfristige Entwicklung eines Regulierungskonzeptes, das sich noch in der Aufbauphase befindet, abzuschätzen und zu antizipieren.

Unternehmenskultur:
Betrachtung des Netzbereiches als eigenständiges Unternehmen
Unbundling und Anreizregulierung bedingen insbesondere auch einen kulturellen Wandel. Anstelle einer Wertschöpfungsketten-übergreifenden Denkweise wird künftig eine separate Betrachtung des Netzbereiches als eigenständiges Unternehmen erforderlich sein („das Silodenken muss wieder eingeführt werden"). Durch den Vergleichswettbewerb mit anderen Stromnetzbetreibern im Rahmen der Anreizregulierung wird im natürlichen Monopolbereich des Netzes zudem eine Wettbewerbsorientierung erforderlich, die durch die Mitarbeiter zu verinnerlichen ist.

Strategische Netzplanung:
Definition des Zielverhältnisses von Netzrendite und Netzrisiko
Da im Cost Plus-Regulierungsszenario aufgrund der Kopplung von Erlösen und Kosten ein Anreiz zur Minimierung des Risikos von Netzstörungen durch hohe Instandhaltungskosten besteht, stellen Netzrendite und Netzrisiko hier keine gegenläufigen

Zielgrößen dar. Im Rahmen der Anreizregulierung ist das Netzrisiko dagegen eine zentrale Steuerungsvariable zur Renditesteigerung bzw. -erhaltung. Vor dem Hintergrund des Anreizes zur Risikominimierung im Cost Plus-Szenario kann davon ausgegangen werden, dass die finanzielle Performance von Stromnetzbetreibern durch das bewusste Eingehen tolerierbarer Risiken und die daraus resultierende Verringerung von Instandhaltungskosten signifikant gesteigert werden kann. Es ist somit eine Neudefinition des Zielverhältnisses von Netzrendite und Netzrisiko erforderlich.

Bewältigung des anstehenden Reinvestitionsbedarfes

Der durch die Anreizregulierung entstehende Preisdruck wird in einen Zeitraum fallen, in dem überdurchschnittlich viele Betriebsmittel das Ende ihrer technischen Lebensdauer erreichen (siehe Abb. 28). Dies liegt darin begründet, dass ein Großteil der Netzinfrastruktur in Europa in den 60er und. 70er Jahren vor dem Hintergrund des damaligen sprunghaften Anstiegs der Stromnachfrage infolge der starke Verbreitung elektrischer Geräte errichtet wurde. Die Bewältigung des anstehenden Reinvestitionsbedarfs stellt somit eine weitere strategische Herausforderung dar.

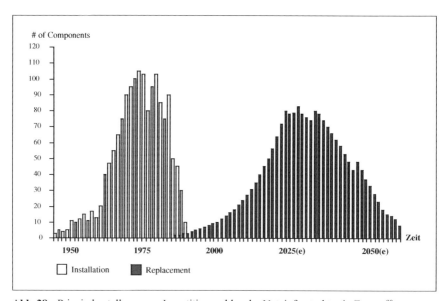

Abb. 28: Prinzipdarstellung zum Investitionszyklus der Netzinfrastruktur in Europa[99]

---

[99] Indexierte Betriebsmittelanzahl; JONGEPIER (2007), S. 4.

Berücksichtigung der dezentralen Einspeisungsentwicklung

In der Vergangenheit war die Stromnachfrage i. d. R. die ausschließliche Führungsgröße der Netzstruktur- und Netzausbauplanung. Sie ließ sich dabei durch weitgehend stabile Annahmen zur Bevölkerungsentwicklung relativ gut prognostizieren. Aktuell erfordert der enorme Zuwachs an dezentralen Erzeugungsanlagen wie Windenergie- oder Biogasanlagen gerade in ländlichen Regionen einen Wechsel der Führungsgröße der Netzstruktur- und Netzausbauplanung, da in bestimmten Teilnetzgebieten die dezentral eingespeiste Leistung die verbrauchte Leistung deutlich übersteigt. Die Dimensionierung der Netzinfrastruktur muss in diesen Fällen nach der in höhergelegene Spannungsebenen hochgespeisten Leistung und nicht nach der Abnahmeleistung ausgerichtet werden. Nicht selten rückt somit die „Elektrizitätsentsorgungsaufgabe" anstelle der Elektrizitätsversorgungsaufgabe in den Vordergrund. Künftig wird diese Situation verstärkt auftreten, da die Bevölkerungsdichte in Europa eher stagniert, die Anzahl an dezentralen Erzeugungsanlagen aber vermutlich weiterhin stark zunehmen wird.

Der teilweise Wechsel der Führungsgröße erhöht die Komplexität der Netzstruktur- und Netzausbauplanung deutlich. Zum einen ist die langfristige Entwicklung des Mengengerüstes dezentraler Erzeugungsanlagen erheblich schwieriger zu prognostizieren als die Bevölkerungsentwicklung.[100] Zum anderen wird die Nutzungsdauer regenerativer Erzeugungsanlagen nur in Ausnahmefällen mit der Nutzungsdauer der Netzinfrastruktur übereinstimmen.[101]

Organisation:
Neuordnung der Rollen von Asset Management und Asset Service

Das Asset Management gewinnt infolge der Einführung der Anreizregulierung erheblich an Bedeutung, da es künftig die durch den Asset Service vorgeschlagenen netzbezogenen Maßnahmen vor dem Hintergrund der Ressourcenverknappung im Rahmen der Anreizregulierung priorisieren muss. Die Aufgabe des Asset Managers wird dadurch deutlich anspruchsvoller, da im Rahmen des Cost Plus-Regulierungsszenarios weitgehend alle Maßnahmenvorschläge des Asset Service nach der Erfüllung standardisierter Kriterien freigegeben wurden und das Asset Management aus wirtschaftlicher Sicht somit eher einer „Asset Verwaltung" gleichkam.

Es muss sichergestellt werden, dass das Asset Management das notwendige Knowhow besitzt, um fundierte Entscheidungen hinsichtlich der freizugebenden Maß-

---

[100] Zum Beispiel kann die Erzeugungsleistung eines Windenergieparks bei vorhandener Freifläche relativ kurzfristig vergrößert werden.

[101] Während die Netzinfrastruktur eine technische Lebensdauer von i. d. R. 40–50 Jahren aufweist, ist z. B. der Lebenszyklus einer Biogasanlage deutlich kürzer.

nahmen treffen zu können. Dazu wird es ggf. erforderlich sein, relevante Kow-how-Träger des Asset Service zu übernehmen. Diesbezüglich sind allerdings erhebliche unternehmensinterne Widerstände zu erwarten, da der Asset Service aufgrund seines naturgemäß hohen Mitarbeitervolumens bisher ein größeres unternehmenspoliti-sches Gewicht als das Asset Management hatte und durch eine derartige Reorganisa-tion deutlich an Bedeutung verlieren würde. Vor dem Hintergrund der veränderten Rahmenbedingungen ist allerdings ein klare Trennung von Entscheidung und Hand-lung und somit eine Neuordnung des Zusammenspiels von Asset Management und Asset Service erforderlich.

Prozesse:
Verbesserung der Effektivität der netzbezogenen Maßnahmen

Die Potentiale zur Effizienzverbesserung sind als „low hanging fruits" bei Strom-netzbetreibern häufig bereits zu einem großen Teil gehoben.[102] In Bezug auf das für die Durchführung von Asset Service-Maßnahmen erforderliche „Know how" ist die Branche weitgehend durchoptimiert. Da sich allerdings bei Stromnetzbetreibern auf-grund des fehlenden Kostendrucks ineffektive Handlungsprinzipien verfestigt haben, stellt sich die Frage, ob die historisch gewachsenen Maßnahmenkataloge unter den neuen Rahmenbedingungen weiterhin zielführend sind. Vor diesem Hintergrund ist nicht das „Know how" für die Abarbeitung eines gegebenen Maßnahmenkataloges entscheidend, sondern das „Know why" für die Zusammenstellung des Maßnahmen-plans. Das „Know why" kann dabei als Obergriff für das Verständnis angesehen wer-den, warum man bestimmte Maßnahmen durchführen bzw. nicht durchführen sollte.

Methoden:
Durchgängige Wertorientierung

Durch den Rückzug der öffentlichen Anteilseigner sowie das steigende Rendite-bewusstsein der privaten Kapitalgeber zeichnet sich in der Elektrizitätswirtschaft im Allgemeinen seit Jahren eine zunehmende Kapitalmarktorientierung ab.[103] Dies galt bisher allerdings nur begrenzt für das Stromnetzgeschäft, da externe Finanzanalysten aufgrund der intransparenten Verflechtung der Wertschöpfungskette finanzielle Per-formancekennzahlen kaum auf den Netzbereich herunterbrechen konnten. Durch das Unbundling der Wertschöpfungskette der Elektrizitätswirtschaft wird die finanzielle Performance des Stromnetzgeschäftes für externe Finanzanalysten weitgehend trans-parent und mit anderen Anlagealternativen vergleichbar. Um auch in Zukunft lang-fristiges Kapital für Netzinvestitionen zu erhalten, müssen Stromnetzbetreiber daher

---

[102] Vgl. SCHMUDE (2006), S. 3.

[103] Vgl. HOLZHERR et al. (2004), S. 718.

eine angemessene Rendite des investierten Kapitals nachweisen können. Es ist somit eine durchgängige Ausrichtung des Performance Managements auf wertorientierte Führungskennzahlen sicherzustellen.

Berücksichtigung langfristiger Ursache-Wirkungs-Beziehungen

Da Maßnahmen zur Sicherstellung der langfristigen Versorgungsqualität bzw. zur Substanzerhaltung im Cost Plus-Regulierungsszenario den absoluten Gewinn von Stromnetzbetreibern bei einer i. d. R. ausreichenden Rendite steigern, war die Nachhaltigkeit der Netzbewirtschaftung in der Vergangenheit implizit sichergestellt.

Im Szenario der Anreizregulierung gilt dies infolge der Entkopplung von Erlösen und Kosten nicht mehr. Da das Stromnetzgeschäft aufgrund der Langlebigkeit der Betriebsmittel erhebliche Freiheitsgrade hinsichtlich der zeitlichen Verteilung von Erneuerungs- und Instandhaltungsmaßnahmen aufweist, kann der regulatorische Kostendruck Stromnetzbetreiber zu kurzfristig orientierten bzw. substanzverzehrenden Asset Strategien mit erheblichen negativen Folgewirkungen für die langfristige Versorgungsqualität und Renditeentwicklung verleiten. Der Berücksichtigung der extrem langfristigen Ursache-Wirkungs-Beziehungen des Stromnetzgeschäftes kommt daher im Rahmen des Performance Managements von Stromnetzbetreibern eine hohe Bedeutung zu.

3 Konzepte für das Netzinfrastruktur-Management in der Elektrizitätswirtschaft

Im Folgenden werden zunächst die konzeptionellen Anforderungen an das Netzinfrastruktur-Management in der Elektrizitätswirtschaft ausgearbeitet. Im Anschluss erfolgt die Vorstellung von bereits existierenden Performance Management-Konzepten mit grundsätzlicher Relevanz für das Stromnetzgeschäft. Die bestehenden Konzepte werden dabei nach allgemeinen und geschäftsspezifischen Ansätzen unterschieden. Die Eignung dieser Konzepte für das Netzinfrastruktur-Management in der Elektrizitätswirtschaft wird abschließend auf Basis der zuvor definierten Konzeptanforderungen beurteilt.

Hauptkapitel 3 gliedert sich somit wie folgt:

- Konzeptionelle Anforderungen an das Netzinfrastruktur-Management in der Elektrizitätswirtschaft
- Allgemeine Performance Management-Konzepte
- Geschäftsspezifische Performance Management-Konzepte
- Beurteilung der bestehenden Konzepte anhand der konzeptionellen Anforderungen

3.1 Konzeptionelle Anforderungen

3.1.1 Begriffserläuterungen

Vor der Definition von Konzeptanforderungen und Abgrenzung von bestehenden Konzepten für das Netzinfrastruktur-Management in der Elektrizitätswirtschaft ist zunächst der Begriff „Netzinfrastruktur-Management" näher zu erläutern.

Als „Netzinfrastruktur-Management" wird hier eine systematische Führung zur Erreichung der Ziele des Netzgeschäftes in der Elektrizitätswirtschaft verstanden.[104] Aufgrund seines zentralen Charakters bezieht sich der Begriff zwar direkt auf das physische Objekt Stromnetz, umfasst aber nicht zuletzt auch das Management der für das Netzgeschäft erforderlichen Unternehmensorganisation und seiner Mitarbeiter.

---

[104] Als „Netzinfrastruktur" wird hier die Gesamtheit aller physischen Anlagen betrachtet, die Grundlage für das in Hauptkapitel 2 beschriebene Netzgeschäft in der Elektrizitätswirtschaft sind. Gemäß der Zielsetzung der Arbeit fokussiert sich die Betrachtung dabei auf die Netzinfrastruktur im Bereich der Stromverteilung. Siehe auch Abschnitt 1.2. Die Begriffe „Stromverteilungsnetzinfrastruktur", „Stromverteilungsnetz" und „Netzinfrastruktur" werden im Rahmen dieser Arbeit synonym verwendet. Die Untergliederung der Netzinfrastruktur in Teilnetze und Betriebsmittelgruppen wurde bereits im Rahmen der Darstellung der Segmentierungsebenen der internen Steuerung von Stromnetzbetreibern in Abschnitt 2.4.3 vorgestellt.

Losgelöst vom geschäftsspezifischen Kontext unterscheidet sich die hier gewählte Sichtweise des Netzinfrastruktur-Managements daher nicht vom allgemeinen betriebswirtschaftlichen Management-Verständnis, das naturgemäß die Führung von Unternehmensorganisationen zum zentralen Inhalt hat.[105]

Aus der kaum überschaubaren Vielfalt an Forschungsrichtungen im Bereich der Management-Theorie wird für die Behandlung des Netzinfrastruktur-Managements hier die Perspektive des Performance Managements ausgewählt.[106] Ein Vorteil dieser Perspektive besteht vor dem Hintergrund der praxisorientierten Ausrichtung der Arbeit insbesondere darin, dass sich das Performance Management direkt auf die Definition und Verfolgung der Zielgrößen eines Unternehmens fokussiert.[107]

Die zentrale Aufgabe eines Performance Management-Konzeptes wird hier darin gesehen, die Unternehmensperformance transparent zu machen und für Managemententscheidungen zu operationalisieren.[108] Bestandteile des Performance Managements sind dabei insbesondere die Formulierung und organisatorische Verankerung von Unternehmenszielen, die Planung und Kontrolle der Zielerreichung mit Hilfe von Kennzahlen sowie die Entwicklung und Bewertung von Maßnahmenalternativen.

Zur Erfüllung ihres Zwecks müssen Performance Management-Konzepte allgemeinen und geschäftsspezifischen Anforderungen genügen, die in den folgenden Abschnitten 3.1.2 und 3.1.3 erörtert werden. Über die relativ klar abgrenzbaren Konzeptanforderungen hinaus sind im Rahmen der Konzeptumsetzung weiterhin Aspekte des Managementverhaltens zu berücksichtigen, die abschließend in Abschnitt 3.1.4 dargestellt werden.

---

[105] Zum allgemeinen betriebswirtschaftlichen Management-Verständnis vgl. z.B. DRUCKER (2007), S. 3–23.

[106] Aufgrund der hier definierten Perspektive auf das Netzinfrastruktur-Management werden im Rahmen dieser Arbeit die Begriffe „Management" und „Performance Management" synonym verwendet.

[107] Der Begriff „Performance" wird im Rahmen dieser Arbeit als „der bewertete Beitrag zur Erreichung der Ziele einer Organisation verstanden", „welcher durch Individuen und Gruppen von Mitarbeitern innerhalb der Organisation sowie von externen Gruppen (wie z.B. Lieferanten) erbracht werden" kann (HOFFMANN (1999), S. 8). Das hier zu Grunde liegende Performance-Verständnis geht somit über rein finanzielle Größen hinaus.

[108] Vgl. z.B. FICKERT (2004), S. 708. Demnach soll „das Business Performance Management (…) die Unternehmensleistung transparent messen und dazu beitragen, deren Ursachen und Wirkungen zu identifizieren sowie Korrekturprozesse zur erfolgreichen Steuerung auszulösen".

3.1.2   Allgemeine Anforderungen an Performance Management-Konzepte

Es werden zunächst allgemeine, industrieunabhängige Anforderungen an Performance Management-Konzepte vorgestellt und daraufhin weitere, geschäftsspezifische Konzeptanforderungen an das Netzinfrastruktur-Management in der Elektrizitäts-wirtschaft definiert.

Da in der Literatur keine einheitliche Definition von Konzeptanforderungen an Systeme zur Unterstützung von Managemententscheidungen existiert,[109] kann im Rahmen dieser Arbeit nur eine spezifische Auswahl der in der Literatur diskutierten Anforderungskriterien zu Grunde gelegt werden. Für die Definition allgemeiner Anforderungen an Managementinformationen wird für die weitere Untersuchung dementsprechend der weit verbreitete Kriterienkatalog „hierarchy of accounting qualities" des Financial Accounting Standards Boards (FASB) ausgewählt. Die originär für die externe Rechnungslegung konzipierte hierarchy of accounting qualities (siehe Abb. 29) zeichnet sich durch eine differenzierte und klar strukturierte Definition der „decision usefulness" von Managementinformationen aus, welche sie sich über mehrere Jahrzehnte im Einsatz in der Praxis bewährt hat.[110] Da die „decision usefulness"

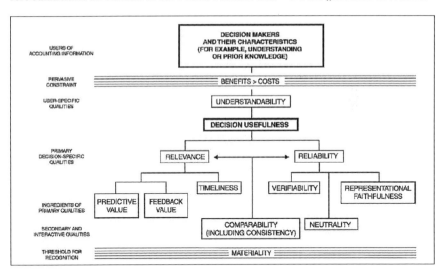

Abb. 29: Hierarchy of accounting qualities gemäß SFAC 2 des FASB[111]

---

[109] Vgl. z. B. HOFFMANN (1999), S. 33 in Verbindung mit FITZGERALD et al. (1996), S. 441.

[110] Die „hierarchy of accounting qualities" ist im Rahmen des Statement on Financial Accounting Concepts 2 (SFAC 2) des FASB seit Mai 1980 als Konzeptgrundlage für die Rechnungslegung nach US GAAP in Kraft; vgl. Financial Accouting Standards Board (FASB) (1980), S. 1. Die zentralen Qualitätskriterien des SFAC 2 finden sich zudem im „Framework for the Preparation and Presentation of Financial Statements" des International Accounting Standards Board (IASB) wieder. Vgl. International Accounting Standards Board (IASB) (2001), S. 1.

[111] Financial Accouting Standards Board (FASB) (1980), S. 20.

auch als das zentrale Anforderungskriterium für Managementinformationen im Rahmen von Performance Management-Konzepten[112] zu sehen ist, wird die hierarchy of accounting qualities im Rahmen dieser Arbeit als geeigneter allgemeiner Anforderungskatalog für Performance Management-Konzepte im Allgemeinen betrachtet.

Auf Basis der „hierarchy of accounting qualities" gemäß SFAC 2 des FASB werden im Rahmen dieser Arbeit fünf Qualitätsanforderungen an Managementinformationen definiert, die zusammen mit dem damit noch nicht berücksichtigten Aspekt der Wirtschaftlichkeit die allgemeinen Konzeptanforderungen an Performance Management-Konzepte für die weitere Untersuchung ergeben:[113]

- Relevanz („Relevance")
- Verlässlichkeit („Reliability")
- Vergleichbarkeit („Comparability")
- Verständlichkeit („Understandability")
- Wesentlichkeit („Materiality")
- Wirtschaftlichkeit

Um für Entscheidungen nützlich zu sein, müssen die durch ein Performance Management-Konzept generierten Informationen zunächst für die vorliegenden Entscheidungsprobleme von **Relevanz** sein.[114] Managementinformationen können dann als relevant betrachtet werden, wenn sie die Wahrscheinlichkeit einer korrekten Prognose künftiger Entwicklungen ermöglichen („predictive value") oder die Vorteilhaftigkeit von Entscheidungen aus der Vergangenheit bestätigen bzw. widerlegen („feedback value"). Die dementsprechenden Managementinformation sollten dabei ausreichend zeitnah für die anstehenden Entscheidungen zur Verfügung stehen („timeliness"). Die Kriterien „predictive value" und „feedback value" sind in diesem Zusammenhang eng miteinander verknüpft.[115] Zum einen sind Prognosen der künftigen Entwicklung kaum ohne Information über die Vergangenheit möglich. Zum anderen

---

[112] Zur im Rahmen dieser Arbeit gewählten Definition des Begriffes „Performance-Management" siehe Abschnitt 3.1.1.

[113] Im Folgenden werden die der Arbeit zu Grunde gelegten allgemeinen Qualitätsanforderungen an Managementinformationen gemäß SFAC 2 des FASB nur überblicksweise dargestellt. Zur näheren Erläuterung von Struktur und Inhalt der „hierarchy of accounting qualities" siehe Financial Accouting Standards Board (FASB) (1980).

[114] Das FASB definiert den Begriff „relevance" als „the capacity of information to make a difference in a decision by helping users to form predictions about the outcomes of past, present and future events or to confirm or correct prior expectations". Financial Accouting Standards Board (FASB) (1980), S. 10. Zur näheren Erläuterung des Qualitätskriteriums "Relevance" sowie der weiteren Qualitätskriterien siehe Financial Accouting Standards Board (FASB) (1980), § 46–132.

[115] Financial Accouting Standards Board (FASB) (1980), Paragraph 51.

sind Informationen über die Vergangenheit ohne Bezug zur künftigen Unternehmensentwicklung für Entscheidungsträger nahezu wertlos.

Zur Unterstützung von Entscheidungen sollten Managementinformationen nicht nur relevant, sondern auch verlässlich sein, da ihre Verwendung sonst irreführend sein kann.[116] Eine wesentliche Voraussetzung für die **Verlässlichkeit** von Informationen ist, dass sie glaubwürdig das darstellen, was sie vorgeben darzustellen („representational faithfulness"). Aus Sicht des FASB bedeutet dies, dass Informationen möglichst vollständig und frei von Verzerrungen sein sollten sowie keine Scheingenauigkeit bei nicht unerheblichen Restunsicherheiten suggerieren.[117] Zur besonderen Berücksichtigung von Verzerrungen, die auf einer bewussten Informationsmanipulation zur gezielten Entscheidungsbeeinflussung („intentional bias") beruhen, hat das FASB zudem das Kriterium „Neutrality" als weitere Voraussetzung für die Verlässlichkeit von Informationen gesondert hervorgehoben. Das Verlässlichkeitskriterium „verifiability" bezieht sich letztlich auf den grundsätzlichen Bedarf der Nachvollziehbarkeit der im Rahmen von Managementinformationen kommunizierten Resultate.

Bezüglich der Anforderungskriterien „Relevanz" und „Verlässlichkeit" ist zu beachten, dass zwischen ihnen in der Praxis häufig ein Zielkonflikt besteht. Das heißt, dass oft nicht alle relevanten Informationen verlässlich dargestellt werden können und ohnehin nicht alle vorliegenden verlässlichen Informationen relevant sind. Im Rahmen dieser Arbeit soll in diesem Zusammenhang die folgende Stellungnahme des Accounting Standard Boards (ASB) des britischen Financial Reporting Councils (FRC) verwendet werden: „it will usually be appropriate to use the information that is the most relevant of whichever information is reliable".[118]

Der Nutzen von Managementinformation für die Entscheidungsfindung steigt erheblich, wenn sie sowohl im Zeitablauf als auch über verschiedene Unternehmen bzw. Unternehmenssegmente vergleichbar sind.[119] Eine wichtige Voraussetzung für die **Vergleichbarkeit** ist dabei u. a. die methodische Konsistenz der Informationsermittlung. Zum Beispiel sollten die Ist-Größen zur Kontrolle der Vorteilhaftigkeit von vergangenen Entscheidungen nach einem mit der damaligen Planrechnung konsistenten Verfahren ermittelt werden.

---

[116] Der Begriff „reliability" wird vom FASB definiert als „the quality of information that assures that information is reasonably free from error and bias and faithfully represents what purports to represent". Financial Accouting Standards Board (FASB) (1980), S. 10.

[117] Das Unterkriterium der Vollständigkeit („completeness") wird diesbezüglich in SFAC 2 § 79–80, der Aspekt systematischer Verzerrungen („effects of bias") in SFAC 2 § 77–78 und der Aspekt der Scheingenauigkeit („precision and uncertainty") in SFAC 2 § 72–76 erläutert. Vgl. Financial Accouting Standards Board (FASB) (1980), ebenda.

[118] STEIN (2000), Chapter 3.

[119] Das Kriterium „comparability" wird nach FASB definiert als „the quality of information that enables users to identify similarities in and differences between two sets of economic phenomena". Financial Accouting Standards Board (FASB) (1980), S. 10.

Die **Verständlichkeit** eines Performance Management-Konzeptes ist eine Grundvoraussetzung, um von den beabsichtigten Adressaten akzeptiert zu werden.[120] Managementinformationen sind hinsichtlich ihrer Ausgestaltung demnach auf den besonderen Erfahrungs- und Fachhintergrund der Adressaten hin auszurichten.

Das Kriterium der **Wesentlichkeit** kann als Hygienefaktor für die Aufnahme einer Information in die Performanceplanung bzw. -kontrolle betrachtet werden.[121] Die Wesentlichkeit einer Information kann dabei anhand ihrer relativen Bedeutung für die gemäß den obigen Anforderungen definierten Ergebnisbereichen eines Performance Management-Konzeptes festgemacht werden.

Über die hier vorgestellten qualitativen Anforderungen an Performance Management-Konzepte hinaus wird für diese Arbeit abschließend noch das Kriterium der **Wirtschaftlichkeit** als allgemeine Konzeptanforderung ergänzt, welches einen einfachen Sachzwang bei der Entwicklung von Performance Management-Konzepten berücksichtigt. Letztlich ist die Generierung von Managementinformation mit den oben genannten Qualitäten nämlich nicht sinnvoll, wenn der dafür anfallende Aufwand gegenüber dem Nutzen der geschaffenen Transparenz unverhältnismäßig hoch ist.

Aufbauend auf den hier definierten allgemeinen Konzeptanforderungen an Performance Management Konzepte werden im folgenden Abschnitt die besonderen Anforderungen an das Netzinfrastruktur-Management in der Elektrizitätswirtschaft erarbeitet.

3.1.3   Besondere Konzeptanforderungen an das Netzinfrastruktur-Management in der Elektrizitätswirtschaft

Aufgrund ihres generischen Charakters gelten die zuvor definierten allgemeinen Anforderungen an Performance Management-Konzepte grundsätzlich auch für das Netzinfrastruktur-Management in der Elektrizitätswirtschaft. Entscheidend ist hier aber die Frage, was die allgemeine Konzeptanforderungen konkret für das Performance Management im Stromnetzgeschäft bedeuten. Im Folgenden werden daher die vorgestellten allgemeinen Anforderungen im geschäftsspezifischen Kontext erörtert und so die besonderen Konzeptanforderungen an das Netzinfrastruktur-Management in der Elektrizitätswirtschaft identifiziert.

---

[120] Das FASB definiert „understandability" als „the quality of information that enables users to percieve its significance". Financial Accouting Standards Board (FASB) (1980), S. 11.

[121] Das Kriterium „Materiality" wird durch das FASB wie folgt definiert: „The magnitude of an omission or missstatement of accounting information that, in the light of surrounding circumstances, makes it probable that the judgement of a reasonable person relying on the information would have been changed or influenced by the omission or misstatement". Financial Accouting Standards Board (FASB) (1980), S. 10.

In Hinblick auf die Relevanz von Managementinformation im Stromnetzgeschäft ist zunächst auf die besondere Rahmenbedingung des regulierten Monopols und den daraus resultierenden eingeschränkten Entscheidungsspielraum des Managements hinzuweisen. Zum Beispiel stellt der Umsatz für Stromnetzbetreiber zwar eine zentrale, aber zum größten Teil exogene Größe dar. Stromnetzbetreiber können sowohl die Preis- als auch die Mengenkomponente des Umsatzes kaum beeinflussen. Die Netznutzungsentgelte als Preiskomponente sind abhängig vom jeweils vorliegenden Regulierungsszenario, das den Unternehmen nur geringe Freiheitsgrade überlässt.[122] Die nachgefragte Energiemenge hängt primär von der Abnehmerstruktur des Netzgebietes ab, die aufgrund der Versorgungsverpflichtung des Netzbetreibers nicht beeinflussbar ist. Stromnetzbetreiber können daher kein aktives Kundenportfoliomanagement betreiben wie in Wettbewerbsunternehmen üblich.[123] Kundenbezogene Managementinformationen wie Segmentumsätze oder Kundendeckungsbeiträge sind somit für das Kerngeschäft von Stromnetzbetreibern im Wesentlichen nicht entscheidungsrelevant.[124]

Eine umso größere Relevanz kommt im Stromnetzgeschäft somit kosten- bzw. investitionsbezogenen Managementinformationen zu. Während der Bereich der Kosteneffizienz generell auch in anderen Branchen im Fokus des Managements steht, nimmt das Stromnetzgeschäft hier hinsichtlich der extrem langfristigen Perspektive der zu treffenden Managemententscheidungen eine Sonderstellung ein, da kaum eine Branche eine derart lange und hohe Kapitalbindung aufweist.[125] Vor dem Hinter-

---

[122] Freiheitsgrade können sich zum Beispiel in der Startphase der Anreizregulierung ergeben, in der die Höhe des regulatorischen Erlöspfades von den Ist-Kosten zum Beginn der Regulierungsperiode abhängt und somit an diesem Punkt noch Kosten und Erlöse miteinander gekoppelt sind. Durch die Gestaltung des zeitlichen Kostenverlaufs kann in diesem Fall Einfluss auf die Erlösseite genommen werden. Weitere Freiheitsgrade können sich bspw. über Bonus-/Maluserlöse im Rahmen der Qualitätsregulierung ergeben. Vgl. auch Abschnitt 2.3.

[123] Einen Ausnahmefall stellt diesbezüglich die Gewährung von Anreizen wie Investitionszuschüssen für die Ansiedelung von energieintensiven Produktionsbetrieben wie Chemie- oder Stahlunternehmen dar, wodurch sich im Netzgebiet ein deutlicher Anstieg der nachgefragten Energiemenge und des daraus resultierenden Umsatzes ergeben kann. Weiterhin kann der Netzbetreiber in Ausnahmefällen den Anschluss von Kunden in Netzrandgebieten bei unverhältnismäßig hohen Kosten verweigern.

[124] In nicht-regulierten Zusatzgeschäftsfeldern wie dem Betrieb von elektrischen Anlagen bei Netzkunden können kundenbezogene Managementinformationen für Stromnetzbetreiber dagegen durchaus relevant sein. Im Rahmen dieser Arbeit erfolgt allerdings bekanntlich eine Konzentration auf das Kerngeschäft des Netzinfrastrukturmanagements.

[125] Die Lebensdauer der kapitalintensiven Netzinfrastruktur kann bspw. im Falle von Freileitungen über 60 Jahre betragen. Als Branchen mit einer ähnlich langen und hohen Kapitalbindung können bspw. weitere netz-basierte Industrien wie die Gas- bzw. Wasserwirtschaft, die Telekommunikation und der Schienenverkehr oder sonstige anlagenintensive Industrien wie die Öl- oder Chemieindustrie genannt werden.

grund der Langlebigkeit der Betriebsmittel hat das Management im Stromnetzgeschäft erhebliche Freiheitsgrade hinsichtlich der zeitlichen Verteilung von Investitionen und Instandhaltungskosten, die für kurzfristig orientierte, substanzverzehrende Asset Strategien mit erheblichen negativen Folgewirkungen für die langfristige Versorgungsqualität genutzt werden können. Die **Erfassung extrem langfristiger Ursache-/Wirkungsbeziehungen** stellt daher eine besondere Anforderung an Managementinformationen im Stromnetzgeschäft dar.

Bezüglich des Anforderungskriteriums der Verlässlichkeit sollten Umsatz und Kosten von Stromnetzbetreibern aufgrund der weitgehend stabilen Nachfragestruktur im Vergleich zu Wettbewerbsunternehmen prinzipiell gut prognostizierbar sein. Bei genauerer Betrachtung wird allerdings eine relativ sichere Umsatzprognose i. d. R. nur für die laufende bzw. gerade anstehende Regulierungsperiode möglich sein, für die der Regulator einen konkreten Erlöspfad vorgibt. Über diese hinaus kann insbesondere in der Startphase der Anreizregulierung eine große Unsicherheit bzgl. der weiteren Erlösentwicklung bestehen. Zur Sicherstellung eines verlässlichen Bildes der Unternehmenslage sollte ein geschäftsspezifisches Performance Management-Konzept daher auch eine **Hervorhebung des regulatorischen Risikos** enthalten. Weiterhin wird die Kostenseite maßgeblich durch stochastische Störungen im Versorgungsnetz beeinflusst, die aufgrund ihrer vielfältigen möglichen Ursachen nur schwer handhabbar sind. Aus dem allgemeinen Kriterium der Verlässlichkeit ergibt sich daher als weitere geschäftsspezifische Konzeptanforderung der Bedarf der **Operationalisierung von Störungsrisiken** für Managemententscheidungen.

Nach dem Anforderungskriterium der Vergleichbarkeit sollten Managementinformationen, wie in Abschnitt 3.1.1 erläutert, sowohl im Zeitablauf als auch über verschiedene Unternehmen hinweg vergleichbar sein. Die Vergleichbarkeit im Zeitablauf wird im Stromnetzgeschäft durch einen i. d. R. stark zyklischen Investitionsverlauf erschwert.[126] Dieser führt zum Beispiel dazu, dass gängige kapitalrenditebezogene Kennzahlen wie der Economic Profit oder Return on Investment unabhängig von der operativen Performanceentwicklung einen schwankenden Verlauf aufweisen. Im Stromnetzgeschäft ist daher eine **Berücksichtigung von zyklischen Effekten** erforderlich. Die Vergleichbarkeit zwischen verschiedenen Stromnetzbetreibern stellt vor dem Hintergrund des oben bereits erwähnten begrenzten Entscheidungsspielraumes der regulierten Monopolisten eine besondere Herausforderung dar. Da Stromnetzbetreiber ihre Strukturkosten aufgrund der Versorgungsverpflichtung zum Großteil nicht beeinflussen können, ist im Rahmen von Effi-

---

[126] Vgl. Abschnitt 2.5 unter „Abdeckung des anstehenden Reinvestitionsbedarfes".

zienzvergleichen zwischen Stromnetzbetreibern insbesondere die **Berücksichtigung von Netzstrukturmerkmalen bei der Effizienzbeurteilung** sicherzustellen.[127]

Bezüglich des Kriteriums der Verständlichkeit stellt die hohe technische Komplexität des Stromnetzgeschäftes eine hohe Herausforderung für die Kommunikation von wichtigen Managementinformationen wie Störungsrisiken dar. Weiterhin sollten die finanziellen Resultate des Netzgeschäftes so dargestellt sein, dass sie auch für untere Führungsebenen verständlich sind. Ein geschäftsspezifisches Performance Management-Konzept sollte daher eine **adressatengerechte Verknüpfung von finanziellen und netztechnischen Aspekten** aufweisen. Dabei wird hier die Meinung vertreten, dass es deutlich einfacher sein wird, einem leitenden Ingenieur auf Seiten des Asset Managements eher allgemeine finanzielle Zusammenhänge zu erläutern als dem Asset Owner die für ihn wichtigen Konsequenzen aus komplexen technischen Details zu vermitteln.

Hinsichtlich des Kriteriums der Wesentlichkeit stellt die hohe Vielzahl und Unterschiedlichkeit der Netzbetriebsmittel in historisch gewachsenen Stromverteilungsnetzen eine besondere Herausforderung für das Netzinfrastruktur-Management dar. Vor dem Hintergrund der verschiedenen Besonderheiten einzelner Betriebsmittel ist im Rahmen der Netzsegmentierung insbesondere darauf zu achten, dass zur Sicherstellung einer fokussierten Steuerung ein **angemessener Detaillierungsgrad der Betriebsmittelgruppierung** gewählt wird.[128]

Bezüglich des Kriteriums der Wirtschaftlichkeit gilt für das Performance Management im Stromnetzgeschäft, wie auch für andere Industrien, die Anforderung einer möglichst einfachen Umsetzbarkeit des jeweils gewählten Steuerungskonzeptes. Aufgrund der oben bereits erläuterten hohen technischen Komplexität des Netzinfrastruktur-Management in der Elektrizitätswirtschaft soll die Wirtschaftlichkeitsanforderung in Hinblick auf möglichst **einfach abbildbare Performancegrößen und Zusammenhänge** an dieser Stelle noch als besondere Herausforderung hervorgehoben werden.

Die in diesem Abschnitt aus den allgemeinen Konzeptanforderungen abgeleiteten spezifischen Anforderungen an das Netzinfrastruktur-Management in der Elektrizitätswirtschaft werden in Abb. 30 noch einmal zusammenfassend dargestellt.

---

[127] Die Komplexität von Effizienzvergleichen wird dabei zudem durch den enormen Zuwachs an dezentralen Erzeugungsanlagen erhöht, die durch den Stromnetzbetreiber ebenfalls an das Netz angeschlossen werden müssen und somit den Anteil der nicht-beeinflussbaren Strukturkosten weiter erhöhen.

[128] Vgl. auch KALLWEIT et al. (2005), S. 488/489.

Allgemeine Anforderungen an Management-informationen	Besondere Konzeptanforderungen an das Netzinfrastruktur-Management in der Elektrizitätswirtschaft
Relevanz	■ Erfassung extrem langfristiger Ursache-Wirkungs-Beziehungen
Verlässlichkeit	■ Hervorhebung des regulatorischen Risikos ■ Operationalisierung von Störungsrisiken
Vergleichbarkeit	■ Berücksichtigung von zyklischen Effekten im Zeitvergleich ■ Berücksichtigung von Netzstrukturunterschieden bei der Effizienzbeurteilung
Verständlichkeit	■ Adressatengerechte Verknüpfung von finanziellen und netztechnischen Aspekten
Wesentlichkeit	■ Sicherstellung eines angemessenen Detaillierungsgrades der Betriebsmittelgruppierung
Wirtschaftlichkeit	■ Konzentration auf einfach abbildbare Performancegrößen und Zusammenhänge

Abb. 30: Zusammenfassung besondere Konzeptanforderungen

3.1.4 Verhaltensbezogene Aspekte

3.1.4.1 Performance Management und Managerverhalten

In diesem Abschnitt wird die allgemeine Bedeutung des Managerverhaltens für das Performance Management kurz dargestellt und anhand von Beispielen aus dem Stromnetzgeschäft erläutert. Anschließend erfolgt in Abschnitt 3.1.4.2 eine besondere Betrachtung des Asset Manager-Verhalten im Spannungsfeld von Asset Owner und Regulator.

Ein grundsätzliches Praxisproblem von Management-Konzepten liegt darin, dass das menschliche Handeln und somit auch das Verhalten der Konzeptadressaten nur sehr begrenzt fassbar ist. Auch bei einer Erfüllung aller in Abschnitt 3.1.2 und 3.1.3 definierten Anforderungen kann ein systematisches Performance Management irrationale Managemententscheidungen aus Unternehmenssicht nie vollständig vermeiden.[129] Die Ursache liegt in der komplexen Variablenvielfalt des Managementverhaltens, die bisher nur zum Teil wissenschaftlich durchdrungen werden kann. Aus der ebenfalls großen Vielfalt an Beiträgen zum Thema „managerial behavior" sollen im Folgenden ausgewählte verhaltensbezogene Aspekte aus Sicht des Performance Managements überblicksweise dargestellt werden:

---

[129] Vgl. z. B. WEBER et al. (2003), S. 8/9.

- Verhalten eines Managers als individueller Akteur
- Verhalten eines Managers als Teil der Unternehmensorganisation
- Verhalten eines Managers vor dem Hintergrund von Stakeholderpolitik

In Bezug auf einen einzelnen **Manager als individuell handelnden Akteur** können die aus Performance Management-Sicht kritischen Verhaltensmuster zum Beispiel nach den Kategorien „Wollen" und „Können" untergliedert werden.[130] Ein problematisches Verhalten auf der „Wollensseite" kann dann entstehen, wenn der Manager aufgrund fehlender oder falscher Anreize andere Interessen als das Unternehmen verfolgt. Dieser Fall entspricht dem klassischen Principal-Agent-Problem, bei dem der Manager seinen Informationsvorsprung gegenüber dem Anteilseigner für ein opportunistisches Verhalten nutzt.[131] Im Stromnetzgeschäft könnte z. B. ein Asset Manager, der kurz vor dem Ruhestand steht, durch den Aufschub von Investitions- und Instandhaltungsmaßnahmen seine persönliche Bilanz zu Lasten der Substanzerhaltung bzw. langfristigen Versorgungsqualität verbessern. Auf der „Könnensseite" kann sich insbesondere das Problem einer zu optimistischen Selbsteinschätzung des Managers ergeben. Im Falle des Stromnetzgeschäftes wäre es zum Beispiel denkbar, dass der Asset Manager die Komplexität der durch die Einführung der Anreizregulierung erforderlichen unternehmensinternen Veränderungen trotz ihrer absehbaren Auswirkungen unterschätzt.

Bei Betrachtung des **Managers als Teil einer Unternehmensorganisation** wird das Problem der eingeschränkten Operationalisierbarkeit des Managementverhaltens weiter verschärft. Die Entscheidungen eines Managers werden nämlich über seine individuellen Verhaltensmuster hinaus vor allem auch durch die herrschende Unternehmenskultur sowie durch unternehmenspolitische Erwägungen beeinflusst.[132] Zum Beispiel sollte die Häufigkeit und Intensität von Performancekontrollen zur Führungskultur des Unternehmens passen, um eine evtl. Demotivierung des beurteilten Asset Managements zu vermeiden. Als unternehmenspolitischer Aspekt kann im Stromnetzgeschäft bspw. der Asset Service in einem gemeinsamen Konzernverbund aufgrund seiner hohen Mitarbeiteranzahl ein so hohes unternehmenspolitisches Gewicht haben, dass der Asset Manager dies bei der Reduktion von Asset Service-Maßnahmen berücksichtigen muss.

Über den Bereich des Unternehmens hinaus sind für Entscheidungen des Top-Managements zudem auch allgemeine Interessenslagen auf Seiten der Stakeholder rele-

---

[130] Vgl. das Akteursmodell von Weber (WEBER et al. (2003), S. 9/10).

[131] Zur näheren Erläuterung der Pricipal-/Agent-Theorie siehe z. B. BERLE et al. (1948) bzw. JENSEN et al. (1976).

[132] Die Bedeutung der Unternehmenskultur für den Erfolg eines Performance Management-Konzeptes wird zum Beispiel durch Fickert hervorgehoben (vgl. FICKERT (2004), S. 712).

vant. Im stark regulierten Stromnetzgeschäft sind diesbezüglich insbesondere die aktuellen regulatorischen bzw. regierungspolitischen Rahmenbedingungen von hoher Relevanz, auf die im folgenden Abschnitt 3.1.4.2 gesondert eingegangen wird.

Einige verhaltensbezogene Aspekte werden bereits zum Teil durch die zuvor definierten allgemeinen und spezifischen Konzeptanforderungen an das Netzinfrastruktur-Management in der Elektrizitätswirtschaft abgedeckt. Zum Beispiel wird das Principal-/Agent-ProblemPrincipal-Agent-Problem kurzfristiger Asset Management-Strategien zu Lasten der Substanzerhaltung durch die Konzeptanforderung der Berücksichtigung langfristiger Ursache-Wirkungs-Beziehungen begrenzt. Insbesondere Verhaltensaspekte bezüglich der Unternehmenskultur sowie der Unternehmens- und Stakeholderpolitik können aber kaum durch Konzeptanforderungen an Managementinformationen erfasst werden. In diesem Bereich ist es hier eher sinnvoll, explizit auf die verhaltensbezogenen Grenzen des geschäftsspezifischen Management-Konzeptes hinzuweisen, so dass diese durch die Konzeptanwender im jeweiligem situativen Kontext subjektiv berücksichtigt werden können.

3.1.4.2 Asset Manager-Verhalten im Spannungsfeld von Asset Owner und Regulator

Bei Unternehmen im freien Wettbewerb ragt auf der Stakeholderseite mit den Anteilseignern i. d. R. eine Interessensgruppe klar hervor, auf die das Top-Management im Zweifel seine Entscheidungen ausrichten kann. Im regulierten Stromnetzgeschäft ist dies nicht der Fall. Zwar sind auch hier die Anteilseigner die zentrale Anspruchsgruppe, der Regulator nimmt allerdings aufgrund der gesetzlich geregelten umfangreichen Eingriffsmöglichkeiten eine nicht minder wichtige Interessensposition für das Asset Management ein. Der Asset Manager muss im Stromnetzgeschäft daher insbesondere auch die Interessen der Regulierungsbehörde und der jeweils dahinter stehenden politischen Regierung mit einbeziehen. Diese Interessen sind dabei in vielen Fällen konfliktär zu denen der Anteilseigner, was anhand von zwei Beispielen verdeutlicht werden soll:

- „Fairness"-Verständnis bezüglich der finanziellen Performance
- Nicht netzbezogene Interessen eines Energiekonzerns als Asset Owner

Im **„Fairness"-Verständnis bezüglich der finanziellen Performance** zeigen sich die grundsätzlich verschiedenen Positionen von Asset Owner und Regulator. Der Asset Owner hat als Investor naturgemäß ein Interesse an der Maximierung der finanziellen Performance des Netzes unter Beachtung regulatorischer, technischer und sonstiger Vorschriften bzw. Restriktionen. Der Regulator soll dagegen eine möglichst günstige Stromversorgung bei einer angemessenen Versorgungsqualität sicherstellen. Für den Asset Manager besteht vor diesem Hintergrund das Dilemma, dass ihm nicht nur eine zu niedrige, sondern auch eine erkennbar überhöhte finanzielle Performance negativ ausgelegt werden kann. Während bei einer zu niedrigen finanziellen Performance entsprechende Konsequenzen durch den Asset Owner zu erwarten sind, könnten im Falle finanzieller Spitzenleistungen Begehrlichkeiten auf Seiten des Regulators bzw. der politischen Regierung geweckt werden. Es ist zum Beispiel denkbar, dass hohe Renditen von Stromnetzbetreibern in Verbindung mit dem derzeit sehr schlechten Branchenimage[133] durch eine politische Regierung für Profilierungsstrategien zu Lasten der Branche bzw. einzelner Unternehmen genutzt werden könnten. Für den Asset Manager kann daher über wirtschaftliche und technische Qualifikationen hinaus auch die Fähigkeit zur Einschätzung politischer Strömungen wichtig sein.

Sofern der Asset Owner eines Stromnetzes ein Energiekonzern ist, der ebenfalls in anderen Wertschöpfungsstufen der Elektrizitätswirtschaft wie der Stromerzeugung oder dem Stromvertrieb tätig ist, kann dieser ggf. **nicht netzbezogene Interessen** verfolgen. Zwar werden die wesentlichen Wertschöpfungsketten-übergreifenden Synergiepotentiale[134] des Netzbesitzes durch das organisatorische Unbundling zur Verhinderung von Wettbewerbsdiskriminierung vernichtet, im Detail können sich allerdings aufgrund der häufig sehr allgemein formulierten Unbundling-Vorgaben noch gewisse Spielräume für Synergieeffekte ergeben.[135] Ein Energiekonzern als Asset Owner kann in diesem Fall vom Asset Manager die Ausnutzung dieser Spielräume zu Lasten des Netzgeschäftes verlangen. Über die Beeinträchtigung der Netzperformance hinaus besteht dabei für den Asset Manager die Gefahr, dass die Realisierung derartiger Synergiepotentiale im Zeitablauf durch den Regulator aufgedeckt und als wettbewerbswidriges Verhalten zu seinen Lasten ausgelegt wird.

Die dargestellten Beispiele verdeutlichen, dass das Manager-Verhalten im Stromnetzgeschäft insbesondere auch von unternehmens- und landespolitischen Faktoren im Spannungsfeld von Anteilseigner und Regulator abhängig ist, die – wie die übrigen verhaltensbezogenen Aspekte aus Abschnitt 3.1.4.1 – kaum in ein systematisches Management-Konzept integriert werden können. Im konkreten Fall derartiger Interessenkonflikte wird der Managementerfolg wohl eher vom situativen „Fingerspitzengefühl" des Asset Managers abhängen.

Nach der Erörterung der Konzeptanforderungen werden im Folgenden bestehende Management-Konzepte mit besonderer Relevanz für das Netzinfrastruktur-Manage-

---

[133] Im Falle Deutschland schneiden Strom- und Gasversorger in einem aktuellen Industrie-übergreifenden Imageranking des Verbandes der Energiewirtschaft (VDEW) zum Beispiel als schlechteste Branchen nach der Mineralöl- und Kernkraftindustrie ab. Vgl. KINAST (2007) S. 7 in Verbindung mit Verband der Energiewirtschaft (VDEW) (2007).

[134] Zur Erläuterung derartiger Synergieeffekte vgl. Fußnote 78 in Abschnitt 2.4.2. Denkbar wären zum Beispiel in Detailpunkten verbleibende Spielräume bei der Zuordnung Wertschöpfungsketten-übergreifender Gemeinkosten, die ggf. für eine Quersubventionierung des Stromvertriebs durch das Stromnetzgeschäft genutzt werden können.

[135] Vgl. NICOLAI et al. (2007), S. 60.

ment in der Elektrizitätswirtschaft überblicksweise vorgestellt und anhand der definierten Konzeptanforderungen beurteilt. Die bestehenden Management-Konzepte werden dabei nach allgemeinen und geschäftspezifischen Ansätzen unterschieden.

3.2   Allgemeine Management-Konzepte

In der Unternehmenspraxis und der betriebswirtschaftlichen Forschung ist im Laufe der Zeit eine Vielzahl an Management- bzw. Performance Management-Konzepten entstanden, von denen im Rahmen dieser Arbeit nur ein Ausschnitt betrachtet werden kann. Von den bestehenden allgemeinen Management-Konzepten werden aus der hier gewählten Perspektive des Performance Managements[136] folgende Konzepttypen als besonders relevant für das Netzinfrastruktur-Management in der Elektrizitätswirtschaft angesehen:[137]

- Value Based Management
- Scorecard-basierte Steuerung
- Enterprise Risk Management
- Financial Accounting und Management Accounting

Unter dem Oberbegriff **Value Based Management (VBM)** werden Management-Konzepte verstanden, die die Unternehmensführung explizit auf das Oberziel der Steigerung des Shareholder Value ausrichten. Das VBM steht insbesondere seit der Veröffentlichung des Buches „Creating Shareholder Value" von Alfred Rappaport im Jahre 1986 im Fokus der Managementlehre und -praxis und hat sich seitdem als weithin anerkanntes Leitprinzip für die Unternehmensführung etabliert.[138] Wesentliche Elemente von VBM-Konzepten sind wertorientierte Steuerungskennzahlen bzw. „Übergwinngrößen" wie Economic Value Added (EVA) oder Economic Profit, die im Gegensatz zu klassischen Gewinngrößen wie den Earnings before Interest (EBIT) die vollen Kosten einschließlich der Fremd- und Eigenkapitalkosten berücksichtigen.[139] Weiterhin werden zur Operationalisierung des Shareholder Value i.d.R. fi-

---

[136] Zur Erläuterung des hier zur Grunde gelegten Management-Verständnisses siehe Abschnitt 3.1.1.

[137] Für die übrigen, mit dieser Auswahl nicht abgedeckten allgemeinen Management- bzw. Performance Management-Konzepte wird an dieser Stelle auf die entsprechende betriebswirtschaftliche Literatur verwiesen. (Siehe z. B. SCHWANINGER (1994)).

[138] Vgl. RAPPAPORT (1986), Koller et al. (2005a), S. 19–21; Gebhardt et al. (2005), S. 1.

[139] Vgl. z. B. FICKERT (2004), S. 710. Weiterhin stellt zum Beispiel auch der Cash Flow Return Investment (CFROI) eine häufig verwendete wertorientierte Steuerungskennzahl dar (vgl. z. B. VELTHUIS et al. (2005), S.16).

nanzielle und operative Werttreiber definiert, die in einem rechnerischen oder qualitativen Zusammenhang mit den wertorientierten Führungskennzahlen stehen.[140]

Unter der **Scorecard-basierten Steuerung** werden Performance Management-Konzepte verstanden, die die Unternehmensperformance aus mehreren verschiedenen, insbesondere auch nicht finanziellen Perspektiven betrachten. Als wohl populärstes Konzept der Scorecard-basierten Steuerung ist die Anfang der neunziger Jahre entwickelte Balanced Scorecard von Kaplan/Norton zu nennen, die heute eine führende Strukturierungsbasis für die Definition von Unternehmenszielen und -messgrößen darstellt.[141] Die Balanced Scorecard sieht für das Performance Management aus der Unternehmensstrategie abgeleitete Messgrößen für die Perspektiven „Finanzen", „Kunden", „Prozesse" und „Lernen und Entwicklung" vor.[142] Die einzelnen Perspektiven unterstützen dabei in umgekehrter Reihenfolge die Zielerreichung in der jeweils höheren Perspektive. Zum Beispiel unterstützt die Zielerreichung im Bereich „Lernen und Entwicklung" die Prozessperformance, was letztlich über eine Qualitätssteigerung aus Kundensicht zu einer Verbesserung der Finanzresultate führen kann.[143]

Dem Bereich des **Enterprise Risk Management (ERM)** werden hier Management-Konzepte zugeordnet, die sich mit dem Risiko möglicher Abweichungen von geplanten Zielwerten durch unvorhergesehene bzw. nicht zutreffend eingeschätzte Entwicklungen beschäftigen.[144] Ziel des ERM ist dabei, durch eine Reduzierung der Schwankungsbreite von Gewinn und Cash Flow die Plan- und Steuerbarkeit eines

---

[140] Vgl. z. B. das Shareholder Value-Netzwerk von Rappaport (RAPPAPORT (1999), S. 68). Für weiterführende Hintergrundinformationen zum Value Based Managements wird auf die diesbezügliche Fachliteratur verwiesen (siehe z. B. oben). Da das Value Based Management auch als eine Grundlage für das hier zu entwickelnde Netzinfrastruktur-Management-Framework dient, werden konkrete Ausgestaltungsmöglichkeiten in Abschnitt 4.5 näher erläutert.

[141] Vgl. KAPLAN et al. (1992), S. 71–79. Zur Bedeutung der Balanced Scorecard für das Business Performance Management vgl. z. B. FICKERT (2004), S. 708.

[142] Für die einzelnen Perspektiven formulieren KAPLAN/NORTON dabei folgende Untersuchungsfragen: „Financial": Wie sollen wir gegenüber Teilhabern auftreten, um finanziellen Erfolg zu haben?; „Customer": Wie sollen wir gegenüber unseren Kunden auftreten, um unsere Vision zu verwirklichen?; „Internal Business Processes": Wie sollen wir unsere Prozesse gestalten, um unsere Teilhaber und Kunden zu befriedigen?; „Learning and Growth": Wie können wir unsere Veränderungs- und Wachstumspotentiale fördern, um unsere Vision zu verwirklichen?; vgl. KAPLAN et al. (2004), S. 31. Ein weiteres Konzept der Scorecard-basierten Steuerung ist z. B. das in Frankreich entwickelte Tableaux de Bord.

[143] Für weiterführende Hintergrundinformationen zur Scorecard-basierten Steuerung bzw. Balanced Scorecard wird auf die diesbezügliche Fachliteratur verwiesen (siehe z. B. oben). Da die Balanced Scorecard auch als eine Grundlage für das hier zu entwickelnde Netzinfrastruktur-Management-Framework dient, werden konkrete Ausgestaltungsmöglichkeiten in Abschnitt 4.3.2 näher erläutert.

[144] Vgl. z. B. das Risikomanagementverständnis von GLEISSNER et al. (2005), S. 27.

Unternehmens zu verbessern und dadurch insbesondere seine Kapitalkosten zu ver-ringern.[145] Die Einrichtung von ERM-Systemen[146] ist heute für größere Unternehmen i. d. R. gesetzlich vorgeschrieben.[147] Wesentliche Aspekte des ERM sind insbesondere die Strukturierung des Gesamtunternehmensrisikos in verschiedene Risikokateg-orien[148] und die Ermittlung eines Value at Risk (VAR), der die maximale negative Veränderung eines Planwertes angibt, die mit einer definierten Restunsicherheit nicht unterschritten wird.[149]

Financial Accounting und Management Accounting stellen die klassische Grundlage der Unternehmenssteuerung und -überwachung dar. Das primär vergan-genheitsorientierte Financial Accounting basiert im Wesentlichen auf den Größen der Bilanz und der Erfolgsrechnung und richtet sich vornehmlich an externe Adressaten wie Investoren, Banken, Regulatoren oder Lieferanten. Aufgrund der durch Rech-nungslegungsvorschriften wie IFRS oder US-GAAP standardisierten Wertermittlung und ihrer Ausschüttungsbemessungsfunktion stellen die Informationen des Financial Accounting i. d. R. den Ausgangspunkt für die Beurteilung der finanziellen Perfor-mance eines Unternehmens dar.[150]

Das Management Accounting dient der Unterstützung von zielgerichteten Ma-nagement-Entscheidungen und richtet sich entsprechend an die Entscheidungsträger innerhalb der Unternehmensorganisation. Wesentliche Teilaufgaben sind die Stand-ortbestimmung („Scorekeeping"), die Beurteilung („Attention Directing") sowie die Problemlösung („Problem Solving").[151] Die Inhalte des Management Accounting sind im Gegensatz zum Financial Accounting eher zukunftsorientiert und nicht an die Vorschriften der externen Rechnungslegung gebunden. Wesentliche Elemente sind

---

[145] Vgl. z. B. REICHMANN (2006), S. 615–620; GLEISSNER et al. (2005), S. 28.

[146] Für die Ausgestaltung des ERM existieren eine Vielzahl verschiedener Standards. Als ausge-wählte Beispiele können diesbezüglich das Framework des „Commitee of Sponsoring Orga-nizations of the Treadway Commision" (COSO ERM-Framework), der Standard der „Asso-ciation of Insurance and Risk Managers" (AIRMIC) oder der SAS® Enterprise Risk Manage-ment-Ansatz betrachtet werden.

[147] Zum Beispiel wurden an US-Börsen notierte Unternehmen mit dem Sarbanes-Oxley-Act of 2002 zu umfassenden Risikokontrollen verpflichtet.

[148] Zum Beispiel unterscheidet KEITSCH die Risikobereiche „Risiken höherer Gewalt", „politi-sche und/oder ökonomische Risiken", „Geschäftsrisiken", „Betriebsrisiken" und „Finanzri-siken". Vgl. KEITSCH (2004), S. 5.

[149] Für eine weiterführende Darstellung des ERM im Allgemeinen wird an dieser Stelle auf die diesbezügliche Fachliteratur verwiesen (siehe z. B. oben). Die konkrete Ausgestaltung einer Risikokategorisierung wird in Abschnitt 4.7 im Rahmen der Erläuterung des Netz-Perfor-mance Bereiches Netzrisiko erläutert. Zudem wird in Abschnitt 4.5.3 die Ermittlung des En-terprise Value at Risk für das Beispiel des Stromnetzgeschäftes beschrieben.

[150] Vgl. HORNGREN et al. (2005), S. 3.

[151] Vgl. FICKERT (2002), S. 96 in Verbindung mit HORNGREN et al. (2005), S. 10.

z. B. die Kostenarten-, Kostenstellen- und Kostenträgerrechnung oder Deckungs-
beitragsanalysen.

Nach der Darstellung ausgewählter allgemeiner Management-Konzepte wird im
folgenden Abschnitt ein Überblick über die bestehenden geschäftsspezifischen Management-Konzepte verschafft.

3.3 Geschäftsspezifische Management-Konzepte

Für das Stromnetzgeschäft existiert eine große Vielfalt an Management- bzw. Planungskonzepten, die aus zum Teil sehr verschiedenen Fachrichtungen von der
Elektrotechnik bis zur Volkswirtschaftslehre stammen und sich auf unterschiedliche
Managementebenen beziehen. Zur Vermittlung eines Überblick über die bestehenden
geschäftsspezifischen Konzepte werden im Rahmen dieser Arbeit vier Konzeptkategorien unterschieden, die im Folgenden näher erläutert werden:[152]

- Netzplanung
- Instandhaltungsplanung
- Geschäftsspezifische Kosten- und Erlösrechnung
- Regulatorische Finanzmodelle

3.3.1 Netzplanung

Die eng miteinander zusammenhängenden Verfahren der Netz- und Instandhaltungsplanung beeinflussen sowohl die finanzielle Performance als auch die Versorgungsqualität eines Stromnetzbetreibers maßgeblich. Gleichzeitig stellen diese Planungs-
aufgaben aufgrund der hohen Betriebsmittelanzahl und der komplexen technischen
Ursache-Wirkungs-Beziehungen zwischen der Netz- und Einzelbetriebsmittelebene
sehr hohe Anforderungen an den Asset Manager. Die Netz- und Instandhaltungsplanung kann daher als Kernkompetenz von Stromnetzbetreibern betrachtet werden,
der insbesondere vor dem Hintergrund des anstehenden Vergleichswettbewerbs mit
anderen Stromnetzbetreibern im Rahmen der Anreizregulierung eine zentrale Bedeutung zukommt. Aufgrund der unterschiedlichen Bezugsobjektebenen werden die

---

[152] Aufgrund der bereits angemerkten Konzeptvielfalt können die gewählten Konzeptkategorien
nur einen Ausschnitt der bestehenden geschäftsspezifischen Management-Konzepte darstellen, welcher im Rahmen dieser Arbeit als besonders relevant betrachtet wird. Nicht berücksichtigt werden damit insbesondere volkswirtschaftliche Ansätze, die sich mit Regulierungs-
methoden beschäftigen. Da die jeweilige Regulierungsmethode aus Sicht eines einzelnen
Stromnetzbetreibers eine exogene Rahmenbedingung darstellt, werden Regulierungskonzepte
wie die Anreizregulierung im vorhergehenden Hauptkapitel 2 behandelt (siehe Abschnitt 2.3).

Netzplanung und die Instandhaltungsplanung im Folgenden jeweils einzeln – beginnend mit der übergeordneten Netzplanung – vorgestellt.

Unter dem Oberbegriff der Netzplanung werden hier Planungsmethoden verstanden, die sich mit der Strukturoptimierung und dem Ausbau des Stromnetzes vor dem Hintergrund der Nachfrage- und Einspeisungsentwicklung beschäftigen. Sie betrachten dabei primär die Bezugsobjektebene Netz und sind eher mittel- bis langfristig orientiert.[153]

Zum Beispiel wird im Rahmen einer Zielnetzplanung[154] ein detaillierter Plan für die Netzstruktur und -ausstattung[155] unter der Annahme erstellt, dass das Netz im betrachteten Gebiet vor dem Hintergrund der prognostizierten Nachfrage- und Einspeisungsentwicklung neu errichtet werden würde.[156] Durch eine detaillierte Übergangsplanung kann darauf aufbauend die zeitliche und inhaltliche Reihenfolge der Entwicklung des bestehenden Ist-Netzes in Richtung des definierten Zielnetzes festgelegt werden.

Da eine detaillierte Übergangsplanung auf Basis eines Zielnetzes insbesondere in niedrigeren Spannungsebenen aufgrund der hohen Betriebsmittelanzahl sehr aufwendig ist, werden im Rahmen der Netzplanung häufig auch weniger konkrete Rahmenvorgaben in Form von Planungsgrundsätzen bzw. „Sollnetzregeln" erarbeitet, die auf ermittelten Best Practice-Merkmalen für die Netzstruktur und -ausstattung basieren.[157] Zum Beispiel kann für Anlagenerneuerungen eine allgemeine Begrenzung der Anzahl Schaltstationen je MS-Abgang oder ein spezifischer Automatisierungsgrad für die Stationsausstattung vorgegeben werden.

Zur Unterstützung der Netzplanung werden häufig Simulationstools zur Analyse alternativer Netzstrukturen eingesetzt. Diese ermöglichen zum Beispiel Simulationen von Lastflüssen und Netzzuverlässigkeiten in verschiedenen Netzabschnitten oder die Bestimmung kostenoptimaler Netzstrukturen auf Basis von Modellnetzen.[158]

---

[153] Da der Bereich der Netzplanung hier im Folgenden nur überblicksweise vorgestellt werden kann, wird zur näheren Erläuterung der Netzplanung für Stromnetze auf die entsprechende Fachliteratur verwiesen. Vgl. z. B. PAULUN (2007); MAURER (2004); CHENG et al. (2006).

[154] Die Zielnetzplanung wird auch als Greenfield-Planung bezeichnet.

[155] Im Rahmen der Planung der Netzausstattung werden geeignete Netzelemente für eine bestimmte Netzstruktur ausgewählt. Die Netzausstattung legt insbesondere den Automatisierungsgrad des Netzes fest und hat daher hohe Auswirkungen auf die Betriebskosten und die Wiederversorgungszeit im Störungsfall.

[156] Vgl. z. B. MAURER (2005), S. 23.

[157] Als Beispiel für die Anwendung von Sollnetzregeln siehe u. a. MONTEBAUR (2005).

[158] Für die Zuverlässigkeitsanalyse werden bspw. folgende Tools am Markt angeboten (Analysetool (Anbieter)): NEPLAN® (ABB AG); Quintessence (CONSENTEC GmbH / H&S GmbH); INTEGRAL (Forschungsgemeinschaft für elektrische Anlagen und Stromwirtschaft e. V.); PSS™SINCAL (Siemens AG). Vgl. LINKE (2005), S. 9.

Abb. 31 zeigt diesbezüglich das visualisierte Ergebnis einer Netzzuverlässigkeitsanalyse für ein 110 KV-Modellnetz.

Die Netzplanung hat durch die Beeinflussung des Anlagenmengengerüstes sehr hohe Auswirkungen auf den CAPEX- und OPEX-Verlauf und gibt die grds. erreichbaren Bandbreiten für die Versorgungsqualität in einzelnen vor. Insbesondere liefert sie zudem wichtige Rahmenvorgaben für die Instandhaltungsplanung, die im folgenden Abschnitt erläutert werden.

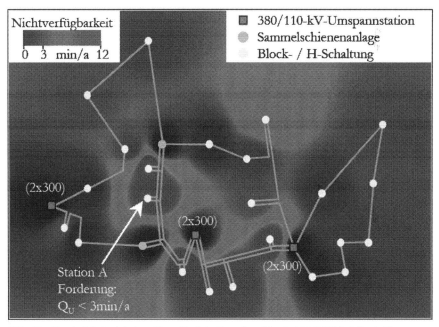

Abb. 31: Ergebnisbeispiel einer Zuverlässigkeitsanalyse für ein 110 KV-Modellnetz[159]

---

[159] MAURER et al. (2005), S.3. Zuverlässigkeitsanalyse für eine (n–1)-sichere Netzstruktur auf Basis des an am IAEW der RWTH Aachen entwickelten Planungsverfahren RAMSES. Das (n–1)-Prinzip besagt dabei, dass ein Einzelausfall einer wesentlichen Netzkomponente aufgrund von Redundanzen nicht die Netzstabilität des Netzes gefährdet. Die 380/110 KV-Umspannstationen sind im Beispiel mit jeweils zwei 300 MVA Transformatoren ausgestattet. Mit Q_U wird in der Abbildung die Nichtverfügbarkeit des Netzes bei einem spezifischen Kunden in Minuten pro Jahr bezeichnet.

3.3.2   Instandhaltungsplanung

Die Instandhaltungsplanung bezieht sich nach der hier gewählten Kategorisierung primär auf die Bezugsobjektebene Betriebsmittel und ist neben strategischen Betrachtungen insbesondere auch kurzfristig orientiert. In diesem Abschnitt werden nach einer Klärung des Instandhaltungsbegriffs die verschiedenen Instandhaltungskonzeptionen erläutert und zudem Konzepte für die strategische Asset-Planung vorgestellt.

3.3.2.1   Begriff Instandhaltung

Unter dem Oberbegriff Instandhaltungsplanung wird im Rahmen dieser Arbeit die Planung von Maßnahmen der Instandhaltung im engeren Sinne und von Erneuerungsmaßnahmen verstanden. Für die Definition der Instandhaltung im engeren Sinne wird hier die deutsche Norm DIN 31051 herangezogen, nach der sich die Instandhaltung in die folgenden vier Teilbereiche gliedert:[160]

- **Inspektion:** Maßnahmen zur Feststellung des Ist-Zustandes einer Betrachtungseinheit einschließlich der Bestimmung der Ursachen der Abnutzung und Ableiten der notwendigen Konsequenzen für eine künftige Nutzung.
- **Wartung:** Maßnahmen zur Verzögerung des Abbaus des vorhandenen Abnutzungsvorrats.
- **Instandsetzung:** Maßnahmen zur Rückführung einer Betrachtungseinheit in den funktionsfähigen Zustand, mit Ausnahme von Verbesserungen.
- **Verbesserung:** Kombination aller technischen und administrativen Maßnahmen sowie Maßnahmen des Managements zur Steigerung der Funktionssicherheit einer Betrachtungseinheit, ohne die von ihr geforderte Funktion zu ändern.

Unter Erneuerungsmaßnahmen werden im Rahmen dieser Arbeit Maßnahmen zum Ersatz einer Betrachtungseinheit der Instandhaltung im engeren Sinne verstanden.

Der Instandhaltungsbegriff wird hier deshalb so differenziert definiert, weil sich in den durchgeführten Interviews bei Stromnetzbetreibern zeigte, dass die unternehmensspezifische Abgrenzung von Instandhaltungs- und Erneuerungsmaßnahmen – und damit auch die Abgrenzung von OPEX und CAPEX – häufig sehr unterschiedlich ausfällt.[161] Dies liegt vor allem darin begründet, dass die definitorische Abgren-

---

[160] Deutsches Institut für Normung e. V.; der im Rahmen der Beschreibung des Teilbereiches Wartung verwendete Begriff „Abnutzungsvorrat" wird dabei als „Vorrat der möglichen Funktionserfüllung unter festgelegten Bedingungen" definiert.

[161] In Abhängigkeit von der unternehmensindividuellen Aktivierungspolitik können Instandhaltungs- und Erneuerungsmaßnahmen jeweils sowohl OPEX- als auch CAPEX-Positionen beinhalten. Im Rahmen des in dieser Arbeit verwendeten Fallbeispiels City-Network wird allerdings vereinfachend davon ausgegangen, dass Instandhaltungsmaßnahmen buchhalterisch als OPEX und Erneuerungsmaßnahmen buchhalterisch als CAPEX erfasst werden.

zung vom gewählten Aggregationsniveau der Betrachtungseinheiten bzw. Instandhaltungsobjekte abhängt, welche allerdings beliebig weit zerlegt werden können.
In Literatur und Praxis wird für die Instandhaltung im engeren Sinne und die Erneuerung analog zum englischen Oberbegriff „Maintenance"[162] häufig auch nur der
Begriff „Instandhaltung" herangezogen. Sofern keine explizite Unterscheidung von
Instandhaltungsmaßnahmen im engeren Sinne[163] und Erneuerungsmaßnahmen erforderlich ist, wird im Rahmen dieser Arbeit der Begriff „Instandhaltung" daher ebenfalls als Oberbegriff verwendet.

3.3.2.2 Instandhaltungskonzepte

Nach der Klärung des Instandhaltungsbegriffs werden im Folgenden die verschiedenen Instandhaltungskonzeptionen vorgestellt. Im Rahmen dieser Arbeit werden diesbezüglich fünf Instandhaltungskonzepte unterschieden (siehe Abb. 32).[164]

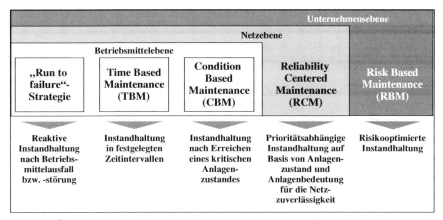

Abb. 32: Überblick Instandhaltungskonzepte im Stromnetzgeschäft[165]

Im Rahmen einer **„Run to failure"-Strategie** werden Instandhaltungsmaßnahmen
auf die ausfall- oder störungsbedingte Instandsetzung reduziert. Es erfolgen daher
weder Wartungsmaßnahmen, die den Abbau des Abnutzungsvorrates eines Betriebs-

---

[162] Der englische Oberbegriff „Maintenance" bezieht sich sowohl auf die Instandhaltung als
auch die Erneuerung.

[163] Auf den für die Begriffsdefinition erforderlichen Zusatz „im engeren Sinne" wird dabei ver-
zichtet.

[164] Vgl. SOBEK (2006), S. 13–20; Power System Engineering Research Center (PSERC) (2006),
S. 2–4; GALLAS et al. (2006), S. 16.

[165] Eigene Darstellung; zum Teil angelehnt BALZER et al. (2004), S. 674.

mittels verzögern, noch Inspektionen zur Zustandsfeststellung. Der für die Initiierung von reaktiven Instandhaltungsmaßnahmen maßgebliche Zeitpunkt der Fehlerfeststellung kann dabei u. U. einen deutlichen Abstand zum Zeitpunkt des Fehlereintritts aufweisen. Die reaktive Instandhaltung wird i. d. R. für unwichtige Betriebsmittel angewendet, bei denen im Störungsfall nur sehr geringe Schadenkosten zu erwarten sind.

Ziel eines **Time Based Maintenance (TBM)**-Konzeptes ist es, durch Instandhaltungsmaßnahmen in hinreichend kleinen Zeitintervallen einer Betriebsmittelstörung weitest möglich vorzubeugen. Die Festlegung der Zeitintervalle erfolgt – falls nicht durch technische Regelwerke vorgegeben – auf Basis von Betriebsmittelgruppenspezifischen Erfahrungswerten. Während zeitbasierte Instandhaltungsmaßnahmen vergleichsweise einfach planbar sind, sind die Kosten der Maßnahmendurchführung aufgrund der Vernachlässigung des Betriebsmittel-individuellen Zustandes und der daraus resultierenden hohen Instandhaltungsintensität relativ hoch.

Die zeitbasierte Instandhaltung sollte sich daher prinzipiell auf die vorbeugend Instand zu haltenden Betriebsmittel beschränken, die mit eher niedrigen Instandhaltungskosten verbunden sind bzw. deren Zustand nur sehr schwer feststellbar ist. In der Energiewirtschaft wird die zeitbasierte Instandhaltung heute allerdings z. T. noch sehr breit angewendet.[166]

Im Rahmen einer **Condition Based Maintenance (CBM)** sollen durch eine möglichst genaue Abschätzung des Betriebsmittel-individuellen Zustandes unnötige oder zu späte Instandhaltungsmaßnahmen vermieden und somit der Abnutzungsvorrat eines Betriebsmittels besser ausgeschöpft werden.

Der Betriebsmittelzustand kann sowohl durch eine individuelle Beurteilung des Betriebsmittels im Rahmen einer Vor Ort-Inspektion des Asset Service als auch durch eine modellbasierte Einstufung des Betriebsmittels anhand von relevanten Bestimmungsfaktoren wie dem Betriebsmittelalter, der Nutzungsintensität oder der Instandhaltungshistorie ermittelt werden. Die modellbasierte Zustandseinstufung des Betriebsmittels weist im Vergleich zur individuellen Zustandsbeurteilung durch einen Asset-Service-Mitarbeiter einerseits naturgemäße Unschärfen auf, ist andererseits aber objektiver und weniger aufwändig.

Bei Transformatoren ist bspw. aufgrund des hohen Anlagenwertes eher eine individuelle Beurteilung durch Inspektion relevant. Bei Kabeln ist aufgrund der fehlenden Zugangsmöglichkeit dagegen i. d. R. nur eine modellbasierte Zustandseinstufung u. a. auf Basis des Asset-Alters oder des aktuellen Störungsaufkommens möglich. Bei

---

[166] Dies liegt u. a. darin begründet, dass zum einen der Aufwand für zeitorientierte Instandhaltungsmaßnahmen, wie oben bereits angemerkt, im Rahmen des Budgetierungsprozesses sehr einfach und exakt geplant werden kann. Zum anderen lassen sich zeitorientierte Instandhaltungsstrategien gut in IT-Systemen abbilden, da ausschließlich die Variable „Zeit" zu berücksichtigen ist. Vgl. SOBEK (2006), S. 20.

Freileitungen kann z. B. eine modellbasierte Zustandseinstufung um die individuelle Betriebsmittelbeurteilung durch die Besichtigung der Freileitungstrassen aus der Luft ergänzt werden. Eine umfassende Zustandserfassung zeichnet sich letztlich durch eine geeignete Betriebsmittelgruppen-spezifische Kombination von individueller Zustandsbeurteilung durch Inspektion und modellbasierter Zustandseinstufung aus. Tab. 3 zeigt eine Anwendungsbeispiel für die Zustandserfassung von Mittelspannungsleistungsschaltern.

Tabelle 3: Auszug aus einem Beurteilungsbogen für den Zustand eines Mittelspannungsleistungsschalters[167]

Nr.	Kriterium	Bewertung	Skala	Gew.	Erg.
1	Alter (Betriebszeit)	< 21 Jahre	1	2	16
		21-25 Jahre	3		
		26-30 Jahre	5		
		31-35 Jahre	6		
		36-40 Jahre —————→ 8			
		> 40 Jahre	10		
2	Betriebserfahrungen mit typgleichen Leistungsschaltern	keine Fehler oder Fehlfunktionen ——→ 1	1	7	7
		kleinere konstruktive Schwächen	6		
		konstruktionsbedingte Fehler; wiederholt im Kollektiv	10		
15	Zeitspanne seit der letzten Revision	1 Jahr	1	8	40
		2 Jahre	3		
		3 Jahre —————→ 5	5		
		4 Jahre	6		
		5 Jahre	8		
		6 Jahre u. mehr	10		
		Zustandsindex c	**Σ**		**392**

Da für das Zustandsmonitoring ein zusätzlicher Prozess der Datenerfassung und -analyse erforderlich ist, ist der Planungsaufwand für eine zustandsbasierte Instandhaltung relativ hoch. Eine zustandsbasierte Instandhaltungsstrategie sollte daher primär für Betriebsmittel mit eher hohen Instandhaltungs- bzw. Schadenkosten angewendet werden.

Die reaktive, zeitbasierte und zustandsbasierte Instandhaltung stellen die klassischen einzelobjektbezogenen Instandhaltungsstrategien dar und bilden die Grundlage des **Reliability Centered Maintenance (RCM)**-Konzeptes, welche die Instandhaltung eines Betriebsmittels von der potentiellen Gefährdung der Netzzuverlässig-

---

[167] BENZ (2006), S. 6.

keit abhängig macht. Im Rahmen einer zuverlässigkeitsorientierten Instandhaltung werden zunächst die einzelnen Instandhaltungsobjekte auf Basis des Betriebsmittelzustandes und der Betriebsmittelwichtigkeit für die Netzzuverlässigkeit priorisiert und anschließend die klassischen Instandhaltungsstrategien objektspezifisch angewendet (siehe Abb. 33).[168]

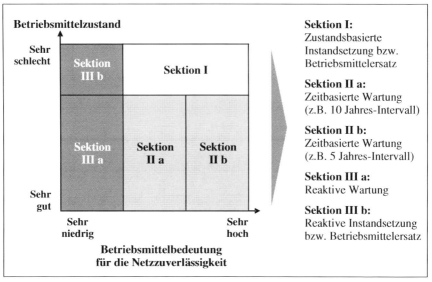

Abb. 33: Prinzipdarstellung zur Reliability Centered Maintenance[169]

Als Kriterien für die Bestimmung der Betriebsmittelwichtigkeit werden bspw. die Existenz von Versorgungsredundanzen, die nach einem Betriebsmittelausfall unterbrochene Leistung, die Anzahl der von einer Versorgungsunterbrechung betroffenen Verbraucher oder die Wiederversorgungszeit herangezogen.

Das **Risk Based Maintenance (RBM)**-Konzept zielt als Weiterentwicklung der RCM-Strategie auf eine risikooptimierte Instandhaltung ab und macht die Durchführung von Instandhaltungsmaßnahmen abhängig vom Maßnahmenbeitrag zur Minderung des Netzrisikos durch Störungen im Versorgungsnetz im Verhältnis zu den Maßnahmenkosten.

---

[168] Der Betriebsmittelzustand wird diesbezüglich als Ersatzgröße für die Betriebsmittelzuverlässigkeit verwendet. In der Praxis kann das Betriebsmittel-spezifische Ausfallverhalten bisher noch nicht belastbar abgebildet werden (vgl. FGH – Forschungsgemeinschaft für elektrische Anlagen und Stromwirtschaft e. V. (2006), S. 4–5).

[169] Ausgestaltungsbeispiel in Anlehnung an BENZ (2006), S. 10.

Im Gegensatz zur zuverlässigkeitsorientierten Instandhaltung, welche die Bedeutung von Einzelbetriebsmitteln aus Gesamtnetzsicht beurteilt, ist die risikobasierte Instandhaltung ereignisbezogen. Auf diese Weise können über Einzelbetriebsmittelausfälle und deren Auswirkungen hinaus auch zuverlässigkeitsgefährdende Störungsereignisse bei redundanter Versorgung wie Doppelfehler von 110/10-KV Transformatoren berücksichtigt werden.[170] Zudem können im Rahmen einer risikobasierten Instandhaltungsplanung auch mögliche Störungen durch netzexterne Ereignisse wie im Falle eines Baumschlages bei Freileitungen in bewaldeten Gebieten gesondert abgebildet werden. Das Vorgehen der risikobasierten Instandhaltungs- und Erneuerungsplanung wird im Folgenden Abschnitt näher erläutert.

Für die risikobasierte Instandhaltungsplanung werden in der Literatur verschiedene Vorgehensmodelle vorgeschlagen. Für das Stromnetzgeschäft sind bspw. das Framework des EU-Forschungsprojektes „Risk-based inspection and maintenance procedures for European industries" (RIMAP) sowie die Vorgehensmodelle des International Council on Large Electric Systems (CIGRE) bzw. des Power Systems Engineering Research Center (PSERC) relevant.[171] Darüber hinaus werden im Rahmen von Zertifizierungsstandards wie dem aus der ISO 9000-Familie abgeleiteten „Publicy available Specification 55" (PAS 55) des Institute of Asset Management übergreifende Qualitätsanforderungen für das Management von physischen Infrastrukturen definiert.[172]

Nach der Vorstellung der grundsätzlichen Konzeptionen zur Identifizierung und Priorisierung von bestehenden Instandhaltungsbedarfen werden im folgenden Abschnitt Konzepte zur strategischen Planung des langfristigen Instandhaltungsvolumens vorgestellt.

3.3.2.3 Strategische Asset Planung

Unter dem Oberbegriff der strategischen Asset Planung werden im Rahmen dieser Arbeit in neuester Zeit entwickelte Konzepte verstanden, die sich mit der Asset-Lebenszyklus-übergreifenden Planung und Optimierung von Asset-bezogenen Kosten wie Betriebs-, Wartungs-, Instandsetzungs- oder Erneuerungskosten beschäftigen.

---

[170] Im Rahmen der zuverlässigkeitsorientierten Instandhaltung würde bspw. die Bedeutung des Ausfalls eines einzelnen 110/10 KV-Transformators in einem Umspannwerk aufgrund der i. d. R. vorhandenen Versorgungsredundanz eher niedrig eingeschätzt werden. Falls allerdings in einem Umspannwerk mit zwei Transformatoren beide Anlagen ein fortgeschrittenes Alter aufweisen, kann die Wahrscheinlichkeit eines Doppelfehlers an beiden Transformatoren, welcher zu einer weitreichenden Versorgungsunterbrechung führen würde, ein kritisches Niveaus erreichen. Im Rahmen der zuverlässigkeitsorientierten Instandhaltungsplanung werden derartige Mehrfachausfälle i. d. R. nicht berücksichtigt.

[171] Vgl. RIMAP-Konsortium (2004); CIGRE JWG B3/C2 (2003); Power System Engineering Research Center (PSERC) (2006).

[172] Vgl. The Institute of Asset Management (IAM); et al. (2004).

Die Vorgehensweise von derartigen Planungskonzepten umfasst im Wesentlichen die folgenden Schritte:[173]

- Gruppierung von Betriebsmitteln
- Entwicklung von Alterungsmodellen je Betriebsmittelgruppe
- Simulation und Abstimmung der Asset-bezogenen Kosten im Zeitablauf

Durch die **Gruppierung von Betriebsmitteln** nach Kriterien wie Betriebsmittelfunktion, Betriebsmittelbedeutung oder Ausfallverhalten wird zunächst die Anzahl der betrachteten Planungsobjekte deutlich verringert werden.[174]

Je Betriebsmittelgruppe werden **Alterungsmodelle** erarbeitet, die das Alterungsverhalten der betreffenden Betriebsmittel anhand von verschiedenen Zustandsklassen beschreiben. Die Wirkung von Asset-Maßnahmen wie Wartung oder Instandsetzung auf den Betriebsmittelzustand wird dabei explizit im Modell mit erfasst. Je-

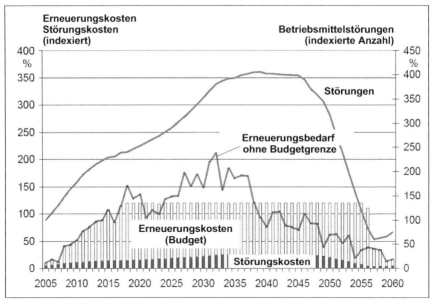

Abb. 34: Simulationsbeispiel strategische Asset-Planung[175]

---

[173] Vgl. z. B. SCHORN et al. (2005), S. 62–63; KALLWEIT et al. (2005), S. 489. FRITZ (2006), S. 3. Da die strategische Asset Planung hier nur überblickweise vorgestellt werden kann, wird zur näheren Erläuterung der diesbezüglichen Konzepte auf die entsprechende Literatur (siehe z. B. oben) verwiesen.

[174] Zur Betriebsmittelgruppierung siehe auch Abschnitt 2.4.3.

[175] FRITZ (2006), S. 11.

des Betriebsmittel durchläuft somit im Zeitablauf verschiedene Zustandsklassen, wobei der konkrete Alterungsverlauf maßgeblich durch das gewählte Instandhaltungsszenario beeinflusst wird.[176] Den Zustandsklassen können als Modellerweiterung zudem Betriebsmittelausfallwahrscheinlichkeiten zugeordnet werden.

Die definierten Alterungsmodelle ermöglichen nun **Simulationen der Asset-bezogenen Kosten im Zeitablauf.** Zum Beispiel kann der Verlauf der Kosten für Erneuerungsmaßnahmen unter Vorgabe eines nicht zu unterschreitenden kritischen Betriebsmittelzustands je Betriebsmittelgruppe simuliert werden. Abb. 34 (s. S. 76) zeigt diesbezüglich ein Simulationsbeispiel, das neben dem Erneuerungsbedarf zusätzlich die aus einer Budgetbegrenzung resultierenden erwarteten Störungskosten ausweist. Hinsichtlich des simulierten Störungsaufkommens ist allerdings anzumerken, dass aus der Anzahl an Betriebsmittelstörungen noch nicht auf die Netzausfallwahrscheinlichkeit aus Kundensicht geschlossen werden kann, da diese insbesondere von der Redundanz der Netzstruktur am Ort eines Betriebsmittelausfalls abhängt.

Im Anschluss an die Vorstellung der primär technikorientierten Konzepte der Netz- und Instandhaltungsplanung wird im Folgenden die Ausgestaltung von Kosten- und Erlösrechnungssystemen für Stromnetzbetreiber erläutert.

3.3.3 Geschäftsspezifische Kosten- und Erlösrechnung

Wie für andere Branchen existieren auch für Energie- bzw. Elektrizitätsversorgungsunternehmen diverse geschäftsspezifische Kosten- und Erlösrechnungssysteme. Aufgrund des Unbundling der Utility-Wertschöpfungskette sind diese Konzepte allerdings nur bedingt für das fortan eigenständige Stromnetzgeschäft geeignet.[177] Vor dem Hintergrund des mit der Anreizregulierung verbundenen Kostendrucks wurden daher in neuester Zeit auch spezifische Kosten- und Erlösrechnungssysteme für eigenständige Stromnetzbetreiber entwickelt.[178]

Ein wesentliches Element der geschäftsspezifischen Kostenrechnung ist zum Beispiel die Strukturierung der anlagenbezogenen Kosten als zentralem Kostenblock eines Stromnetzbetreiber. In Abb. 35 (s. S. 78) wird diesbezüglich ein Beispiel einer Lebenszyklus-orientierten Anlagenkostengliederung vorgestellt. Die Anlagenkosten werden darin nach den Lebenszyklusphasen „Vorlaufphase", „Vorhaltungsphase" und „Nachlaufphase" gegliedert. Hervorzuheben ist dabei, dass neben deterministischen Kosten insbesondere auch stochastische Kosten durch Betriebsmittelstörungen berücksichtigt werden.[179]

---

[176] Zur näheren Erläuterung von Alterungsmodellen siehe Abschnitt 4.8.1.

[177] Vgl. ALTENBEREND et al. (2007), S. 21.

[178] Vgl. z. B. GOES (2003), S. 218/219.

[179] Zur näheren Erläuterung vgl. GOES (2003), S. 274–277.

Anlagenkosten			
Vorlaufphase	**Vorhaltungsphase**		**Nachlaufphase**
Deterministische, einmalig anfallende Initialkosten	Deterministische Kosten	Stochastische Kosten/Aufwendungen	Deterministische, einmalig anfallende Ausscheidungskosten
▪ Kosten der Anlagenplanung ▪ Kosten der Beschaffungsmarktforschung und Angebotsprüfung ▪ Anschaffungskosten ▪ Kosten für Baumaßnahmen, Gewerke, Fundamente und Kabeltrassen ▪ Kosten der Montage und Inbetriebsetzung der Anlage inklusive ihres Steuer- und Monitoringssystems ▪ Kosten für Qualifizierungsmaßnahmen	▪ Zins- und Abschreibungskosten ▪ Miet-/Leasingkosten ▪ Versicherungskosten, Steuern ▪ Kosten für Reinigung, Wartung und Inspektion ▪ Betriebskosten, v. a. Netzverluste, Betriebsenergie, Raumkosten, Anlagenpflege ▪ Kosten der Anlagenverwaltung, v. a. Rechnungswesen, Dokumentation, rechtliche Abklärungen	Plan/Ist-Kosten ▪ Wagnis- und Versicherungskosten Ist-Aufwand ▪ Realisierte Maßnahmen zur kurzfristigen Wiederversorgung, Instandsetzung/ Reparatur; vorzeitiger Ersatz/ Stilllegung; Pönalen, Haftungsaufwendungen, etc.	▪ Kosten der Außerbetriebnahme, Demontage, Lagerung ▪ Kosten und Erlöse für Verwertung, Entsorgung, Recycling

Abb. 35: Beispiel einer Lebenszyklus-orientierten Anlagenkostengliederung[180]

Die Strukturierung der Leistungen eines Stromnetzbetreibers gestaltet sich vor dem Hintergrund seines natürlichen Monopols und des begrenzten Produktspektrums[181] eher wenig differenziert. Abb. 36 (s. S. 79) zeigt diesbezüglich ein Beispiel für die Gliederung des Leistungsprogramms von Stromnetzbetreibern. Hinsichtlich der zusätzlichen Dienstleistungen ist dabei anzumerken, dass Leistungen wie die Netzinstandhaltung oder Mess- und Abrechungsdienstleistungen nicht nur interne Dienstleistungen für das eigene bzw. gepachtete Netz darstellen müssen, sondern auch als Produkt für fremde Netze am Markt angeboten werden können.[182]

Nach der überblicksweisen Darstellung der Kosten- und Erlösrechnung von Stromnetzbetreibern wird im Folgenden als weiteres bestehendes geschäftsspezifisches

---

[180] GOES (2003), S. 275.

[181] Siehe auch Abschnitt 2.4.3.

[182] Da der Fokus dieser Arbeit auf dem regulierten Kerngeschäft liegt, wird auf diesen Aspekt hier allerdings nicht näher eingegangen. Zur näheren Erläuterung des Leistungsprogramms von Stromnetzbetreibern sowie der geschäftsspezifischen Kosten- und Erlösrechnungsrechnung im Allgemeinen siehe z. B. GOES (2003).

Management-Konzept zum Abschluss von Abschnitt 3.3 der Ansatz regulatorischer Finanzmodelle vorgestellt.

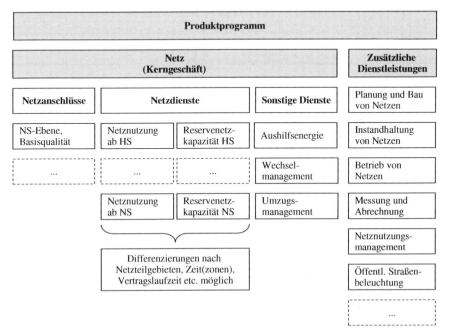

Abb. 36: Beispiel zur Strukturierung des Leistungsprogramms von Stromnetzbetreibern[183]

3.3.4 Regulatorische Finanzmodelle

Im Wege der weltweiten Welle von Privatisierungen öffentlicher Infrastrukturen in den neunziger Jahren ergaben sich häufig Verständigungsprobleme bei der Vereinbarung konkreter Vertragskonditionen zwischen den privaten Investoren und den öffentlichen Institutionen bzw. Regulatoren.[184] Eine wesentliche Ursache dafür war oftmals ein unzureichendes Verständnis des Regulators für die finanziellen Mindestanforderungen, die private Investoren an die Infrastrukturinvestitionen stellen mussten. Zur Verbesse-

---

[183] GOES (2003), S. 246. In der Originalabbildung sind zusätzlich die Produkte des Transportnetzgeschäftes enthalten, die hier nicht betrachtet werden. Zudem wird der Bereich „Messung und Abrechnung" hier nicht als Kerngeschäft, sondern als zusätzliche Dienstleistung betrachtet, da er nicht zum engeren Bereich des Netzmonopols gehört (vgl. PFAFFENBERGER et al. (2002), S. 374).

[184] Vgl. ESTACHE et al. (2003), S. 2.

rung der beidseitigen Argumentationsbasis im Rahmen von Vertragsverhandlungen wurden daher vergleichsweise einfache Finanzmodelle entwickelt, mit deren Hilfe sowohl der Regulator als auch der Privatinvestor die Auswirkungen alternativer regulatorischer Vorgaben auf die finanzielle Performance des betreffenden Projektes simulie-

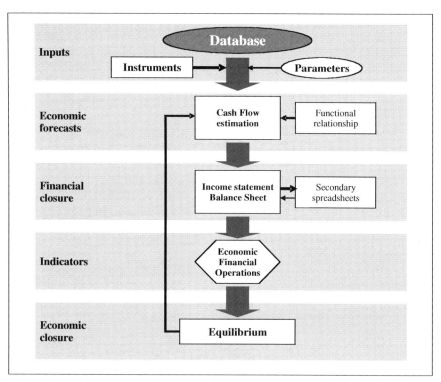

Abb. 37: Beispiel zum Grundaufbau von regulatorischen Finanzmodellen[185]

---

[185] Vgl. ESTACHE et al. (2003); S. 4. Das regulatory model der World Bank wurde auf Basis erster positiver Erfahrungen aus Ländern in einem fortgeschrittenen Privatisierungsstadium wie UK insbesondere für Entwicklungsländer konzipiert, in denen die Verständigungsprobleme zwischen Privatinvestor und Regulator häufig ausnehmend groß sind. In diesem Zusammenhang wurde durch die World Bank z. B. unter dem Titel „Financial Modeling of Regulatory Policy for Water and Electricity Distribution Services" in 2002 ein spezifisches regulatorisches Finanzmodell für die Regulierung von Wasser- und Stromversorgern entwickelt (vgl. The World Bank; The Public-Private Infrastructure Advisory Facility (PPIAF) (2004), S. 1). Wesentliche Simulationsparameter sind in diesem Modell u. a. die Tarifhöhe, die Bevölkerungsentwicklung sowie CAPEX- und OPEX-Vorgaben. Als weiteres Beispiel für ein regulatorisches Finanzmodell für das Stromnetzgeschäft siehe z. B. das zahlungsstrombasierte Verfahren zur Simulationsanalyse der Netznutzungsentgelte elektrischer Energieverteilungsnetze von Jendrian (vgl. JENDRIAN (2002).

ren konnten. Derartige regulatorische Finanzmodelle können letztlich auch als bestehende geschäftsspezifisches Management-Konzepte für das Stromnetzgeschäft herangezogen werden. Sie sollen hier kurz überblicksweise vorgestellt werden.

In Abb. 37 (s. S. 80) wird der Grundaufbau von regulatorischen Finanzmodellen am
Beispiel des besonders verbreiteten regulatory models der World Bank dargestellt, der
sich vom Prinzip her kaum von allgemeinen Financial Engineering-Modellen für
Unternehmen unterscheidet.[186] Auf Basis des unternehmensspezifischen Dateninputs
sowie von Angaben zum Regulierungsinstrument und sonstigen Parametern wie der
Bevölkerungsentwicklung werden die Entwicklung der Cash Flows und Bilanzgrößen
simuliert und darauf aufbauend insbesondere finanzielle Indikatoren wie die Internal
Rate of Return (IIR) des Investitionsobjektes ermittelt. Auf Basis des Simulationsmo-
dells kann die Ausgestaltung des Regulierungsinstruments bspw. hinsichtlich Price
Caps oder Investitionsvorgaben nun so lange iterativ angepasst werden, bis die IIR
dem angenommenen Kapitalkostensatz des Privatinvestors entspricht.[187]

Nach der Vorstellung allgemeiner und geschäftsspezifischer Management-Konzepte für das Netzinfrastruktur-Management in der Elektrizitätswirtschaft werden
diese Konzepte abschließend in Abschnitt 3.4 anhand der zuvor definierten Konzeptanforderungen beurteilt.

3.4 Beurteilung der vorgestellten Konzepte

Im Folgenden werden zunächst die bestehenden allgemeinen und anschließend die
bestehenden geschäftsspezifischen Management-Konzepte für das Netzinfrastruktur-Management in der Elektrizitätswirtschaft beurteilt.

Aufgrund der weiten Verbreitung der in Abschnitt 3.2 vorgestellten allgemeinen
Management-Konzepte kann davon ausgegangen werden, dass mit ihnen die zuvor
definierten allgemeinen Konzeptanforderungen grundsätzlich erfüllt werden können.
Zu beachten ist dabei allerdings, dass einzelne Konzepte durchaus nicht unwesent-
liche Grenzen aufweisen, welche erst durch die kombinierte Anwendung der dargestellten Ansätze weitgehend überwunden werden. Zum Beispiel kann der Einsatz von
periodischen Kontrollgrößen wie EVA bzw. Economic Profit prinzipiell kurzfristige
Ergebnisoptimierungen zu Lasten der langfristigen Entwicklung – bspw. durch die
Kürzung von F&E-Budgets – begünstigen. Dieser Nachteil von VBM-Kennzahlen

---

[186] Anstelle des hier gewählten Begriffs „Regulatory Model" wird für das Finanzmodell der
World Bank häufig auch der Begriff „Public Private Infrastructure"-Model verwendet (vgl.
z.B. The World Bank; The Public-Private Infrastructure Advisory Facility (PPIAF) (2004),
S. 1).

[187] Vgl. Estache et al. (2003); S. 3–6. Ein Privatinvestor kann dementsprechend auf Basis des
Modells die IIR für alternative Regulierungsszenarien ermitteln.

kann letztlich durch die Berücksichtigung auch nichtfinanzieller, potentialorientierter Performance-Aspekte im Rahmen des gleichzeitigen Einsatzes einer Balanced Scorecard relativiert werden.[188]

Hinsichtlich der besonderen Konzeptanforderungen an das Netzinfrastruktur-Management in der Elektrizitätswirtschaft zeigt sich, dass die allgemeinen Management-Konzepte naturgemäß nur ein grobes Gerüst liefern können, welches noch für das Stromnetzgeschäft zu konkretisieren ist. Zum Beispiel liefert die Balanced Scorecard eine mögliche Grundstruktur, nicht aber Ausgestaltungsansätze für die adressatengerechte Verknüpfung finanzieller und netztechnischer Aspekte. Weiterhin werden die allgemeinen Konzepte des Enterprise Risk Managements hier als zu generisch für die Steuerung der spezifischen operativen Risiken durch Betriebsmittelstörungen betrachtet.

In Bezug auf die in Abschnitt 3.3 vorgestellten geschäftsspezifischen Management-Konzepte ist festzustellen, dass diese jeweils nur einen Ausschnitt wesentlicher Performance-Aspekte des Stromnetzgeschäftes abdecken und somit insbesondere das der allgemeinen Konzeptanforderung „Relevanz" zu Grunde liegende Kriterium der Vollständigkeit nur bedingt erfüllen. Zum Beispiel ermöglicht das Risk Based Maintenance-Konzept zwar die Operationalisierung von Risiken durch Betriebsmittelstörungen, beschränkt sich aber prinzipiell auf die Priorisierung des jeweils aktuell anstehenden Instandhaltungsbedarfes und vernachlässigt somit wichtige Performance-Aspekte wie die langfristige Entwicklung des Instandhaltungsvolumens.[189] Weiterhin verbessern regulatorische Finanzmodelle bspw. das Verständnis für die finanzielle Performance des Stromnetzgeschäftes und das regulatorische Risiko, betrachten aber keine operativen Performance-Aspekte wie die Kosteneffizienz, das Netzrisiko oder die Versorgungsqualität.

Aufgrund der aufgezeigten Grenzen bzw. unzureichenden Verknüpfung der bestehenden Konzepte für das Netzinfrastruktur-Management in der Elektrizitätswirtschaft wird im weiteren Verlauf der Arbeit ein Netzinfrastruktur-Management-Framework entwickelt, durch das eine möglichst umfassende, aber auch verständliche Beurteilung und Steuerung der Performance des Stromnetzgeschäftes erreicht werden soll. Die hier vorgestellten bestehenden Management-Konzepte werden dabei weitgehend als Ausgangsbasis genutzt.

---

[188] Zur näheren Erläuterung der Grenzen der allgemeinen Management-Konzepte wird hier auf die geschäftsspezifische Konzeptausgestaltung in Hauptkapitel 4 sowie die entsprechende Literatur verwiesen. Vgl. z. B. YOUNG et al. (2001), FICKERT (2004), GLEISSNER et al. (2005).

[189] Die Steuerung der langfristigen Entwicklung des Instandhaltungsvolumen ist wiederum der spezifische Fokus der strategischen Asset Planung.

4 Netzinfrastruktur-Management-Framework

4.1 Überblick

Das Netzinfrastruktur-Management-Framework (NIM-Framework) liefert eine grundlegende Methodik für das organisatorisch eigenständige Management von Stromverteilungsnetzen im Rahmen einer Anreizregulierung mit voneinander entkoppelten Erlösen und Kosten. Ziel seiner Entwicklung ist es, vor dem Hintergrund der in Hauptkapitel 3 aufgezeigten Grenzen bestehender Konzepte einen möglichst umfassenden, aber auch verständlichen Bezugsrahmen für die Beurteilung und Steuerung der Performance von Netzinfrastrukturen in der Elektrizitätswirtschaft zu schaffen.

Einen ersten Überblick über die Struktur und die Bestandteile des NIM-Frameworks gibt Abb. 38 (s. S. 84). Das Netzinfrastruktur-Management wird darin in Anlehnung an das Performance Management-Verständnis von Kaplan/Norton[190] als kontinuierlicher, rückgekoppelter Prozess von der Formulierung des Unternehmensleitbildes über die Erarbeitung von strategischen Zielen und Kennzahlendefinition bis hin zur Steuerung des operativen Geschäfts betrachtet. Das NIM-Framework bezieht sich diesbezüglich auf die oberen Bereiche „Unternehmensleitbild", „Strategische Ziele" und „Kennzahlen", wobei der letztere Bereich mit dem Netz-Performance Cockpit den Kern des Frameworks darstellt.

Das **Unternehmensleitbild** bezieht sich im NIM-Framework weniger auf konkrete Performanceinhalte, sondern schafft vielmehr einen übergreifenden Rahmen für das Verhalten der handelnden Personen des Stromnetzgeschäftes. Es dient somit insbesondere der Prägung einer geschäftsspezifischen Unternehmenskultur, der vor dem

---

[190] Vgl. KAPLAN/NORTON (2004), S. 33. Die Balanced Scorecard- bzw. Strategy Map-basierte Unternehmenssteuerung nach Kaplan/Norton wird in Hinblick auf die praxisorientierte Zielsetzung der Arbeit insbesondere aus dem Grund als Ausgangsbasis für das NIM-Framework gewählt, dass ihr bei einer differenzierten Betrachtungsweise mit mehreren Performance-Perspektiven weithin eine leichte intuitive Verständlichkeit zugeschrieben wird (vgl. z. B. FICKERT (2004), S. 708 i. V. m. KPMG (2001)). Die in Bezug auf die Balanced Scorecard ebenfalls häufig angeführten Konzeptgrenzen wie die Gefahr von „Übercontrolling" sollen dabei im Rahmen des NPC durch eine strikte Fokussierung auf wenige zentrale Performance-Aspekte möglichst überwunden werden. Es ist weiterhin anzumerken, dass die hier gewählten Bestandteile des NIM-Frameworks wie das Unternehmensleitbild bzw. die Unternehmensvision nicht ausschließlich auf die Unternehmenssteuerung nach Kaplan/Norton zurückzuführen sind, sondern auch gängige Elemente von anderen allgemeinen Management-Konzepten wie u. a. dem Value Based Management darstellen (vgl. z. B. COENENBERG (2003), S. 20–23).

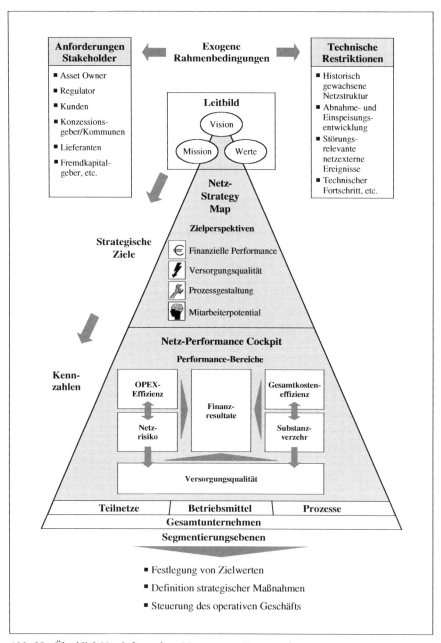

Abb. 38: Überblick Netzinfrastruktur-Management-Framework.

Hintergrund des Paradigmenwechsels durch Unbundling und Anreizregulierung eine besondere Bedeutung zukommt.[191]

Die Ausgangsbasis für die inhaltliche Ausgestaltung des Performance Managements wird durch die **Netz-Strategy Map (NSM)** gebildet. In der NSM werden dazu die strategischen Ziele des Stromnetzgeschäftes definiert und die zugehörigen Verantwortlichkeiten für Zielverfolgung festgelegt.

Das **Netz-Performance Cockpit (NPC)** enthält letztlich die konkreten Messgrößen für die aus den strategischen Zielen abgeleiteten zentralen Performance-Bereiche. Es liefert ein detailliertes Konzept für die Beurteilung und Steuerung der Performance des Stromnetzgeschäftes und stellt somit den inhaltlichen Kern des Netzinfrastruktur-Management-Frameworks dar.

Das Management des Stromnetzgeschäftes auf Basis des NIM-Frameworks vollzieht sich innerhalb verschiedener **exogener Rahmenbedingungen**, die im Folgenden unterschieden nach den Bereichen „Anforderungen Stakeholder" und „technische Restriktionen" erläutert werden.

Hinsichtlich der **Stakeholder-Anforderungen** können als wichtigste Stakeholder der bzw. die Asset Owner und der Regulator betrachtet werden, die grundsätzlich verschiedene Interessen vertreten. Die Asset Owner bzw. Eigenkapitalgeber sind im Rahmen des hier gewählten privatwirtschaftlichen Fokus des Netzinfrastruktur-Managements vorrangig an einem möglichst hohen Renditeniveau und einer Steigerung des Shareholder Value interessiert.[192] Der Regulator verfolgt dagegen primär das Ziel, stellvertretend für die Netzkunden mit hoheitlicher Weisungsbefugnis eine angemessen sichere Versorgungsqualität zu einem möglichst geringen Netznutzungsentgelt durchzusetzen.[193]

Die Netzkunden sind als Stakeholder aufgrund ihrer vertraglichen Ansprüche grundsätzlich relevant, haben allerdings infolge der natürlichen Monopolstellung des Stromnetzbetreibers bei weitem nicht so hohe Einflussmöglichkeiten wie Kunden von Unternehmen des freien Wettbewerbs.[194]

---

[191] Siehe auch Abschnitt 2.5.

[192] Zur Abgrenzung der möglichen Grundausrichtungen des Netzinfrastruktur-Managements in der Elektrizitätswirtschaft und zur hier gewählten Fokussierung vgl. Abschnitt 4.3.1.

[193] Zur besonderen Bedeutung der Stakeholder Asset Owner und Regulator sowie zum Asset Manager-Verhalten im Spannungsfeld der Interessen von Asset Owner und Regulator siehe auch Abschnitt 3.1.4.2.

[194] Einen Ausnahmefall stellen ggf. die spezifischen Bedürfnisse von Großkunden mit energieintensiven Produktionsbetrieben dar, die ihre Ansprüche durchaus gelten machen können. Ihnen bietet sich z.B. die Möglichkeit, die bisher aus dem Netz entnommene Energiemenge durch eigenerzeugte Energie aus einem werksinternen Kraftwerk innerhalb des Produktionsbetriebes zu substituieren und so eine signifikante Minderung der Erlöse des Stromnetzbetreibers zu bewirken.

Weitere Stakeholder sind zudem die jeweiligen kommunalen Verwaltungsorgane in den verschiedenen Teilnetzgebieten, die über die Vergabe der für den Netzbetrieb notwendigen Gebietskonzessionen entscheiden und somit eine zentrale Rolle für die langfristige Erhaltung der Geschäftsgrundlage des Netzgeschäftes spielen.[195]

Darüber hinaus sind insbesondere Lieferanten und Fremdkapitalgeber als Stakeholder zu berücksichtigen, da sie einen wesentlichen Einfluss auf die Kostenstruktur des Stromnetzgeschäftes haben und u. a. Engpasssituationen auf der Material- bzw. Kapitalseite verursachen können.

Im Bereich der **technischen Restriktionen** stellt insbesondere die historisch gewachsene Netzstruktur eine wesentliche exogene Rahmenbedingung dar, da die grundsätzlich erreichbare Versorgungsqualität durch die gewählte Netzstruktur bzw. ausstattung zu einem Großteil vorbestimmt und der Unternehmenswert eines Stromnetzbetreibers stark von der unternehmensspezifischen Asset-Altersstruktur abhängt.

Als weitere technische Restriktion kann die Entwicklung der Abnahme- und Einspeisungsstruktur innerhalb des Versorgungsgebietes betrachtet werden, welche zentrale exogene Eingangsparameter für die Dimensionierung der Netzinfrastruktur im Rahmen der strategischen Netzplanung liefert.

Die störungsrelevanten netzexternen Ereignisse stellen eine wesentliche, nur sehr begrenzt steuerbare Rahmenbedingung für die risikobasierte Instandhaltungs- und Erneuerungsplanung dar, da sie das Störungsaufkommens maßgeblich beeinflussen können. Sie reichen z. B. vom einfachen Baumschlag in der Nähe einer Freileitung bis hin zu Naturkatastrophen wie Schneestürmen oder Überflutungen.

Darüber hinaus kann der technische Fortschritt bezüglich der elektrischen Betriebsmittel oder der Instandhaltungsmethoden als wichtige exogene Rahmenbedingung betrachtet werden, da er ein wesentlicher Faktor für künftige Steigerungen der Kosteneffizienz ist.

Nach dem ersten Überblick über die Bestandteile des NPM-Frameworks und der Vorstellung seiner wesentlichen exogenen Rahmenbedingungen werden in den folgenden Abschnitten die einzelnen Framework-Elemente vorgestellt. Abschließend kann eine Beurteilung des NIM-Frameworks anhand der in Abschnitt 3.1 definierten Konzeptanforderungen erfolgen. Das Hauptkapitel 4 gliedert sich daher im weiteren Verlauf wie folgt:

- Erläuterung der Konzeption eines Unternehmensleitbildes
- Definition der strategischen Ziele im Rahmen der Netz-Strategy Map
- Ausgestaltung des Netz-Performance Cockpits
  - Aufbau
  - Performance-Bereiche
  - Anwendung
- Beurteilung des NIM-Frameworks anhand der definierten Konzeptanforderungen

---

[195] Zur allgemeinen Erläuterung von Konzessionen und Konzessionsverträgen vgl. Fußnote 90.

4.2 Leitbild

Unter dem Obergriff „Unternehmensleitbild" werden im Rahmen dieser Arbeit die Elemente Unternehmensvision, -werte und -mission zusammengefasst (siehe Abb. 39).[196] Das Ziel der Entwicklung der Leitbildelemente wird hier im Wesentlichen darin gesehen, dem Verhalten und Handeln der einzelnen Unternehmensangehörigen einen übergreifenden Bezugsrahmen zu geben und so – im Rahmen der Möglichkeiten – aktiv auf die Unternehmenskultur einzuwirken.[197] Weiterhin können durch die erfolgreiche Verankerung von Werten wie Integrität und Loyalität die in Abschnitt 3.1.4 erläuterten verhaltensbezogenen Unwägbarkeiten des Performance Managements zum Teil begrenzt werden. Der Beitrag eines Unternehmensleitbildes zum Unternehmenserfolg gilt u. a. aus diesen Gründen trotz seiner wenig greifbaren Merkmale in der Praxis als unbestritten.[198]

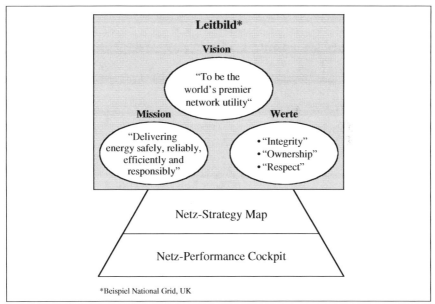

Abb. 39: Unternehmensleitbild im NIM-Framework[199]

---

[196] Die Führungselemente Unternehmensvision, -werte und -mission werden in Literatur und Praxis z. T. auch ohne den zusammenfassenden Oberbegriff „Unternehmensleitbild" behandelt (vgl. z. B. KAPLAN/NORTON (2004), S. 33.).

[197] Vgl. auch KAPLAN/NORTON (2004), S. 32–34; COENENBERG (2003), S. 20.

[198] Vgl. z. B. COENENBERG (2003), S. 20–23. Hinzuweisen ist in diesem Zusammenhang allerdings auch auf die Gefahr, die von einem zu eng bzw. zu starr definierten Leitbild ausgeht, da dieses ggf. die Innovationskraft des Unternehmens beeinträchtigen kann.

[199] Eigene Darstellung; bzgl. des Beispiels National Grid siehe Fußnote 202.

Vor dem Hintergrund der zunehmenden Eigenständigkeit des Stromnetzgeschäftes im Rahmen der Energiemarktliberalisierung ist ein geschäftsspezifisches Leitbild von hoher Bedeutung. Da bei der Gründung von Netzgesellschaften infolge des Unbundling i. d. R. primär rechtliche bzw. steuerliche Themen im Vordergrund standen, ist es möglich, dass die neu gegründeten Stromnetzbetreiber intern häufig noch nicht auf eine eigenständige Leitlinie hin ausgerichtet sind. Implizit kann in den Köpfen der Mitarbeiter daher noch das Leitbild des ehemals integrierten Energieunternehmens verankert sein, welches aber aus Sicht der gesetzlichen Unbundling-Vorgaben nicht mehr verfolgt werden darf.[200]

Darüber hinaus wird die Definition eines Leitbildes für das Stromnetzgeschäft dadurch notwendig, dass Stromnetzbetreiber durch den Effizienzvergleich im Rahmen der Anreizregulierung künftig in einem Effizienzsteigerungswettbewerb mit anderen Stromnetzbetreibern stehen. Für die durch die Cost Plus-Regulierung bisher wenig geforderten natürlichen Monopolisten wird künftig daher auch eine Wettbewerbsorientierung erforderlich. Diese sollte sich u. a. in der Vision wiederfinden.

Für die inhaltliche Formulierung des Unternehmensleitbildes gibt es kein allgemeingültiges Schema. Im Gegenteil entstammt die Vision erfolgreicher Unternehmen oftmals der Intuition Einzelner. Generell kann daher nur die Plausibilität eines Unternehmensleitbildes, nicht aber seine inhaltliche Richtigkeit überprüft werden.[201] Aus diesem Grund ist es wenig sinnvoll, einen konkreten Leitfaden für die Leitbildkonzeption vorzugeben. Im Folgenden werden vielmehr übergreifende Erfolgsmerkmale benannt, die ein Unternehmensleitbild im Allgemeinen und somit auch ein Leitbild für das Stromnetzgeschäft grundsätzlich erfüllen sollte. Zur Herstellung des Branchenbezugs werden den übergreifenden Erfolgsmerkmalen an dieser Stelle Praxisbeispiele bereits existierender Leitbilder von wirtschaftlich bzw. organisatorisch eigenständigen Strom- und Gasnetzbetreibern gegenübergestellt (siehe Abb. 40).

Die **Unternehmensmission** stellt die Ausgangsbasis im Rahmen der Definition des Unternehmensleitbildes dar und beinhaltet den Grund für die Existenz des Unternehmens. Sie sollte so formuliert sein, dass sie fundamental ist und andauernde Gültigkeit besitzt, um nicht regelmäßig überarbeitet werden zu müssen. Weiterhin sollte sie Ansporn gebend – im Sinne von fordernd und Enthusiasmus erzeugend – sein, um zur Motivation der Mitarbeiter beizutragen. Darüber hinaus sollte die Unternehmensmission prägnant sein, um alle Mitarbeiter zu erreichen.

Die **Unternehmenswerte** stellen Leitprinzipien für das Mitarbeiterverhalten und -handeln auf dem Wege zu Realisierung der Unternehmensvision dar. Im Gegensatz zu fiktiven Idealvorstellungen sollten sie der Wahrheit entsprechen und andauernde Gültigkeit besitzen. Durch die Übereinstimmung von Werten und Mission wird schließlich die Konsistenz des Leitbildes sichergestellt.

---

[200] Vgl. Nicolai et al. (2007), S. 63–64.

[201] Vgl. z. B. Coenenberg (2003), S. 20–23.

Unternehmensleitbild			
Wesentliche Bestandteile	**Vision**	**Werte**	**Mission**
Bedeutung	Mittel- bis langfristig angestrebter Zielzustand des Unternehmens	Leitprinzipien für alle Unternehmensmitarbeiter	Begründung der Unternehmensexistenz
Erfolgsmerkmale (Auswahl)	• Richtungsweisend • Ansporn gebend • Plausibel • Prägnant • Etc.	• Glaubhaft und wahr • Andauernd • Konsistent mit Mission • Etc.	• Fundamental • Andauernd • Ansporn gebend • Prägnant • Etc.
Beispiele			
National Grid, UK	"To be the world's premier network utility"	• Respect • Ownership • Integrity	"Delivering energy safely, reliably, efficiently and responsibly"
Central Networks, UK (Company of E.ON UK)	"Our vision is to be recognised as the best electricity distribution business in the UK. This fully supports the E.ON vision, to be the world's leading power and gas company."	• Integrity • Openess • Trust and Mutual Respect • Courage • Social Responsibility	k.A.
Enagás, Spanien	k.A.	• Security at all times during operations • Honesty • Impartiality and transparency • Continuous improvements • Teamwork • Focus on results • Respect and confidence within the team • Technical ability	"As Spain's technical operator, Enagás guarantees a reliable natural gas supply and optimises the operation of the gas grid by coordinating the different agents involved and suggesting possible improvements. Enagás is an impartial, open company which offers a high-quality service to its customers and generates value for its shareholders."

Abb. 40: Wesentliche Bestandteile eines Leitbildes für das Strom- bzw. Gasnetzgeschäft[202]

---

[202] Eigene Darstellung; zur Auswahl der Erfolgsmerkmale der Leitbildelemente siehe z. B. COENENBERG (2003), S. 23 bzw. KAPLAN et al. (2004), S. 32. Zum Beispiel National Grid vgl. National Grid Transco (2005) für Vision, National Grid (2007a) S. 5 für Werte sowie National Grid (2007b) für Mission. Zum Beispiel Central Networks siehe Central Networks (2007a). Zum Beispiel ENAGAS siehe ENAGAS (2007).

Die **Unternehmensvision** bringt letztlich den mittel- bis langfristig angestrebten Zielzustand des Unternehmens zum Ausdruck. Sie sollte als zentrales Element des Unternehmensleitbildes insbesondere richtungsweisend – im Sinne von zukunftsorientiert und verbindlich – sowie Ansporn gebend sein. Zudem ist es wichtig, dass die definierte Vision aus einem umfassenden Verständnis des Stromnetzgeschäftes heraus entwickelt wurde und somit plausibel ist. Darüber hinaus sollte die Vision ebenfalls aufgrund ihrer Prägnanz für alle Mitarbeiter des Unternehmens verständlich sein.[203]

Die in Abb. 40 aufgeführten Praxisbeispiele[204] verdeutlichen, dass die Anwendung der Leitbildelemente Unternehmensvision, -werte und -mission z. T. sehr unterschiedlich erfolgt. Während sich zum Beispiel bei National Grid Definitionen für alle drei Elemente finden lassen, formulieren Central Networks oder Enagás neben den Unternehmenswerten entweder nur eine Unternehmensvision ohne ein zusätzliches Mission Statement oder umgekehrt nur das Mission Statement ohne eine zusätzliche Unternehmensvision, was sich letztlich wohl auf die inhaltlichen Überschneidungen der Leitbildelemente Unternehmensvision und -mission zurückführen lässt.

Bezüglich des Leitbildes von National Grid wird hier z. B. die Meinung vertreten, dass die aufgeführte Vision sehr prägnant und motivierend ist, aber aufgrund ihres globalen Bezugs für ein regional gebundenes Geschäft wie das Strom- bzw. Gasnetzgeschäft auch als relativ unspezifisch und somit nur bedingt richtungsweisend betrachtet werden kann. Die Vision von Central Networks ist in dieser Hinsicht konkreter, da sie eine Marktfokussierung enthält. Weiterhin liefert sie ein gutes Beispiel für die erforderliche Abgrenzung des organisatorisch eigenständigen Netzbereiches von einem ggf. dahinter stehenden wertschöpfungskettenübergreifenden Energiekonzern. Hinsichtlich des Leitbildes des spanischen Gasnetzbetreibers Enagás hebt sich u. a. der explizite Ausweis der Shareholder Value-Generation als Kernbestandteil der Unternehmensmission hervor, welche aufgrund ihrer Textlänge allerdings als eher wenig prägnant betrachtet werden kann.

Nach der Formulierung von Mission, Werten und Vision ist das entwickelte Unternehmensleitbild über die Führungsebene hinaus im gesamten Unternehmen zu ver-

---

[203] Bezüglich der Erläuterungen von Unternehmensmission, -werten und -vision vgl. z. B. COENENBERG (2003), S. 20–23 oder KAPLAN et al. (2004), S. 32.

[204] National Grid ist Besitzer und Betreiber des Stromübertragungsnetzes in England und Wales sowie Betreiber des Stromübertragungsnetzes in Schottland. Weiterhin ist National Grid Besitzer und Betreiber des Gasübertragungsnetzes in Großbritannien. Darüber hinaus hält National Grid diverse weitere Netzsparten wie die Bereiche „US electricity transmission", „UK gas distribution", „US electricity and gas distribution" und „Wireless Infrastructure" (vgl. National Grid (2006)). Central Networks ist Besitzer und Betreiber des nach eigenen Angaben zweitgrößten britischen Stromverteilungsnetzes (vgl. Central Networks (2007b). Enagás ist als führender spanischer Gasnetzbetreiber Besitzer und Betreiber eines 7.600 km langen Hochdruck-Gasnetzes in Spanien (vgl. Enagás (2007)).

ankern. Für diesen besonders erfolgskritischen Schritt sind dabei vor allem die Führungsqualitäten des Managements entscheidend. Letztlich kann die erforderliche Verinnerlichung des Leitbildes durch alle Mitarbeiter nur dann erreicht werden, wenn Leitbildelemente wie die Unternehmenswerte auch im Tagesgeschäft durch das Management vorgelebt werden.[205]

Nach der überblicksweisen Darstellung der Konzeption des primär verhaltens- bzw. kulturbezogenen Unternehmensleitbildes wird im folgenden Abschnitt mit der Netz-Strategy Map die Ausgangsbasis für die konkrete inhaltliche Ausgestaltung des Performance Managements im Stromnetzgeschäft geschaffen.

4.3   Netz-Strategy Map

Im Rahmen der Netz-Strategy Map werden die für das Netzinfrastruktur-Management in der Elektrizitätswirtschaft relevanten strategischen Ziele definiert (siehe Abb. 41). Dazu wird im Folgenden zunächst die wirtschaftliche Grundausrichtung des NIM-Frameworks geklärt. Im Anschluss erfolgt dann die Definition der strategischen Ziele im Rahmen der Netz-Strategy Map sowie eine überblicksweise Erläuterung der organisatorischen Zielverankerung.

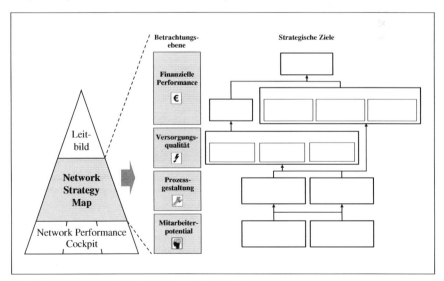

Abb. 41: Abgrenzung Netz-Strategy Map im NIM-Framework

---

[205] Vgl. COENENBERG (2003), S. 20.

4.3.1   Wirtschaftliche Grundausrichtung des NIM-Frameworks

Da im Stromnetzgeschäft über den Regulator hinaus häufig auch auf der Anteilseignerseite öffentliche Interessen vertreten sind, ist an dieser Stelle eine Klärung der
wirtschaftlichen Grundausrichtung des NIM-Frameworks erforderlich. Dazu werden
die möglichen wirtschaftlichen Grundausrichtungen des Stromnetzgeschäfts hier
nach der generellen Managementausrichtung und dem betrachteten Planungshorizont unterschieden (siehe Abb. 42).

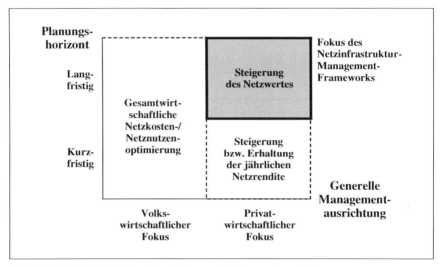

Abb. 42: Wirtschaftliche Grundausrichtungen des Stromnetzgeschäftes

Im Falle eines rein volkswirtschaftlichen Management-Fokus wäre das Performance Management des Stromnetzgeschäftes auf eine gesamtwirtschaftliche Kosten-/
Nutzenoptimierung hin auszurichten. Bei einem privatwirtschaftlichen Fokus wird
hier in Abhängigkeit vom gewählten Planungshorizont zwischen dem kurzfristig
orientierten Oberziel der Steigerung der jährlichen Rendite und dem langfristig
orientierten Oberziel der Steigerung des Unternehmenswertes unterscheiden. Bei
einem nur kurzfristigen Planungshorizont sind z. B. substanzverzehrende Asset-Strategien zu Lasten der langfristigen Entwicklung wie der Aufschub von anstehenden
Instandhaltungsmaßnahmen zielführend, während sie bei einem langfristigen Planungshorizont die Erreichung des unternehmerischen Oberziels gefährden können.

Die Differenzierung zwischen einem volks- und privatwirtschaftlichen Fokus des
Performance Managements von Stromnetzbetreibern ist hier aus dem Grunde wichtig, da Stromnetzbetreiber häufig durch öffentliche Institutionen wie eine Landes-
regierung oder eine Stadtverwaltung kontrolliert werden. In diesem Fall können ne-

ben einzelunternehmensbezogenen Zielen auch volkswirtschaftliche Aspekte im Vordergrund stehen. Zum Beispiel kann zur Förderung der Attraktivität einer Wirtschaftsregion eine weit überdurchschnittliche Netzzuverlässigkeit und Servicequalität zu Lasten der finanziellen Performance des Stromnetzbetreibers angestrebt werden.

Im Rahmen dieser Arbeit wird für das NIM-Framework von einem rein privatwirtschaftlichen Fokus des Netzinfrastruktur-Managements ausgegangen. Innerhalb der privatwirtschaftlichen Perspektive wird zudem ein langfristiger Planungshorizont des Performance Managements von Stromnetzbetreibern angenommen.

Auf Basis dieser Vorüberlegungen wird die im Folgenden zu definierende Netz-Strategy Map somit auf das Oberziel der Unternehmenswertsteigerung ausgerichtet, welches sich heute in Theorie und Praxis weitestgehend als zentrale Zielsetzung für privatwirtschaftliche Unternehmen durchgesetzt hat.[206]

4.3.2 Definition der Netz-Strategy Map

In diesem Abschnitt werden die im Rahmen des NIM-Frameworks verfolgten strategischen Ziele des Stromnetzgeschäftes definiert. Als weithin anerkanntes Strukturierungsinstrument für die Erarbeitung von Unternehmenszielen wird dazu das Konzept der in Abschnitt 3.1.2 vorgestellten Balanced Scorecard bzw. Balanced Scorecard-basierten Strategy Map von KAPLAN/NORTON herangezogen.[207] Der Anwendungsvorteil der Balanced Scorecard-basierten Strategy Map besteht u. a. – wie in Abschnitt 4.1 bereits erläutert – in der gemeinsamen Berücksichtigung von finanziellen und nicht finanziellen Betrachtungsebenen sowie der leicht verständlichen Darstellung der wesentlicher Zusammenhänge zwischen den einzelnen Unternehmenszielen.

In Abb. 43 (s. S. 94) werden die konkreten Zielinhalte der Netz-Strategy Map (NSM) vorgestellt. Die Hintergründe für den Aufbau der NSM und die einzelnen Zieldefinitionen werden im Folgenden erläutert.[208]

Die originären Perspektiven „Financial", „Customer", „Internal Business Processes" und „Learning and Growth" der Balanced Scorecard nach KAPLAN/NORTON[209] wurden für das spezifische Anwendungsgebiet des Stromnetzgeschäftes überführt in die Betrachtungsebenen „Finanzielle Performance", „Versorgungsqualität", „Prozessgestaltung" sowie „Mitarbeiterpotential". Während die Betrachtungsebenen „Fi-

---

[206] Vgl. z. B. KOLLER et al. (2005a), S. 19–21; GEBHARDT et al. (2005), S. 1.

[207] Zur näheren Erläuterung der Abgrenzung von Balanced Scorecard und Strategy Map siehe z. B. GAISER et al. (2004).

[208] Über die folgende sachlogische Herleitung hinaus wurde die dargestellte NSM ergänzend im Rahmen einer Zieldiskussion mit ausgewählten Ansprechpartnern der Praxisinterviews validiert. Zur näheren Erläuterung der Praxisinterviews siehe Abschnitt 1.3.2.

[209] Vgl. KAPLAN et al. (2004), S. 31.

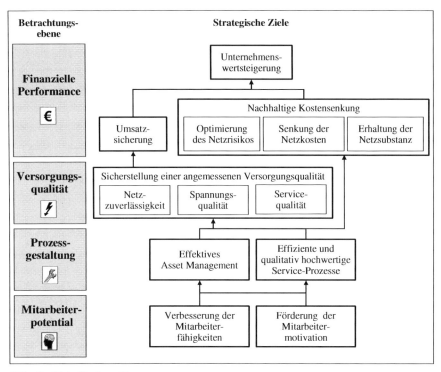

Abb. 43: Netz-Strategy Map

nanzielle Performance", „Prozessgestaltung" und „Mitarbeiterpotential"[210] hinsichtlich ihrer übergreifenden Untersuchungsfragen weitgehend mit den Perspektiven „Financial", „Internal Business Processes" und „Learning and Growth" übereinstimmen, wird die Betrachtungsebene „Versorgungsqualität" abweichend von der entsprechenden originären Balanced Scorecard-Perspektive „Customer" definiert.

Da der Netznutzungskunde auf die Lieferung von Strom angewiesen ist und er aufgrund des natürlichen Monopolcharakters des Stromnetzes nicht den Netzanbieter wechseln kann, haben Kunden von Stromnetzbetreibern grds. eine deutlich schlechtere Verhandlungsposition als Kunden von Unternehmen im freien Wettbewerb, für

---

[210] Gemäß KAPLAN/NORTON werden mit der Perspektive „Learning and Growth" neben Mitarbeiterbezogenen Aspekten zudem die Potentiale von Informationssystemen verbunden; vgl. KAPLAN et al. (1997), S. 130. Im Rahmen dieser Arbeit werden die IT-bezogenen Potentiale als Teilaspekt der Betrachtungsebene „Prozessgestaltung" angesehen, da die IT-Unterstützung im Asset Management und Service-Bereich ein integraler Prozessbestandteil ist.

die die Balanced Scorecard ursprünglich konzipiert wurde. An die Stelle der spezifischen Bedürfnisse einzelner Endkunden treten daher die Forderungen des Regulators, der die Kunden vor dem Hintergrund ihrer stark eingeschränkten Verhandlungsmöglichkeiten vertritt.[211] Die leistungsbezogenen Forderungen des Regulators beziehen sich im Wesentlichen auf die verschiedenen Aspekte der Versorgungsqualität, so dass für das Stromnetzgeschäft anstelle der allgemeinen „Customer"-Perspektive die spezifische Betrachtungsebene „Versorgungsqualität" vorgesehen wird.

Für die verschiedenen Betrachtungsebenen werden die folgenden strategischen Ziele vorgeschlagen:

Der Betrachtungsebene **„Finanzielle Performance"** lassen sich die strategischen Ziele „Wertsteigerung bzw. -erhaltung", „Umsatzsicherung" und der übergreifende Zielbegriff „Nachhaltige Kostensenkung" zuordnen. Das Ziel „Unternehmenswertsteigerung" ergibt sich dabei direkt aus der gewählten wirtschaftlichen Grundausrichtung für das Stromnetzgeschäft.[212] Anstelle des für Wettbewerbsunternehmen üblichen Umsatzwachstumsziels wird das Ziel „Umsatzsicherung" gewählt, da die Umsatzseite für Stromnetzbetreiber – wie in Abschnitt 3.1.3 – weitgehend exogen ist. Eine wesentliche Grundlage der Umsatzsicherung ist dabei insbesondere die Verlängerung von auslaufenden Konzessionsverträgen, für die eine zufriedenstellende Versorgungsqualität während der vergangenen Konzessionslaufzeit eine zentrale Voraussetzung ist.[213]

Vor dem Hintergrund der exogenen Erlösseite und der Effizienzvorgaben der Anreizregulierung stellt die Verbesserung der Kostenstruktur die zentrale finanzbezogene Steuerungsaufgabe des Netzinfrastruktur-Managements dar. Sie wird in der NSM durch den Oberbegriff „nachhaltige Kostensenkung" berücksichtigt, worunter konkret das Ziel einer Senkung der Netzkosten bzw. -ausgaben wie OPEX und CAPEX unter den Restriktionen der Optimierung des Netzrisikos und der Erhaltung der Netzsubstanz verstanden wird.

Das Unterziel der Optimierung des Netz Risikos bezieht sich dabei auf die erforderliche Steuerung des Risikos durch Störungen im Versorgungsnetz, welches das zentrale endogene Unternehmensrisiko von Stromnetzbetreibern darstellt.[214] Bei einem hohen Netzrisiko wie im Falle eines schlechten Zustandes der Netzbetriebsmittel besteht die Gefahr, dass das Netzergebnis durch hohe Schadenkosten stark beeinträchtigt wird. Es ist diesbezüglich ein möglichst optimales Verhältnis von Instandhaltungskosten und Schadenkosten sicherzustellen.

---

[211] Zur besonderen Stakeholder-Rolle des Regulators vgl. auch die Abschnitte 3.1.4.2 und 4.1.

[212] Vgl. Abschnitt 4.3.1.

[213] Vgl. Fußnote 90. Zur Verlängerung von Konzessionsverträgen siehe auch Abschnitt 4.10.

[214] Zur näheren Erläuterung des Netzrisikos siehe Abschnitt 4.7.

Durch das Unterziel der Erhaltung der Netzsubstanz[215] wird die in Abschnitt 3.1.3 erläuterte besondere Konzeptanforderung der Berücksichtigung langfristiger Ursache-Wirkungs-Beziehungen zum Ausdruck gebracht. Während das Netzrisiko den jeweils aktuellen, kurzfristigen Handlungsbedarf hinsichtlich Instandhaltungsmaßnahmen verdeutlicht, zielt die besondere Berücksichtigung der Netzsubstanzentwicklung auf eine Vermeidung ggf. nicht mehr handhabbarer OPEX und CAPEX-Spitzen im langfristigen Zeitablauf ab, die durch eine kontinuierliche Aufschiebung bzw. Unterlassung erforderlicher Instandhaltungsmaßnahmen drohen können.

Für die Definition der strategischen Ziele der Betrachtungsebene „**Versorgungsqualität**" werden die gängigen Qualitätskriterien Netzzuverlässigkeit, Spannungsqualität und Servicequalität herangezogen.[216] Die Netzzuverlässigkeit wird im Wesentlichen durch die Häufigkeit und Dauer von Versorgungsunterbrechungen charakterisiert. Die Spannungsqualität beschreibt die Einhaltung diverser Toleranzwerte wie maximal zulässige Bandbreiten für Netzfrequenzabweichungen. Die Servicequalität bezieht sich auf verschiedene Qualitätsstandards für die Bearbeitung von Kundenanliegen wie Obergrenzen für die Störungsbearbeitungsdauer oder die Wartezeit im Call-Center.

Für jedes der drei Qualitätskriterien gilt jeweils die unternehmerische Zielsetzung, ein angemessenes Qualitätsniveau sicherzustellen. Das Attribut „angemessen" bringt dabei zum Ausdruck, dass die Versorgungsqualität nicht maximiert werden soll, sondern für das jeweilige Qualitätskriterium nur die Erfüllung der gesetzlichen Mindestanforderungen bzw. ein wirtschaftlich sinnvolles Zielniveau sicherzustellen ist.[217] Hintergrund dieser Überlegung ist, dass eine Übererfüllung der Qualitätskriterien zu einer starken Beeinträchtigung der finanziellen Performance führen kann, da sie i. d. R. mit hohen Kosten verbunden ist und nur sehr begrenzt durch höhere Erlöse wie im Falle von Bonuserlösen der Qualitätsregulierung honoriert wird. Die Ziele der

---

[215] Das hier betrachtete Unterziel der Erhaltung der (physischen) Netzsubstanz ist zu unterscheiden vom dem Begriff „Nettosubstanzerhaltung", der häufig im Rahmen der Cost Plus-Erlöskalkulation verwendet wird und sich somit auf die Umsatzseite bezieht. Zur näheren Erläuterung siehe Abschnitt 4.8 und insbesondere Fußnote 382.

[216] Vgl. z. B. Council of European Energy Regulators (CEER) (2005), in der CEER-Studie werden die Qualitätskriterien „Continuity of Supply" (hier „Netzzuverlässigkeit"), „Voltage Quality" (hier „Spannungsqualität") sowie „Commercial Quality" (hier „Servicequalität") unterschieden. Zur näheren Erläuterung der Kriterien der Versorgungsqualität siehe Abschnitt 4.9.

[217] Die regulatorischen Vorgaben für die Versorgungsqualität werden häufig mit einem Bonus-/Malussystem verbunden. In diesem Fall sind Abweichungen von dem regulatorischen Zielwert zwar zulässig, werden aber bei Über-/Untererfüllung mit Bonus- bzw. Maluszahlungen belegt. Es können in diesem Fall auch Qualitätswerte unter den regulatorischen Vorgaben angestrebt werden, wenn diese aus wirtschaftlicher Sicht sinnvoll erscheinen. Zur Qualitätsregulierung siehe Abschnitt 2.3.

Betrachtungsebene Versorgungsqualität sind somit als wesentliche Restriktion für die Erreichung des Ziels der nachhaltigen Kostensenkung zu betrachten.

Im Rahmen der Zieldefinition für die Betrachtungsebene **„Prozessgestaltung"** sind grundlegende Unterschiede zwischen den Prozessen im Bereich des Asset Managements und den Prozessen im Service Provider-Bereich zu berücksichtigen.[218] Da im Asset Management Entscheidungen mit erheblichen langfristigen Auswirkungen auf die finanzielle Performance und die Versorgungsqualität zu treffen sind, gelten hier eher Effektivitäts- als Effizienzaspekte. Die Effektivität der Asset Management-Prozesse ergibt sich dabei aus der Erreichung der Ziele auf den höheren Betrachtungsebenen „Versorgungsqualität" und „Finanzielle Performance" bzw. „Nachhaltige Kostensenkung". Bspw. müssen die durch das Asset Management zu erarbeitenden Maßnahmenkataloge einen signifikanten Beitrag zur Erhaltung der Versorgungsqualität und Senkung des Netzrisikos leisten, welcher in einem angemessenen Verhältnis zu ihren Kosten steht.

Im Service Provider-Bereich steht dagegen primär die Effizienz der Prozessausführung im Vordergrund, da die Art und Anzahl der umzusetzenden Asset-Maßnahmen weitgehend durch das Asset Management vorgegeben wird. Für die Prozessgestaltung im Service Provider-Bereich wird daher das Ziel „Effiziente und qualitativ hochwertige Prozesse" definiert. Die Prozesszielsetzung im Service Provider-Bereich unterstützt ebenfalls die Zielereichung in den übergeordneten Betrachtungsebenen „Versorgungsqualität" und „Finanzielle Performance" bzw. „Nachhaltige Kostensenkung".

Wie in anderen Industrien bildet auch im Stromnetzgeschäft das **Mitarbeiterpotential** das Fundament für den Unternehmenserfolg, welches die Zielerreichung in den höhergelegenen Zielkategorien wesentlich beeinflusst. Zur besonderen Berücksichtigung dieses Aspektes werden hier die strategischen Ziele „Kontinuierliche Verbesserung der Mitarbeiterfähigkeiten" sowie „Förderung der Mitarbeitermotivation" definiert.[219]

Der Entwicklung des Mitarbeiterpotentials kommt vor allem in Hinblick auf die im Rahmen der Anreizregulierung deutlich gestiegenen Mitarbeiteranforderungen eine hohe Bedeutung zu. Eine wichtige Grundlage für die Zielerreichung auf dieser Betrachtungsebene ist es, dass der mit der Anreizregulierung verbundene Paradigmenwechsel durch die Belegschaft verinnerlicht wird und das für die Bewältigung der künftigen Herausforderungen erforderliche Know-how aufgebaut wird.[220] Vor dem

---

[218] Zur Abgrenzung der Aufgaben von Asset Management und Service Provider vgl. Abschnitt 2.4.2.

[219] Zur näheren Erläuterung der Betrachtungsebene „Mitarbeiterpotential" vgl. z. B. die Ausführungen zur Balanced Scorecard-Perspektive „Learning and Growth" in KAPLAN/NORTON (1997).

[220] Vgl. z. B. NICOLAI et al. (2007), S. 64/65.

Hintergrund der voraussichtlich erforderlichen Umstrukturierungen muss dabei insbesondere darauf geachtet werden, dass das z. T. über mehrere Jahrzehnte aufgebaute
Erfahrungswissen im Umgang mit der langlebigen Netzinfrastruktur dem Unternehmen nicht durch Mitarbeiterabwanderungen verloren geht.

Nach der Definition der Zielinhalte der Netz-Strategy Map wird im Folgenden die
Klärung der Verantwortlichkeiten für die Zielverfolgung erläutert.

4.3.3   Organisatorische Verankerung der strategischen Ziele

Die erfolgreiche Umsetzung von strategischen Zielen erfordert klare Verantwortlichkeiten für die Zielverfolgung. Als Vorschlag für die organisatorische Verankerung
der Unternehmensziele werden im Folgenden die in Abschnitt 4.3.2 definierten strategischen Ziele des Stromnetzgeschäftes den drei übergreifenden Organisationsebenen Asset Owner, Asset Manager und Service Provider zugeordnet (siehe Abb.
44). Für die zu Grunde liegende Organisationsstruktur wird dabei eine klare organisatorische Trennung der Planungs- und Entscheidungsprozesse von den ausführen-
den Prozessen vorausgesetzt. Eine derartige Aufteilung des Stromnetzgeschäfts stellt
insbesondere in Ländern mit einer weit fortgeschrittenen Liberalisierungsstufe wie
Großbritannien oder den Niederlanden ein mittlerweile etabliertes Organisations-
modell dar.[221]

Aus Sicht des **Asset Owners** ist gemäß der hier gewählten wirtschaftlichen Grundausrichtung ausschließlich das finanzielle Performance-Ziel „Unternehmenswertsteigerung" relevant.[222] Auf Basis der gewünschten Wertentwicklung stimmt der Asset Owner gemäß dem hier gewählten Rollenmodell seine Renditeerwartungen mit
dem Asset Manager ab und gibt damit die zentralen Zielwerte für das Performance
Management vor.[223]

Das **Asset Management** sollte als geschäftsführendes Organ des Stromnetzgeschäftes für alle strategischen Ziele verantwortlich sein mit Ausnahme des konkreten Prozessgestaltungsziels „Effiziente und qualitativ hochwertige Service-Prozesse", welches an den bzw. die Service Provider delegiert wird. Die Überwachung
der Service-Prozesseffizienz und -qualität durch den Asset Manager kann dabei zum
Beispiel über Service-Level-Agreements mit dem jeweiligen Service Provider erfolgen.[224]

---

[221] Vgl. z. B. . JONGEPIER (2007), S. 3, CLEMENS (2006), S. 7. Zur Erläuterung der Abgrenzung
und wesentlichen Funktionen der Organisationsebenen Asset Owner, Asset Manager und
Service Provider vgl. Abschnitt 2.4.2.

[222] Zur wirtschaftlichen Grundausrichtung des NIM-Frameworks siehe Abschnitt 4.3.1.

[223] Vgl. z. B. SPECHT (2004), S. 81.

[224] Vgl. z. B. SOBEK (2006), S. 5.

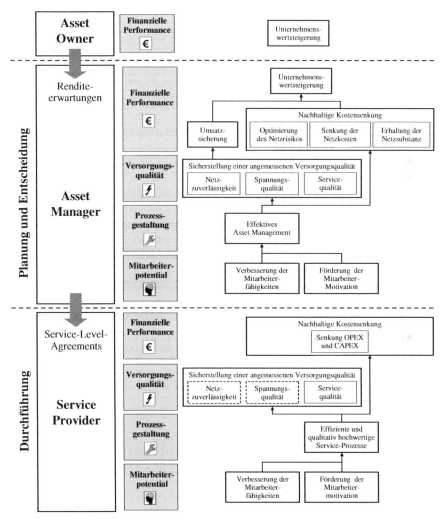

Abb. 44: Zuordnung der strategischen Ziele zu Organisationsebenen

Für den **Service Provider-Bereich** ergibt sich sinngemäß ein spezifischer Ausschnitt der strategischen Ziele, welcher sich auf die Erreichung der im Rahmen der Service-Level-Agreements vorgegebenen Effizienz- und Qualitätsziele beschränkt. Im Bereich der finanziellen Performance sollten der bzw. die Service-Provider dementsprechend primär für das Ziel der nachhaltigen Minimierung der Prozesskosten verantwortlich sein. In der Betrachtungsebene „Versorgungsqualität" stehen naturgemäß die Servicequalitätsziele im Vordergrund, da die Servicequalität direkt durch die Performance der zu Grunde liegenden Service-Prozesse unterstützt wird. Die weiteren Qualitätsaspekte Netzzuverlässigkeit und Spannungsqualität sind zwar für den Asset Service relevant, lassen sich durch ihn aber nur zum Teil beeinflussen. Während z. B. im Bereich der Netzzuverlässigkeit die durchschnittliche Unterbrechungsdauer weitgehend von der Prozessdurchlaufzeit der Störungsbearbeitung abhängt, wird die Zuverlässigkeitskomponente der Unterbrechungshäufigkeit im Wesentlichen durch die Netzstruktur und den Netzzustand beeinflusst, die Ergebnis der Planungs- und Entscheidungsprozesse im Asset Management sind.[225]

Auch wenn die Service Provider gemäß dem hier betrachteten Rollenmodell primär für die Prozessausführung verantwortlich sein sollten, bedeutet dies nicht, dass insbesondere der Asset Service nicht auch maßgeblich an der Planung und Entscheidungsfindung des Asset Managers beteiligt sein kann. Im Gegenteil kann davon ausgegangen werden, dass das im Asset Service über viele Jahre aufgebaute detaillierte Erfahrungswissen im Umgang mit der Netzinfrastruktur nicht nur einen zentralen Erfolgsfaktor für die Prozessausführung, sondern auch eine wesentliche Grundlage für die Vorbereitung von Asset Management-Entscheidungen darstellt. Für den verglichen mit dem Asset Management deutlich operativeren Service Provider-Bereich sollte daher die Know-how-Sicherung und -Entwicklung im Rahmen der Zielebene „Mitarbeiterpotential" ein nicht weniger wichtiger Erfolgsfaktor sein.

Über die Zuordnung der NSM-Ziele auf die Organisationsebenen Asset Owner, Asset Manager und Service Provider hinaus zeigt Abb. 45 mögliche Ziele konkreter Organisationseinheiten innerhalb der übergreifenden Organisationsebenen. Es ist dabei allerdings darauf hinzuweisen, dass die dargestellten Organisationseinheiten und Detailziele aufgrund der vielfältigen organisatorischen Ausgestaltungsmöglichkeiten der einzelnen Organisationsebenen als fiktives Beispiel zu betrachten sind, das wichtige unternehmensindividuelle Rahmenbedingungen wie die historisch gewachsene Organisationsstruktur oder unternehmenspolitische Machtverhältnisse vernachlässigt.

In Hinblick auf die Implementierung des hier dargestellten organisatorischen Rollenmodells wird abschließend darauf hingewiesen, dass die augenscheinlich triviale Abgrenzung der Aufgaben und strategischen Ziele zwischen dem Asset Management und den Service Providern für die Unternehmenspraxis oftmals eine besondere Herausforderung darstellt.[226] Dies liegt insbesondere darin begründet, dass das Asset Management und der Asset Service i. d. R. zu einem gemeinsamen Energiekonzern gehören und der Asset Service aufgrund des hohen Mitarbeitervolumens häufig noch ein größeres unternehmenspolitisches Gewicht als das Asset Management hat, wel-

---

[225] Zu den einzelnen Kriterien der Versorgungsqualität siehe Abschnitt 4.9.
[226] Vgl. auch Abschnitt 2.5.

ches im Cost Plus-Regulierungsszenario eher einer Verwaltungseinheit gleichkam.
Da es für die Umsetzung des hier aufgeführten Rollenmodells in diesem Fall nun
aber erforderlich sein wird, den Asset Service als Lieferanten des Asset Managements aufzubauen und ggf. relevante Kow-how-Träger des Asset Service in das Asset

Organisations-ebene	Organisationseinheiten (Beispiele)	Mögliche Ziele je Organisations-einheit (Beispiele)
Asset Manager	Geschäftsführung	– Unternehmenswertsteigerung – Umsatzsicherung – Nachhaltige Kostensenkung, etc.
	Netzplanung/-entwicklung	– Netzstrukturbereinigung/ Optimierung der Netzauslastung – Minimierung der Kosten von Netzer-weiterungen – Sicherstellung einer angemessen Netz-zuverlässigkeit und Spannungsqualität, etc.
	Instandhaltungsplanung/ Operatives Asset Management	– Optimierung des Netzrisikos – Optimierung der zeitlichen Auftragsverteilung – Erhaltung der Netz-/Betriebsmittel-substanz, etc.
	Regulierungsmanagement	– Erfüllung von Berichtspflichten gegen-über dem Regulator – Optimierung der Kapazitätsauslastung, etc.
	etc.	
Asset Service	Geschäftsführung	– Optimierung der Kapazitätsauslastung bzw. des Fremdvergabegrades – Minimierung von Materialkosten – Einhaltung von Service-Levels, etc.
	Netzbetriebe je Netzregion	– Minimierung von Bearbeitungszeiten – Minimierung von Wegzeiten – Einhaltung von Service-Levels (z. B. maximale Störungsbearbeitungsdauer, Termintreue), etc.
	etc.	
Kunden-bezogener und sonstiger Service	Call-Center	– Optimierung der Kapazitätsauslastung – Minimierung von Bearbeitungszeiten – Einhaltung Service-Levels (z. B. ∅-Kundenwartezeit), etc.
	Finanzbuchhaltung	– Optimierung der Kapazitätsauslastung – Minimierung von Bearbeitungszeiten – Einhaltung von Service-Levels (z. B. Abgabefristen), etc.
	etc.	

Abb. 45: Beispiele für mögliche Ziele je Organisationseinheit

Management zu verlagern, kann die Anwendung der hier dargestellten Zielabgren-
zung für den Asset Service einen unternehmenspolitischen Machtverlust bedeuten.
Es ist daher denkbar, dass die häufig erforderliche Neuordnung der Rollen von Asset Management und Asset Service auf erhebliche unternehmensinterne Widerstände
stoßen wird. Der Berücksichtigung der in Abschnitt 3.1.4 erläuterten verhaltensbezogenen Grenzen eines systematischen Performance Management-Konzeptes wie
dem NIM-Framework kommt an dieser Stelle daher eine besonders hohe Bedeutung
zu.

4.4   Aufbau Netz-Performance Cockpit

Ausgehend von den Zielen der Netz-Strategy Map werden im Folgenden im Rahmen
des Netz-Performance Cockpits die konkreten Steuerungsinhalte des NIM-Frameworks definiert. Mit der Verwendung von Cockpit-Darstellungen wird dabei der
Zweck verfolgt, durch eine zusammenfassende Übersicht der wesentlichen Steuerungskennzahlen ein ganzheitliches und ausgewogenes Bild der kritischen Erfolgsgrößen einer Unternehmung zu vermitteln.[227] Ein Cockpit-basierter Steuerungs-
ansatz bietet sich hier insbesondere vor dem Hintergrund der in der Netz-Strategy
Map dokumentierten vielfältigen und häufig konfliktionären Steuerungsaspekte des
Stromnetzgeschäftes an.

Abb. 46 zeigt einen Überblick über die verschiedenen Bereiche des Netz-Performance Cockpits und führt weiterhin die jeweils zugehörigen NSM-Ziele auf. Das
NPC ist so aufgebaut, dass die finanziellen Top-Resultate eine zentrale Position ein-
nehmen. Im linken Cockpit-Abschnitt werden mit den Bereichen OPEX und Netzrisiko die eher kurzfristig orientierten finanzbezogenen Steuerungsparameter dargestellt. Das Netzrisiko stellt dabei ein Restriktion für OPEX-Senkungen dar. Im
rechten Cockpit-Abschnitt werden demgegenüber mit den Bereichen Gesamtkosten
und Netzsubstanz die eher langfristig orientierten finanzbezogenen Performancegrößen aufgeführt. Die Netzsubstanz stellt in diesem Fall die Restriktion für eine Gesamtkostensenkung dar. Der Bereich Versorgungsqualität im unteren Cockpit-Abschnitt enthält letztlich diverse Qualitätskriterien, die im Rahmen einer Qualitätsregulierung[228] zu Bonus- oder Maluserlösen führen können.

Es wird deutlich, dass sich das NPC auf die NSM-Betrachtungsebenen „Finanzielle Performance" und „Versorgungsqualität" konzentriert. Für die Betrachtungsebene
„Prozessgestaltung" werden im NPC keine Performance-Größen vorgesehen, da sich

---

[227] Zur Zielsetzung von Cockpit-Darstellungen vgl. z. B. GRÜNER (2001), S. 234.
[228] Zur Qualitätsregulierung im Rahmen der Anreizregulierung siehe auch Abschnitt 2.3.

die Zielereichung im diesem Bereich zwangsläufig in einer Verbesserung der finanziellen Performance bzw. der Versorgungsqualität niederschlagen sollte und sie daher durch die Kennzahlen dieser Betrachtungsebenen zu messen ist. Zum Beispiel lässt sich die Erreichung des Prozessgestaltungsziels „Effiziente und qualitativ hochwertige Service-Prozesse" durch Kosteneffizienz- oder Servicequalitätskennzahlen messen.

Für die Betrachtungsebene „Mitarbeiterpotential" werden keine Performancegrößen vorgesehen, da sich Mitarbeiterpotential-bezogene Ziele kaum über Kennzahlen mit dem Oberziel der Unternehmenswertsteigerung bzw. -erhaltung verknüpfen lassen. Zum Beispiel kann der Beitrag einer Erreichung des Ziels „Förderung der Mitarbeitermotivation" zur Steigerung bzw. Erhaltung des Unternehmenswertes im Rahmen des Performance Managements i. d. R. nicht belastbar quantifiziert werden. Gleichwohl stellt die Entwicklung des Mitarbeiterpotentials einen wesentlichen Erfolgsfaktor für die Umsetzung von konkreten Performancevorgaben auf Basis des NPC dar.

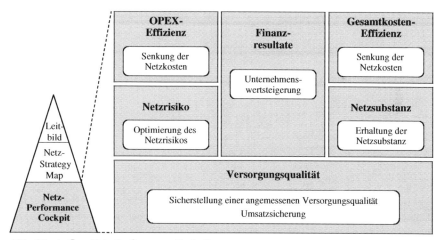

Abb. 46: Aufbau Netz-Performance Cockpit

Über das Management-Cockpit hinaus werden weiterhin verschiedene Detaillierungsstufen des NPC vorgesehen, über die Abb. 47 (s. S. 104) einen Überblick verschafft. Zum einen gibt es für das Management-Cockpit auf der Gesamtnetzebene zu jedem Performance-Bereich einen jeweiligen Detaillierungsbereich. Zum anderen wird auf der Teilnetzebene je Teilnetz eine Cockpit-Darstellung auf Basis der Management-Cockpit-Struktur angeführt, die ferner in Richtung einer Konzessionsportfolioanalyse detailliert werden kann. Denkbar sind darüber hinaus spezifische Prozesscockpits für die Service Provider-Ebene, die allerdings im Rahmen dieser Arbeit nicht näher betrachtet werden.

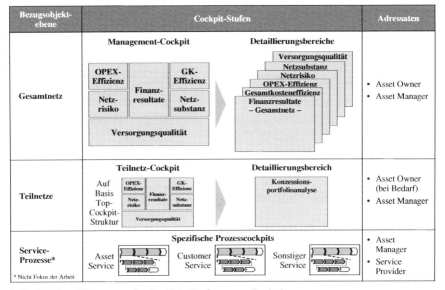

Abb. 47: Detaillierungsstufen des Netz-Performance Cockpits

Das NPC zielt primär auf die Adressaten Asset Owner und Asset Management ab und soll diesbezüglich insbesondere die Kommunikation zwischen den beiden Organisationsebenen unterstützen.

Im weiteren Verlauf dieses Hauptkapitels werden die einzelnen Performance-Bereiche des Netz-Performance Cockpits einschließlich des Bereiches Teilnetze/ Konzessionsportfolioanalyse vorgestellt. Im Anschluss erfolgt dann eine integrierte Betrachtung der einzelnen Performance-Bereiche im Rahmen der Erläuterung der Wechselwirkungen zwischen den einzelnen Performance-Bereichen. Zum Abschluss dieses Hauptkapitel wird das NPC letztlich zusammen mit den anderen Bestandteilen des NIM-Frameworks den definierten Konzeptanforderungen gegenübergestellt.

Zur Vermittlung eines ersten Überblicks über die konkrete Ausgestaltung des NPCs wird in der folgenden Abb. 48 bereits das vollständige Management-Cockpit vorangestellt. Die Erläuterung der einzelnen Performance-Bereiche und ihr Zusammenwirken wird daraufhin in der folgenden Abschnitten behandelt.[229]

---

[229] Zur Legende des NPCs siehe Anhang. Da sich viele Performancegrößen im Stromnetz-geschäft naturgemäß relativ träge entwickeln, wurde für das dargestellte NPC ein Detail-Be-trachtungszeitraum von 7 Jahren gewählt, der sich aus 3 Ist- und 4 Plan-Jahren zusammen-setzt. Darüber hinaus erfolgt im NPC für der Fortführungszeitraum in den Detailcockpits die Betrachtung eines gesamt Asset-Lebenszyklus von 50 Jahren.

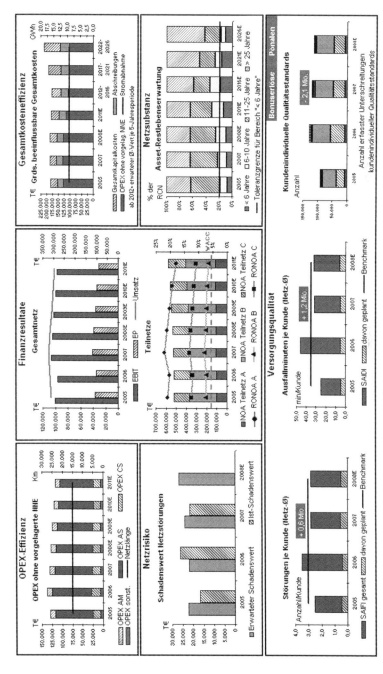

Abb. 48: Netz-Performance-Cockpit – Management-Cockpit

4.5   Performance-Bereich Finanzresultate

Der Performance-Bereich „Finanzresultate" stellt die Endresultate in Bezug auf die
Verfolgung des Oberziels „Unternehmenswertsteigerung" dar. Im Folgenden werden
zunächst die für den weiteren Verlauf des Kapitels erforderlichen konzeptionellen
Grundlagen der Unternehmensbewertung und wertorientierten Performancemessung
kurz dargestellt. Im Anschluss wird die Bewertung des Stromnetzgeschäftes anhand
des Fallbeispiels City-Network detailliert erläutert und daraufhin eine Werttreiberanalyse zur Vermittlung eines besseren Verständnisses für die Entwicklungsmöglich-
keiten des Netzwertes durchgeführt. Aufbauend auf diesen Vorarbeiten wird dann das
Detaillierungscockpit zum Performance-Bereich „Finanzresultate" im NPC vorgestellt. Zum Ende dieses Abschnitts werden abschließend zum einen die Relevanz der
vorgestellten Performancegrößen für ihre Aufnahme in das NPC nochmals separat
begründet, zum anderen aber auch spezifische Grenzen hinsichtlich ihrer Verlässlichkeit aufgezeigt.

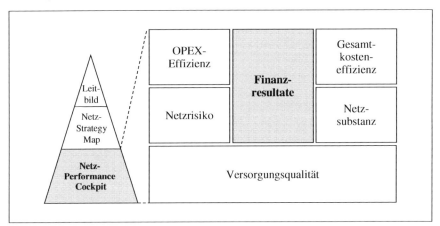

Abb. 49:   Performance-Bereich Finanzresultate im NPC

4.5.1   Konzeptionelle Grundlagen

Als generelle Vorbemerkung wird hinsichtlich des hier betrachteten Begriffes
„Unternehmenswert" zunächst hervorgehoben, dass es keinen einzig richtigen, präzisen Unternehmenswert gibt, sondern dass dieser stets vor dem Hintergrund des betreffenden Bewertungszwecks und der unternehmensspezifischen Annahmen für die
Eingangsparameter des jeweils angewendeten Bewertungsverfahrens zu sehen ist.[230]

---

[230] Vgl. COENENBERG et al. (2002), S. 599; DAMODARAN (2001), S. 462.

Unter Berücksichtigung dieser Rahmenbedingungen können im Wesentlichen die grds. Bewertungskonzeptionen „Substanzwertverfahren", „Multiplikatorverfahren" sowie „Discounted Cash Flow-basierte Verfahren" unterschieden werden (siehe Abb. 50).

Bewertungs-konzeptionen	Substanzwert-verfahren	Multiplikator-verfahren	Discounted Cash Flow-basierte Verfahren
Beispiel-Verfahren	▪ Sachzeitwert	▪ Comparable Company Analysis ▪ Comparable Transaction Analysis	▪ Discounted Free Cash Flow ▪ Residualgewinn-Modelle (z.B. Discounted Economic Profit bzw. Cash Value Added)
Bewertungs-zwecke	▪ Kaufpreisermittlung nach Beendigung von Konzessionsverträgen	▪ Relative Bewertung am Kapitalmarkt ▪ Fair Value-Ermittlung im Reporting	▪ Kaufpreisermittlung bei Unternehmens-verkäufen ▪ Fair Value-Ermittlung im Reporting ▪ Wertorientierte Steuerung

Abb. 50: Unternehmensbewertungskonzeptionen[231]

Bei der Anwendung von **Substanzwertverfahren** wird ein Unternehmen im Allgemeinen zum Rekonstruktions- oder Liquidationswert bewertet.[232] Für die Bewertung von Stromnetzbetreibern ist davon im Wesentlichen der Rekonstruktionswert relevant, da man davon ausgehen kann, dass ein Stromnetz aufgrund der Nicht-Substituierbarkeit des Gutes Strom i.d.R. nicht vollständig aufgelöst bzw. zerschlagen wird.[233]

Obwohl Substanzwerte aufgrund ihrer fehlenden Gesamtunternehmens- und Zukunftsbetrachtung nur bedingt für die Managemententscheidungen nützlich sind, haben sie im Stromnetzgeschäft durchaus Relevanz, da bspw. in Deutschland in den bestehenden Konzessionsverträgen häufig noch der Sachzeitwert als Kaufpreis des

---

[231] In Anlehnung an KOLLER et al. (2005), S.101–103; COENENBERG et al. (2002), S. 601–602.

[232] Vgl. COENENBERG et al. (2002), S. 601.

[233] Eine Zerschlagung des Stromnetzes und Liquidation der einzelnen Netzelemente wäre nur in dem Fall relevant, dass alle Verbraucher bzw. dezentralen Einspeiser das betreffende Netzgebiet verlassen und ein Weiterbetrieb des Netzes somit nicht mehr relevant ist.

Netzes im Falle der Nicht-Verlängerung einer Konzession vereinbart ist.[234] Der Sachzeitwert eines Betriebsmittels wird dabei wie folgt definiert:[235]

$$Sachzeitwert = Replacement\ Cost\ New \times \frac{Restlebenserwartung}{Gesamtlebensdauer}$$

Der Sachzeitwert eines Stromnetzes ergibt sich demnach aus der Summe der Sachzeitwerte aller für den Netzbetrieb notwendigen Betriebsmittel.

Da der Sachzeitwert als Unternehmensbewertungsverfahren diverse konzeptionelle Mängel aufweist,[236] beschränkt sich seine Anwendung i. d. R. auf den Bewertungszweck der Kaufpreisermittlung nach der Beendigung von Konzessionsverträgen, in denen der Sachzeitwert als Kaufpreis explizit vereinbart ist.

Multiplikatorverfahren bzw. „multiples" sind heute insbesondere am Kapitalmarkt von hoher praktischer Bedeutung, da sie ohne die spezifische Kenntnis unternehmensinterner Daten eine relative Bewertung eines Unternehmens im Verhältnis zu vergleichbaren anderen Unternehmen bzw. zur „peer group" ermöglichen.[237] Im Gegensatz zu den Substanzwertverfahren basieren Multiplikatorverfahren dabei auf einer Gesamtunternehmensbetrachtung. Im Rahmen einer Comparable Company bzw. Comparable Transaction Analysis werden Marktwerte vergleichbarer Unternehmen in Form von Börsen- bzw. Transaktionswerten durch ausgewählte finanzielle bzw. operative Bezugsgrößen normiert und miteinander verglichen.[238] Häufig angewandte Bezugsgrößen für finanzielle Multiples sind diesbezüglich z. B. die Größen Umsatz, EBITDA oder EBIT.[239] Als operative Multiples bieten sich für das Strom-

---

[234] Prinzipiell darf der Sachzeitwert in Deutschland allerdings nicht als Kaufpreis des Netzes angesetzt werden, wenn er den Ertragswert „nicht unerheblich" übersteigt und somit zu einem prohibitiven Kaufpreis führen würde; vgl. BALLWIESER (2001), S. 1527 in Verbindung mit der Entscheidung des Kartellsenats des Bundesgerichtshofs vom 16.11.1999, KZR 12/97 („Kaufering-Urteil"). Trotz dieses Grundsatzurteils kommt dem vertraglich vereinbarten Sachzeitwert in der Praxis dennoch auch bei einem grds. niedrigeren Ertragswert ein hoher Stellenwert zu, da bei der Bestimmung des Ertragswertes und Übersetzung des Attributes „nicht unerheblich" insbesondere vor dem Hintergrund des Regulierungsszenariowechsels weitreichende Ermessensspielräume verbleiben. (Vgl. SAUTHOFF (2006), S. 26). Zur Erläuterung von Gebietskonzessionen vgl. Fußnote 90.

[235] Vgl. SCHIERLE (2006), S. 6. Die Replacement Cost New entsprechen dem Tagesneuwert der Anlage zum Betrachtungszeitpunkt. Sie werden auch als Wiederbeschaffungswert bezeichnet.

[236] Der grundsätzliche konzeptionelle Mangel des Sachzeitwertes als Kennzahl zur Ermittlung des Unternehmenswertes liegt in der bereits erwähnten fehlenden Gesamtunternehmens- und Zukunftsbetrachtung. Ein weiterer Mangel besteht zudem darin, dass die historische Bauart des zu bewertenden Netzes für eine Wiederbeschaffung bzw. Rekonstruktion nur bedingt relevant ist, da sich diese eher nach der aktuellen Energieabnahme- bzw. -einspeisungssituation sowie dem technischen Fortschritt richten würde.

[237] Vgl. z. B. KOLLER et al. (2005b), S. 67; DAMODARAN (2001), S. 252.

[238] Vgl. z. B. ANGER (2002), S. 156.

[239] Vgl. z. B. LÖHNERT et al. (2005), S. 412–413. Als Beispiele für finanzielle Multiples von Stromnetzbetreibern siehe Abschnitt 2.4.1.

netzgeschäft bspw. die Verhältniskennzahlen Marktwert zu Einwohnerzahl oder Marktwert zu Gesamtenergieverbrauch an.

Eine implizite Annahme von Multiplikatorverfahren besteht darin, dass die spezifischen Besonderheiten der einzelnen Unternehmen einer peer group nach der Normierung der Marktwerte durch die jeweils gewählten finanziellen oder operativen Bezugsgrößen weitgehend vernachlässigt werden können. Diese Annahme kann insbesondere im Stromnetzgeschäft zu verzerrten Bewertungsergebnissen führen, da Stromnetzbetreiber häufig sehr unterschiedliche Strukturmerkmale aufweisen und diese die finanzielle Performance wesentlich beeinflussen. Bspw. werden Stadtnetzbetreiber aufgrund der höheren Bevölkerungsdichte und der daraus folgenden niedrigeren Einwohner-spezifischen Strukturkosten i.d.R. ein besseres Marktwert/Einwohnerzahl-Verhältnis aufweisen als Landnetzbetreiber.[240]

Um bei der Anwendung von Multiplikatorverfahren belastbare Ergebnisse zu erzielen, dürfen daher nur Stromnetzbetreiber einer Strukturklasse miteinander verglichen werden. Diese Bedingung schränkt allerdings die Anwendungsmöglichkeiten von Multiples im hier fokussiert betrachteten Stromverteilungsnetzgeschäft stark ein, zumal es aufgrund fehlender Börsen- bzw. Transaktionswerte aktuell ohnehin kaum Vergleichswerte für die erst seit kurzem existierenden eigenständigen Stromnetzgesellschaften gibt.[241]

Über das Problem der Verfügbarkeit von Börsen- bzw. Transaktionswerten hinaus sind Multiples für die Anwendung im Rahmen des Performance Managements von Stromnetzbetreibern generell kaum geeignet, da sie aufgrund ihrer aggregierten Berechnungsweise zu generisch für die unternehmensinterne Steuerung sind.

Discounted Cash Flow-basierte Verfahren bauen wie Multiplikatorverfahren auf einer Gesamtunternehmensbetrachtung auf. Sie stellen u.a. die gängige Bewertungskonzeption für die Kaufpreisermittlung bei Unternehmenskäufen dar. Im Rahmen von Discounted Cash Flow-basierten Verfahren wird eine detaillierte Abschätzung des Grenzpreises für ein Bewertungsobjekt vorgenommen, ab dem eine Transaktion

---

[240] Auch bei finanziellen Multiples wie EBIT-Multiples kann davon ausgegangen werden, dass Landnetzbetreiber aufgrund ihrer Strukturmerkmale eine schlechtere Ausgangssituation haben als Stadtnetzbetreiber. Infolge der niedrigeren Bevölkerungs- bzw. Lastdichte benötigen Landnetzbetreiber zur Erreichung des gleichen EBIT-Niveaus i.d.R. eine kapitalintensivere Netzinfrastruktur als Stadtnetzbetreiber. Infolge der daraus resultierenden höheren Kapitalkosten wird das Marktwert/EBIT-Verhältnis von Landnetzbetreibern daher prinzipiell niedriger sein als das von Stadtnetzbetreibern.

[241] Im Stromübertragungsnetzbereich gibt es in Europa eine zunehmende Anzahl börsennotierter Netzbetreiber wie National Grid (UK), Red Electrica de Espana (E) oder Terna (I), die i.d.R. das gesamte Stromübertragungsnetz ihres jeweiligen Landes kontrollieren (vgl. auch Abschnitt 2.4.1). Hier besteht allerdings das Problem, dass ein Vergleich von Multiples bei Unternehmen aus unterschiedlichen Ländern aufgrund der z.T. unterschiedlichen landesspezifischen Regulierungsszenarien nur bedingt aussagefähig ist.

aus wirtschaftlicher Sicht nicht mehr sinnvoll ist.[242] Die Ermittlung des Unternehmenswertes erfolgt dabei auf Basis von prognostizierten künftigen Cash Flows bzw. Periodenergebnissen, welche mit Hilfe eines unternehmensspezifischen Kapitalkostensatzes diskontiert werden.[243]

Innerhalb der Discounted Cash Flow-basierten Verfahren eignen sich Residual- bzw. „Über"-Gewinn-Modelle wie der Discounted Economic Profit oder Discounted Cash Value Added insbesondere für den Zweck des wertorientierten Performance Managements, da sie die Planung und Kontrolle von periodischen Wertbeiträgen ermöglichen und ihre Berechnungskomponenten relativ gut auf unternehmensinterne Bezugsobjekte heruntergebrochen werden können. Als periodische Steuerungskennzahlen werden diesbezüglich häufig der Economic Profit (EP) oder der Cash Value Added (CVA) herangezogen.[244] Beide Kennzahlentypen werden auf Basis von Anpassungen der jährlichen Erfolgsrechnung ermittelt, wobei der EP mehr Elemente des accrual accounting behält als der CVA.[245] Der EP und der CVA sind in diesem Zusammenhang unterschiedlich für das hier betrachtete Stromnetzgeschäft geeignet.

Dem CVA wird im Allgemeinen der Anwendungsvorteil zugesprochen, dass er im Vergleich zum bilanzpolitisch stärker beeinflussbaren EP prinzipiell weniger anfällig für Manipulationen ist und somit eine maßgenauere Performancemessung ermöglicht.[246] Aufgrund der aus Anwendersicht abstrakteren Berechnungsformel wird dem CVA allerdings angelastet, dass er im Vergleich zum EP weniger verständlich und nur eingeschränkt kommunizierbar ist.[247] In der Unternehmenspraxis wird vermutlich aus diesem Grund der EP branchenübergreifend häufiger als der CVA als wertorientierte Steuerungskennzahl eingesetzt.[248]

---

[242] Vgl. COENENBERG et al. (2002), S. 603.

[243] Vgl. z. B. KOLLER et al. (2005b), S. 47–68.

[244] Neben dem EP und CVA werden im Rahmen des wertorientierten Controlling u. a. auch der Economic Value Added (EVA) oder der Geschäftswertbeitrag (GWB) verwendet. Der Economic Value Added (EVA) ist ein eingetragenes Warenzeichen der Beratungsgesellschaft Stern Stewart & Co. Der Geschäftswertbetrag (GWB) ist ein eingetragenes Warenzeichen der Siemens AG.

[245] Zur Berechnung des CVA siehe Anhang 7.4. Die Berechnung des EP wird in Abschnitt 4.5.2 detailliert erläutert.

[246] Vgl. z. B. COENENBERG (2003), S. 269–270.

[247] Zur näheren Erläuterung der allgemeinen Vor- und Nachteile von CVA und EP vgl. z. B. YOUNG et al. (2001), S. 381–463. Die hier geäußerten Anmerkungen zum Economic Value Added können weitgehend auf den EP übertragen werden.

[248] Zum Beispiel wurden in Deutschland gemäß einer KPMG-Studie zum wertorientierten Controlling in 2003 Erfolgsgrößen-orientierte Kennzahlen wie der Economic Value Added bei 54% der DAX 100-Unternehmen angewendet, während Zahlungsgrößen-orientierte Größen wie CFROI, CVA oder auch DCF nur bei 21% der DAX 100-Unternehmen zum Einsatz kamen; vgl. VELTHUIS et al. (2005), S. 16.

Im Stromnetzgeschäft weist der EP insbesondere den spezifischen Vorteil gegenüber dem CVA auf, dass der Wert der inflationierten Brutto-Investitionsbasis als Kapitalgröße des CVA i. d. R. deutlich über dem Discounted Cash Flow-basierten Gesamtwert des Netzes liegt und die jährlichen CVAs im Stromnetzgeschäft daher einen negativen Wert ausweisen würden.[249] Dies verstärkt das Problem der Kommunizierbarkeit des CVA erheblich. Darüber hinaus ist die wertorientierte Steuerung auf Basis von EP oder EVA gängige Praxis bei führenden europäischen Energiekonzernen, der die betreffenden konzernzugehörigen Stromnetzgesellschaften ohnehin folgen müssen.[250]

Im weiteren Verlauf der Arbeit werden aus den genannten Gründen die wertorientierten Kennzahlen EP und Discounted EP als konzeptionelle Grundlage für das wertorientierte Performance Management herangezogen.

4.5.2 Unternehmensbewertung von Stromnetzbetreibern

Im Folgenden wird das fiktive Beispielunternehmen City-Network[251] zunächst mit Hilfe des Discounted EP bewertet, welcher als konkretes Bewertungsverfahren für die wertorientierte Betrachtung im NPC ausgewählt wurde. Im Anschluss wird das diesbezügliche Bewertungsergebnis anhand des Discounted Free Cash Flow überprüft, welcher branchenübergreifend als Standardverfahren im Rahmen der Unternehmensbewertung eingesetzt wird. Zum Ende dieses Abschnitts erfolgt dann eine Zusammenfassung der Besonderheiten der Bewertung von Stromnetzbetreibern.

4.5.2.1 Bewertung von City-Network auf Basis des Discounted Economic Profit

Die Bewertung von City-Network auf Basis des Discounted EP wird im Folgenden in fünf Schritte gegliedert (siehe Abb. 51, s. S. 112).

---

[249] Bei dem in dieser Arbeit betrachteten Beispielunternehmen City-Network liegen die Replacement Cost New der Netzinfrastruktur, die im Wesentlichen der Bruttoinvestitionsbasis des CVA entsprechen, mit 2.780 Mio. € deutlich über dem Unternehmenswert in Höhe von 929 Mio. € (siehe Abschnitt 4.5.2).

[250] Vgl. z. B. E.ON AG (2005), S. 38–41; RWE AG (2005), S. 176–177; VATTENFALL AB (2005) S. 7, S. 102.

[251] Zum Beispielunternehmen City-Network siehe Abschnitt 1.3.

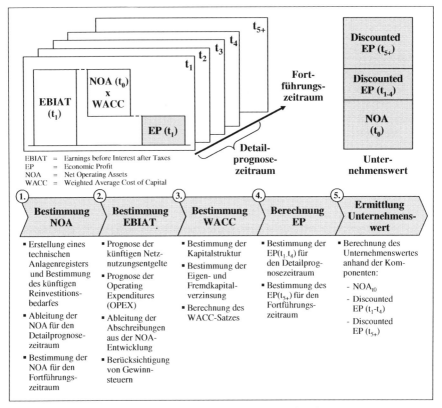

Abb. 51: Unternehmensbewertung von Stromnetzbetreibern auf Basis des Discounted Economic Profit[252]

Schritt 1: Bestimmung der Net Operating Assets (NOA)

Der Bestimmung des investierten Kapitals kommt im Rahmen der EP-Ermittlung vor dem Hintergrund der Kapitalintensität des Stromnetzgeschäftes eine zentrale Bedeutung zu. Es bieten sich grds. drei alternative Bezugsgrößen für die Ermittlung des investierten Kapitals an:[253]

---

[252] Nicht maßstäblich. In Anlehnung an Koller et al. (2005), S. 116–119. Anger (2002), S. 170. Da die Entwicklung der relevanten Basisdaten nur für die nahe Zukunft belastbar abschätzbar ist, wird bei der Ermittlung des Discounted EP üblicherweise zwischen einem Detailprognosezeitraum und einem Fortführungszeitraum mit einer pauschalen Fortschreibung des EP unterschieden. Für die Detailprognose wird im Rahmen dieser Arbeit – wie auch in anderen Branchen – üblich ein Zeitraum von 4 Jahren gewählt.

[253] In Anlehnung an Anger (2002), S. 162–164.

- Eigenkapital (Equity-Ansatz)
- Gesamtkapital (Entity-Ansatz)
- Net Operating Assets

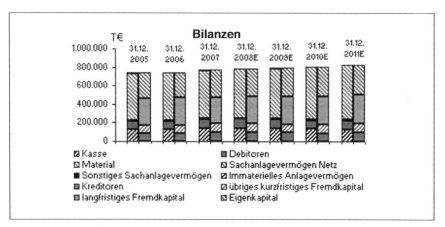

Abb. 52: Bilanzen City-Network

Bei Anwendung des Equity-Ansatzes wird die Perspektive der Anteilseigner eingenommen und der EP ausschließlich auf das Eigenkapital bezogen. Der Entity-Ansatz geht von der gemeinsamen Perspektive von Anteilseignern und Fremdkapitalgebern aus, so dass sich der EP hier auf das Gesamtkapital bezieht.[254]

Die dem Equity- und Entity-Ansatz zu Grunde liegende Ermittlung des investierten Kapitals über die Passivseite der Bilanz kann im Stromnetzgeschäft zu erheblichen Abgrenzungsproblemen führen, da Stromnetze im Gegensatz zum Beispielunternehmen City-Network (siehe Abb. 52 und Tab. 4, S. 114) häufig zusammen mit Gas- und Wasserversorgungsnetzen betrieben und in der gemeinsamen Bilanz eines mehrspartigen Netzbetreibers geführt werden. Das im Stromnetz gebundene Kapital sollte daher über die Aktivseite der Bilanz bestimmt werden.

Im Rahmen dieser Arbeit werden demnach die Net Operating Assets (NOA) als Bezugsgröße für die Ermittlung des investierten Kapitals zu Grunde gelegt.[255] Die NOA weisen neben der eindeutigen Abgrenzung des Bewertungsobjektes von evtl. anderen Netzsparten zudem den Vorteil einer Fokussierung des EP auf die betrieb-

---

[254] Zur näheren Erläuterung der Abgrenzung von Equity- und Entity-Ansatz vgl. z. B. KOLLER et al. (2005b), S. 101–116.

[255] Da bei der EP-Ermittlung auf Basis der NOA wie beim Entity-Ansatz nicht zwischen den Perspektiven von Anteilseignern und Fremdkapitalgebern differenziert wird, kann die Anwendung der Bezugsgröße NOA auch als spezifischer Entity-Ansatz betrachtet werden.

Tabelle 4: Bilanz City-Network zum 31.12.2007

Aktiva	in T € 31.12.2007
Anlagevermögen	**525.158**
Sachanlagevermögen Netz (Asset Base)	519.188
Sonstiges Sachanlagevermögen	4.021
Immaterielles Anlagevermögen	1.949
Umlaufvermögen	**248.487**
Kasse	136.996
Debitoren	95.372
Material	16.119
Summe	**773.645**
Passiva	
Eigenkapital	**300.196**
Fremdkapital	**473.449**
Kreditoren	100.264
übriges kurzfristiges Fremdkapital	88.171
langfristiges Fremdkapital	285.014
Summe	**773.645**

liche Leistungserstellung auf, da ggf. vorhandene reine Finanzanlagen bzw. -beteili-
gungen unberücksichtigt bleiben.[256]

Als NOA werden allgemein die betrieblich eingesetzten Vermögenswerte (Operating Assets) abzüglich der nicht verzinslichen Verbindlichkeiten bezüglich des operativen Geschäftes (Operating Liabilities) definiert.[257] Die daraus abgeleitete konkrete
Zusammensetzung der NOA von Stromnetzbetreibern ist in Abb. 53 dargestellt.

Zu den Net Operating Assets von Stromnetzbetreibern zählen die Sachanlagen der
Netzinfrastruktur (Asset Base), die zum Stromnetzgeschäft gehörigen Vermögensgegenstände der Aktivposten „immaterielle Vermögensgegenstände", „sonstiges An-
lagevermögen" und „Vorräte" sowie die Differenz der stromnetzbezogenen Forderungen und nichtverzinslichen Verbindlichkeiten.

Das in Abb. 53 beispielhaft dargestellte Wertgerüst von City-Network verdeutlicht,
dass die Asset Base den bei weitem überwiegenden Anteil an den gesamten NOA

---

[256] Vgl. ANGER (2002), S. 163–164.

[257] Vgl. KOLLER et al. (2005b), S. 161. Die nicht-verzinslichen Verbindlichkeiten werden im
Rahmen der NOA-Ermittlung abgezogen, da ihnen keine Verzinsungsansprüche von Anteilseignern oder Fremdkapitalgebern gegenüberstehen und sie somit nicht in die Berechnungsgrundlage für die Ermittlung der Kapitalkosten mit einfließen sollten.

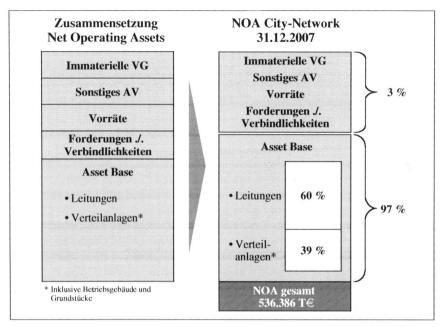

Abb. 53: Zusammensetzung der Net Operating Assets (Beispiel City-Network)[258]

ausmacht.[259] Vor dem Hintergrund dieses Wertverhältnisses relativieren sich evtl. Probleme hinsichtlich der Zuordnung der sonstigen NOA-relevanten Vermögensgegenstände zum Stromnetzgeschäft. Falls neben dem Stromnetz bspw. noch Gas- bzw. Wasserversorgungsnetze betrieben werden, sollten die nicht eindeutig zuzuordnenden NOA-relevanten Vermögensgegenstände wie Verwaltungsgebäude daher bei der Ermittlung der NOA des Stromnetzgeschäftes pragmatisch bspw. auf Basis der Asset Base-Buchwerte auf die einzelnen Netzsparten geschlüsselt werden.[260]

---

[258] Im Beispiel City-Network sind Reserveanlagen, die ca. 10% der Asset Base ausmachen, nicht in den Vorräten, sondern in der Asset Base enthalten, da sie i.d.R. zeitgleich mit den zugehörigen eingesetzten Anlagen angeschafft und aktiviert werden. Weiterhin wird das für die Anlagenerneuerung eingesetzte Material i.d.R. just in time geliefert, so dass auch diesbezüglich kein wesentlicher Vorratsbestand zu verzeichnen ist.

[259] Das Wertgerüst der NOA von City-Network ist an im Rahmen der Praxisinterviews dieser Arbeit gesichtete reale Wertverhältnisse angelehnt (vgl. Abschnitt 1.3.2 und 1.3.3).

[260] Da im Rahmen der unternehmensinternen Steuerung primär die relative Entwicklung des EP im Zeitablauf und weniger der konkrete absolute EP relevant ist, können die sonstigen Vermögensgegenstände bei einem derartig dominierenden Wertanteil der Asset Base prinzipiell auch komplett vernachlässigt werden und für die Berechnung des investierten Kapitals somit auch nur die Operating Assets der Asset Base herangezogen werden.

Die Entwicklung der künftigen NOA kann aus den bestehenden NOA und dem prognostizierten Reinvestitionsverlauf, den geplanten Neuinvestitionen durch Netzerweiterungs- bzw. Netzausbaumaßnahmen, den jährlichen Abschreibungen, dem Restbuchwert der Anlagen-Abgänge durch Erneuerungs- bzw. Demontagemaßnahmen sowie den Veränderungen der sonstigen NOA wie folgt abgeleitet werden:

$$NOA_t = NOA_{t-1} + \Delta_t Asset\ Base + \Delta_t Sonstige\ NOA$$

mit

$$\Delta_t Asset\ Base = CAPEX\ (Reinvestitionen)_t + CAPEX\ (Neuinvestitionen)_t$$
$$- Abschreibungen_t - Restbuchwert\ Anlagenabgänge_t$$

Die Größe Δ_t Asset Base wird bei einem ausgewachsenen Stadtnetz wie im Fallbeispiel City-Network primär durch die Reinvestitionen und Abschreibungen bestimmt, da die Neuinvestitionen für Netzerweiterungen hier im Vergleich zu den Reinvestitionen und Abschreibungen eher gering sind. Die Anlagenabgänge können weitgehend vernachlässigt werden, da die angesetzte Abschreibungsdauer i. d. R. deutlich kürzer als die technische Lebensdauer ist und die abgehenden Anlagen daher zum größten Teil bereits vollständig abgeschrieben sind.

Während bei Unternehmen mit einer homogenen Asset Altersstruktur die jährlichen Reinvestitionen nur relativ geringen Schwankungen unterliegen, weisen Stromnetzbetreiber infolge ihrer i. d. R. inhomogenen Asset-Altersstruktur einen zyklischen Reinvestitionsverlauf auf, der aufgrund der weitgehend gleichmäßig verlaufenden Abschreibungen zu im Zeitablauf stark schwankenden NOA führt.[261] Im Rahmen der Prognose der NOA-Entwicklung für Stromnetzbetreiber ist daher eine besondere Berücksichtigung der Altersstruktur der Asset Base erforderlich.

Die spezifische Asset-Altersstruktur eines Stromnetzbetreibers kann mit Hilfe eines technischen Anlagenregisters erhoben werden, in welchem das Mengengerüst der Asset Base nach verschiedenen Altersklassen untergliedert wird (siehe Tab. 5).[262] Für den hier angenommenen Fall, dass sich insbesondere bei älteren Betriebsmitteln

---

[261] Eine Hauptursache des zyklischen Reinvestitionsverlaufes ist bspw., dass ein Großteil der Netzinfrastruktur in Europa vor dem Hintergrund des sprunghaften Anstiegs der Stromnachfrage infolge der starken Verbreitung von elektrischen Geräten in den 60er und 70er Jahren errichtet wurde (vgl. Abschnitt 2.5). Die Schwankungen der NOA werden zudem dadurch verstärkt, dass die buchhalterische Abschreibungsdauer häufig deutlich kürzer als die tatsächliche Asset-Lebensdauer ist.

[262] Das buchhalterische Anlagenregister ist für den Zweck der Ableitung des Reinvestitionsverlaufes im Rahmen der Ermittlung des Discounted EP nicht ausreichend, da z. B. beim Kauf eines Teilnetzes die zugehörigen Assets i. d. R. mit dem Kaufdatum in das buchhalterische Anlagenregister eingebucht werden und daher die Informationen zum Errichtungszeitpunkt der einzelnen Assets verloren gehen. Zudem sind im buchhalterischen Anlagenregister keine Informationen über stillgelegte Leitungen – welche nicht mehr erneuert werden müssen – enthalten. Darüber hinaus werden bspw. Betriebsmittelerneuerungen insbesondere im Kabelbereich häufig direkt als Aufwand verbucht und somit nicht im buchhalterischen Anlagenregister erfasst.

Tabelle 5: Auszug eines technischen Anlagenregisters (Beispiel City-Network)[263]

Betriebs-mittelgruppe	Mengen-einheit	Gesamt-menge	>2000 <8 Jahre	2000-1996 8-12 Jahre	1995-1991 13-17 Jahre	...	<1951 >57 Jahre	WBW je Mengen-einheit (€) (Stand 2007)	Tech-nische Lebens-dauer	Sach-zeitwert zum 31.12.2007 in €	Replacement Cost New zum 31.12.2007 in €
Leitungen											
Hochspannungsnetz											
110 KV Kabel gesamt	km	561,04	2,94	21,45	55,64	...	29,52	600.000	50	137.303.298	336.626.529
davon aktiv	km	480,02	2,88	21,45	37,40	...	29,52	600.000	50	116.368.866	288.009.129
davon stillgelegt	km	24,70	0,00	0,00	11,12	...	0,00	600.000	50	8.153.185	14.820.000
davon Leerrohr	km	56,33	0,06	0,00	7,12	...	0,00	600.000	50	12.781.247	33.797.400
110 KV Freileitung gesamt	km	59,89	0,00	22,06	11,89	...	0,00	300.000	60	12.484	17.968.050
...	...	...	...	...	...	...	...			...	...
Zwischensumme Leitungen										737.059.063	1.661.971.642
Verteilanlagen											
...	...									...	...
Ortsnetzstationen											
10/0,4-kV-Netz- u. Blockstationen	Anzahl	5.315	205	199	237	...	12	30.000	40	48.006.563	159.435.000
Zwischensumme Verteilanlagen										414.054.030	1.116.217.755
Gesamtsumme										1.151.113.093	2.778.189.397

263 Das hier dargestellte technische Anlagenregister dient dem speziellen Zweck der Abschätzung des Reinvestitionsverlaufes für die unternehmensinterne Steuerung und ist daher bspw. von dem durch die deutsche Bundesnetzagentur diskutierten technischen Anlagenregister

das Asset-Alter aufgrund eines schlechten Informationsstandes häufig nicht mehr jahresgenau zuordnen lässt, wird eine relativ grobe Altersklasseneinteilung bspw. nach 5 Jahres-Intervallen vorgeschlagen.

Bei der Ableitung des künftigen Reinvestitionsverlaufes aus dem technischen Anlagenregister ist darauf zu achten, dass evtl. inaktive bzw. nicht betriebsnotwendige Assets wie stillgelegte Kabel oder Leerrohre nicht in die Berechnung des Reinvestitionsbedarfes mit einfließen.

Ausgehend von dem Mengengerüst der aktiven Assets wird der Reinvestitionsbedarf auf Basis der Betriebsmittelgruppen-spezifischen Asset-Altersstruktur und der zu Grunde gelegten Betriebsmittelgruppen-spezifischen technischen Lebensdauer prognostiziert. In Abb. 54 wird ein aus dem technischen Anlagenregister abgeleiteter CAPEX-Verlauf unter Vernachlässigung von Netzstrukturbereinigung und Inflation und pauschalem Zuschlag von Neuinvestitionen für einen vollen Lebenszyklus der Netzinfrastruktur am Beispiel City-Network dargestellt.[264]

Die in Abb. 54 dargestellte starke Schwankung des CAPEX-Verlaufs verdeutlicht die hohe Bedeutung der spezifischen Asset-Altersstruktur für den Unternehmenswert

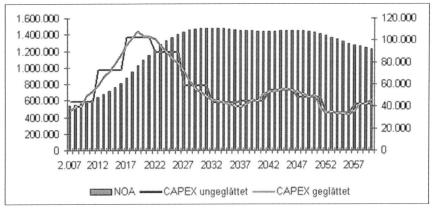

Abb. 54: Prognose des künftigen Reinvestitionsbedarfes (Beispiel City-Network)[265]

---

[264] Für den Lebenszyklus der Netzinfrastruktur wird hier davon ausgegangen, dass nach ca. 50 Jahren der überwiegende Teil der aktuell vorhandenen Betriebsmittel erneuert wurde. Einzelne Betriebsmittel wie Freileitungen können dabei allerdings auch eine Lebensdauer von über 60 Jahren aufweisen.

[265] Auf Basis von Replacement Cost New des Jahres 2007 und einer Aktivierungsquote von 100%. Im Fallbeispiel City-Network wird vereinfachend davon ausgegangen, dass Erneuerungsmaßnahmen ausschließlich als CAPEX und Instandhaltungsmaßnahmen ausschließlich als OPEX erfasst werden (zur Abgrenzung von Erneuerungs- und Instandhaltungsmaßnahmen siehe auch Abschnitt 3.3.2.1). Die CAPEX-Prognose für Reinvestitionen erfolgt im Fallbeispiel ohne Netzstrukturbereinigung und Preisinflation, da hier weiterhin vereinfachend
(Fortsetzung Fußnote 265 auf S. 119)

eines Stromnetzbetreibers. Der Discounted EP im Fortführungszeitraum hängt u. a. entscheidend davon ab, ob der „Reinvestitionsberg" unmittelbar bevorsteht oder erst spät im weiteren Zeitablauf anfällt. Prinzipiell sollte daher der spezifische Reinvestitionskostenverlauf für einen vollen Asset-Lebenszyklus im Rahmen der Ermittlung des Discounted EP berücksichtigt werden.

In der Bewertungstheorie wird zur Lösung des für das Stromnetzgeschäft typischen Problems eines zyklischen Investitionsverlaufes im Fortführungszeitraum z. B. vorgeschlagen, den Verlauf des investierten Kapitals für die Länge eines Investitionszyklus zu prognostizieren und für die Berechnung des Discounted EP im Fortführungszeitraum bzw. des Restwertes der Unternehmensbewertung die Annuität der aus dem Kapitalverlauf resultierenden Abschreibungen und Kapitalkosten zu verwenden.[266] Im Stromnetzgeschäft bedeutet dies allerdings bei Annahme eines 50-jährigen Lebenszyklus der Netzinfrastruktur, dass die NOA und die resultierenden Abschreibungen bis zur Periode t_{54} prognostiziert werden müssten. Ein derartige Vorgehensweise ist in der Praxis mit nicht unerheblichen Umsetzungsproblemen verbunden ist, da für die Ermittlung des konkreten NOA- und Abschreibungsverlaufes eine umfangreiche Nebenrechnung erforderlich bzw. das buchhalterische Anlagenregister über den Detailprognosezeitraum hinaus auch für die Perioden t_5 bis t_{54} fortzuschreiben ist.

In der Bewertungspraxis wird das Problem des zyklischen Investitionsverlaufes bspw. dadurch gelöst, dass im Fortführungszeitraum von konstanten NOA ausgegangen wird und Abschreibungen in Höhe der jährlichen Investitionskosten unterstellt werden (siehe Abb. 55).[267] Ein derartiger Übergang von der periodischen Erfolgsgröße Abschreibungen zu den zahlungsbezogenen Investitionskosten ist zulässig, da die Bewertung eines Objektes auf Basis von Zahlungsgrößen zum gleichen Resultat wie die Bewertung auf Basis von Erfolgsgrößen führt.[268]

Der wesentliche Vorteil der praxisorientierten Vorgehensweise zur Berücksichtigung des zyklischen Investitionsverlaufes von Stromnetzbetreibern besteht darin,

---

[265] *(Fortsetzung von S. 118)* angenommen wird, dass sich die diesbezüglichen Effekte auf die CAPEX-Entwicklung neutralisieren. Für Neuinvestitionen wird ein pauschaler Zuschlagsatz (2.652 T € in 2007 mit anschließender Inflation von 1% pro Jahr) angesetzt (zu den Basisdaten der CAPEX-Simulation siehe generell auch Abschnitt 7.2). Bezüglich der vorgenommenen Glättung (± 5 Jahre) des aus dem technischen Anlagenregister abgeleiteten CAPEX-Bedarfes wird hier unterstellt, das Reinvestitionen aufgrund der Langlebigkeit der Betriebsmittel innerhalb eines begrenzten Zeitraums von bspw. 5 Jahren verschoben werden können, ohne die Versorgungsqualität signifikant zu beeinträchtigen. Die hier vorgenommene stark vereinfachende Simulation der künftigen CAPEX kann mit Hilfe der in Abschnitt 3.3.2.3 vorgestellten strategischen Asset Planung weiter differenziert werden.

[266] Zur näheren Erläuterung siehe z. B. STELLBRINK (2005), S. 238–248.

[267] Eine derartige Vorgehensweise wird bspw. von PriceWaterhouse Coopers (PWC) für die Bewertung von Versorgungsnetzen vorgesehen, vgl. SAUTHOFF (2006), S. 18–22.

[268] Vgl. z. B. LÜCKE (1955), S. 323 oder KOLLER et al. (2005a) S. 697–699.

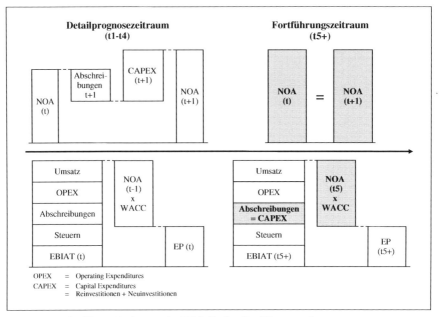

Abb. 55: Methodik zur Festlegung der NOA für den Fortführungszeitraum
(nicht maßstäblich)[269]

dass für die Bestimmung des Fortführungswertes EP (2012+) nur die Reinvestitions-
und Neuinvestitionskosten bis zur Periode t_{55} prognostiziert werden müssen,[270] welche im Wesentlichen aus dem bestehenden technischen Anlagenregister, wie oben erläutert, abgeleitet werden können.[271]

Die Überführung der schwankenden Reinvestitions- und Neuinvestitions-CAPEX
zu einem konstanten Fortführungswert für die Ermittlung des konstanten EBIAT
(2012+) wird im folgenden Vorgehensschritt erläutert.

---

[269] Zum Teil angelehnt an SAUTHOFF (2006), S. 19. Die Anlagenabgänge können bei der Ableitung der NOA-Entwicklung, wie weiter oben erläutert, vernachlässigt werden.

[270] Die Berücksichtigung des Investitionszyklus anhand annuisierter Abschreibungen und Kapitalkosten kann prinzipiell auch mit Hilfe der in Abschnitt 0 vereinfachend ermittelten Verläufe
der NOA und Abschreibungen auf Basis von 5 Jahres-Intervallen angewendet werden. Im Vergleich zu der im weiteren Verlauf dieses Abschnittes gewählten Methode der Verwendung annuisierter Investitionskosten bedeutet dies allerdings einen unnötigen Zwischenschritt, da die
künftigen NOA und Abschreibungen aus dem Reinvestitionskostenverlauf abgeleitet werden.

[271] Die wertmäßig im Vergleich zu den Reinvestitionen im Beispiel City-Network eher nachran-
gigen Neuinvestitionen für Netzausbau- und Netzerweiterungsmaßnahmen können bspw. als
pauschaler Aufschlag auf die Reinvestitionskosten berücksichtigt werden, sofern diesbezüglich kein konkreter langfristiger Maßnahmenplan vorliegt.

Schritt 2: Bestimmung der Earnings before Interest after (adjusted) Taxes (EBIAT)

Als Gewinngröße wird für die Ermittlung des Discounted EP im Rahmen dieser Arbeit die Kennzahl Earnings before Interest after (adjusted) Taxes zu Grunde gelegt. Der EBIAT weist zum einen den Anwendungsvorteil einer guten Kommunizierbarkeit auf, da er auf der weit verbreiteten Kennzahl EBIT aufbaut. Zum anderen ermöglicht die Verwendung des EBIAT die im Rahmen dieser Arbeit angestrebte Konzentration der unternehmensinternen Steuerung auf die spezifische Performance des Stromnetzgeschäfts, da die Ergebniswirkungen reiner Finanzanlagen in Übereinstimmung mit der Kapitalgröße NOA ausgeklammert werden können.

Der EBIAT kann auf Basis des EBIT der stromnetzspezifischen Erfolgsrechnung wie folgt ermittelt werden (siehe Tab. 6).[272]

Tabelle 6: Stromnetzspezifische Erfolgsrechnung nach Umsatzkostenverfahren (Beispiel City-Network)[273]

Stromnetzspezifische Erfolgsrechnung (nach Umsatzkostenverfahren; in T€)	2007
Umsatzerlöse	**322.269**
Netznutzungsentgelte Hochspannung	5.932
Netznutzungsentgelte Mittelspannung	109.069
Netznutzungsentgelte Niederspannung	207.268
sonstige Umsatzerlöse*	9.634
./. OPEX	**188.656**
Personalaufwand	**42.570**
Materialaufwand	**144.678**
davon Aufwendungen für Roh-, Hilfs- und Betriebsstoffe	37.421
davon Aufwendungen für bezogene Dienstleistungen	50.306
davon vorgelagerte Netznutzungsentgelte	56.951
Sonstige betriebliche Aufwendungen**	**1.407**
./. Abschreibungen	**26.665**
EBIT	**106.949**
./. Kalkulatorische Gewinnsteuern (35 %)	**37.432**
EBIAT	**69.517**

* z.B. Erträge aus Netzanschlüssen, Baukostenzuschüsse, etc.
** z.B. sonstige Netz-bezogene Versicherungen und Abgaben

---

[272] Es existiert bisher keine allgemein gültige Definition der Kennzahl EBIT, so dass das dargestellte Beispiel als eine von mehreren möglichen Ausgestaltungsformen der EBIT-Rechnung zu sehen ist.

[273] Zur besseren Vergleichbarkeit des Datensamples wird eine netzbezogene Erfolgsrechnung ohne durchlaufende Posten wie Stromsteuern oder Konzessionsabgaben dargestellt. Zur näheren Erläuterung der stromnetzspezifischen Kosten- und Erlösrechnung vgl. z. B. GOES (2003), S. 177 ff.

Die Erlöse werden im Stromnetzgeschäft im Wesentlichen durch das zu Grunde liegende Regulierungsszenario und die daraus resultierenden Netznutzungsentgelte bestimmt. Im Rahmen des hier angenommenen Szenarios der Anreizregulierung besteht ein wesentliches Problem der Erlösprognose darin, dass die Erlöse nur für den Zeitraum einer i. d. R. 3–5-jährigen Regulierungsperiode relativ gut abschätzbar sind. Für den verbleibenden Detailprognosezeitraum bzw. den Fortführungszeitraum sind insbesondere vor dem Hintergrund der sich noch im Aufbau befindlichen Regulierungssysteme nur pauschale Annahmen zur weiteren Erlösentwicklung möglich. Da den künftigen Preissenkungen bzw. Effizienzvorgaben des Regulators natürliche Grenzen gesetzt sind, sind allerdings extreme Umsatzeinbrüche und Planabweichungen, wie sie z. T. in freien Wettbewerbsmärkten vorkommen, sehr unwahrscheinlich. Für die langfristige Erlösentwicklung kann daher bspw. ein Konvergenzpfad in Richtung des Best Practice-Kostenniveaus des regulatorischen Effizienzbenchmarking angenommen werden.[274]

Auf der Aufwandseite der stromnetzspezifischen Erfolgsrechnung können die Operating Expenditures (OPEX), die Abschreibungen und die Steuern unterschieden werden.[275] Die OPEX setzen sich im dargestellten Beispiel aus dem Personal- und Materialaufwand sowie den sonstigen betrieblichen Aufwendungen zusammen. Der OPEX-Verlauf hängt im Detailprognosezeitraum insbesondere von dem Umfang der geplanten netzbezogenen Maßnahmen und dem gewählten Netzrisiko ab.[276] Hinsichtlich der weiteren Prognose der OPEX im Fortführungszeitraum, für den i. d. R. keine konkrete Maßnahmenplanung vorliegt, kann bspw. das OPEX-Niveau des Detailprognosezeitraums unter Berücksichtung eines Effizienzsteigerungsfaktors weitergeführt werden.

Die Abschreibungen ergeben sich im Detailprognosezeitraum aus der Periodisierung der Abnutzung des Anlagenvermögens gemäß der gewählten Abschreibungsmethode. Im Fortführungszeitraum werden für die Abschreibungen, wie oben erläutert,[277] die CAPEX angesetzt, um die NOA im Fortführungszeitraum konstant halten zu können. Die Überführung der im Zeitablauf stark schwankenden Investitionskosten zu einem konstanten Folgewert für die Ermittlung des EP (2012+) erfolgt durch die Annuisierung des Barwertes der jährlichen Investitionskosten eines vollständigen Investitionszyklus (siehe Tab. 7, S. 123). Die Prognose der verschiedenen EBIT-Posten wird zudem in Abb. 56 (s. S. 124) zusammenfassend dargestellt.

---

[274] Bezüglich der langfristigen Umsatzprognose kann dabei davon ausgegangen werden, dass in Europa auch die Best Practice-Unternehmen eine asymmetrische Asset-Altersstruktur und somit auch einen zyklisch schwankenden Gesamtkostenverlauf aufweisen (siehe auch Abschnitt 2.5).

[275] Für die OPEX existiert bisher keine allgemein gültige Definition, so dass die hier gewählte OPEX-Zusammensetzung als eine von mehreren möglichen Definitionen zu sehen ist.

[276] Zum Netzrisiko siehe Abschnitt 4.7.

[277] Vgl. Vorgehensschritt „Bestimmung der Net Operating Assets".

Tabelle 7: Bestimmung der Abschreibungen für den Fortführungszeitraum (Beispiel City-Network)[278]

Jahr (Periode)	2012 (t5)	2013 (t6)	2014 (t7)	2015 (t8)	2016 (t9)	2017 (t10)	2018 (t11)	2019 (t12)	2020 (t13)	2021 (t14)	...	2061 (t55)
Reinvestitionen Asset Base	55.843	64.319	68.318	75.633	83.750	92.305	99.260	104.956	100.312	100.056	...	47.028
Neuinvestitionen Asset Base u. Investitionen in sonst. NOA	2.787	2.815	2.843	2.871	2.900	2.929	2.958	2.988	3.018	3.048	...	4.538
CAPEX gesamt	58.630	67.134	71.161	78.504	86.650	95.234	102.218	107.944	103.330	103.104	...	51.566
Present Value (WACC 5,5%)	55.574	60.317	60.601	63.370	66.299	69.068	70.269	70.336	63.819	60.360	...	3.546
Present Value gesamt	1.202.452											
Annuitätenfaktor	0,0591											
CAPEX-Annuität = Abschreibungen (t6ff)	71.019											

in T€

[278] Zum CAPEX-Verlauf vgl. Abb. 54. Es wird hinsichtlich des Reinvestitionskostenverlaufs im hier dargestellten Rechenbeispiel vereinfachend angenommen. Die Ermittlung des Kapitalkostensatzes WACC wird im Vorgehensschritt 3 erläutert. Der Annuitätenfaktor wird für einen Betrachtungszeitraum von T Jahren wie folgt ermittelt:

$$Annuit\ddot{a}tenfaktor\ (WAAC;\ T) = \frac{WACC \times (1 + WACC)^T}{(1 + WACC)^T - 1}$$

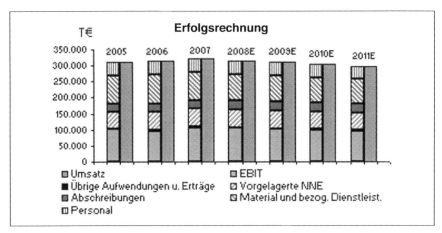

Abb. 56: Prognose Erfolgsrechnung (Beispiel City-Network)[279]

Steuern stellen nicht unerhebliche reale Kosten aus Sicht der Anteilseigner dar und sind daher eine wesentliche Komponente im Rahmen der Ermittlung des Discounted EP.[280] Da Steuern allerdings nicht durch das betriebliche Management beeinflussbar sind und im häufig anzutreffenden Fall eines mehrspartigen Netzbetreibers nicht eindeutig auf die einzelnen Netzsparten heruntergebrochen werden können, wird im Rahmen dieser Arbeit für Ermittlung des EBIAT ein adjustierter bzw. pauschaler Steuersatz von 35 Prozent zu Grunde gelegt, der als „fiktive" kalkulatorische Größe die gewinnabhängigen Steuern repräsentieren soll.[281] Die steuerliche Abzugsfähigkeit von Fremdkapitalzinsen (tax shield) wird in diesem Fall nicht im Rahmen der Gewinngröße erfasst, sondern über den im Folgenden zu erläuternden Kapitalkostensatz nach Steuern berücksichtigt.

---

[279] Im dargestellten Beispiel wird hinsichtlich der EBIT-Entwicklung im Detailprognosezeitraum angenommen, dass die Erlösminderungen durch OPEX-Einsparungen weitgehend kompensiert werden können. Die Abschreibungen ändern sich im Wesentlichen aufgrund der Tatsache, dass ein überproportional hoher Anteil der Asset Base von City-Network aus den 60er und 70er Jahren stammt und größtenteils bereits abgeschrieben ist. Im Fortführungszeitraum wird für die Umsatzerlöse und OPEX analog zu den Abschreibungen der jeweilige Verlauf für einen Asset Lebenszyklus grob prognostiziert und anschließend für den Wertansatz 2012+ die diesbezügliche Annuität ermittelt (siehe auch Abschnitt 7.2). Die Annuität der Umsatzerlösen steigt hierbei leicht im Vergleich zum Detailprognosezeitraum an, da neben Preissteigerungen auch im Rahmen einer Anreizregulierung sicher gestellt sein muss, dass den unvermeidbaren Reinvestitionen zur Gewährleistung der langfristigen Versorgungsqualität eine angemessene Rendite gegenübersteht. Es wird daher davon ausgegangen, dass die langfristige Erlösentwicklung zumindest teilweise dem Reinvestitionszyklus folgt.

[280] Vgl. HOSTETTLER et al. (2004), S. 43.

[281] In Anlehnung an ANGER (2002), S. 178. Für die Berechnung des EBIAT siehe Tab. 9.

Schritt 3: Bestimmung der Weighted Average Cost of Capital (WACC)

Für die Ermittlung des Kapitalkostensatzes wird im Rahmen der Unternehmensbewertung und wertorientierten Unternehmensführung vorwiegend der Weighted Average Cost of Capital (WACC)-Ansatz herangezogen.[282] Wenngleich der WACC-Ansatz in der allgemeinen Unternehmenspraxis aufgrund der leicht verständlichen Berechnungsmethodik weit verbreitet ist, ist die exakte WACC-Bestimmung im Rahmen des Performance Managements von Stromnetzbetreibern mit z. T. erheblichen praktischen Problemen verbunden. Insbesondere existieren für Stromverteilungsnetzbetreiber aktuell i. d. R. noch keine geeigneten β-Faktoren für die Ermittlung des Eigenkapitalkostensatzes.[283]

Die Probleme im Rahmen der Ermittlung eines spezifischen WACC-Satzes für das erst kurzem eigenständige und sich infolge der Einführung der Anreizregulierung fundamental wandelnde Stromnetzgeschäft wirken sich negativ auf die Belastbarkeit unternehmens- bzw. spartenspezifisch errechneter Kapitalkosten aus und beeinträchtigen die Nachvollziehbarkeit und Kommunizierbarkeit des WACC-Satzes als Performance-Maßstab im Rahmen der unternehmensinternen Steuerung.

Im Falle unzureichender Basisdaten für die Ermittlung eines stromnetzspezifischen Kapitalkostensatzes wird daher im Rahmen dieser Arbeit vorgeschlagen, den WACC-Satz zur Förderung der unternehmensinternen Akzeptanz der Steuerungskennzahl EP bspw. an die häufig weitgehend einheitlichen durchschnittlichen Kapitalkostensätze großer Energiekonzerne anzulehnen (siehe Tab. 8, S. 126), sofern diese aufgrund einer Konzernzugehörigkeit des Stromnetzbetreibers nicht ohnehin bereits zu Grunde liegen.

Hinsichtlich der WACC-Entwicklung im Zeitablauf wird bspw. von HOSTETTLER/ STERN vorgeschlagen, im Rahmen des Performance Managements WACC-Anpas-

---

[282] Der WACC-Satz ergibt sich aus den spezifischen Eigen- und Fremdkapitalkostensätzen (k_{EK} und k_{FK}) sowie den Marktwerten des Eigen- und Fremdkapitals (EK_M und FK_M):

$$WACC_{nach\,Steuern} = k_{EK}\ \frac{EK_M}{EK_M + FK_M} + k_{FK}\ \frac{FK_M}{EK_M + FK_M}\ (1 - Gewinnsteuersatz)$$

In Übereinstimmung mit der Nachsteuer-Gewinngröße EBIAT wird im Rahmen dieser Arbeit ein WACC nach Steuern verwendet. Durch die Minderung der Fremdkapitalzinsen um den Gewinnsteuersatz wird die steuerliche Abzugsfähigkeit von Fremdkapitalzinsen (tax shield) im WACC-Satz mit berücksichtigt.
Die Ermittlung des WACC-Satzes und seine Anwendung im Rahmen der Unternehmensbewertung wird in der Literatur ausführlich beschrieben und hier daher nur überblicksweise vorgestellt. Zur näheren Erläuterung der Ermittlung von Kapitalkosten siehe z. B. BREALEY (2003) S. 220–243 oder KOLLER et al. (2005b), S. 291–231.

[283] Der β-Faktor gibt das spezifische Risiko eines Unternehmens im Vergleich zum allgemeinen Marktrisiko an und ist eine wesentliche Komponente des Capital Asset Pricing Model (CAPM), das häufig für die Ermittlung des Eigenkapitalkostensatzes eingesetzt wird; vgl. z. B. BREALEY (2003), S. 227–230.

Tabelle 8: Kapitalkostensätze ausgewählter Energiekonzerne[284]

Unter-nehmen	WACC vor Steuern	WACC nach Steuern	Eigen-kapital-kostensatz nach Steuern	Fremd-kapital-kostensatz nach Steuern	Fremd-kapital-kostensatz vor Steuern	Kapital-struktur (Eigenkapital/ Fremdkapital)
E.ON AG	9,0%	5,9%	8,6%	3,6%	5,6%	45/55
RWE AG	9,0%	5,8%	8,5%	4,1%	5,75%	40/60
ENBW AG	9,0%	5,8%	9,1%	3,7%	5,7%	40/60

Quelle: Geschäftsberichte 2005

sungen aufgrund einer geänderten Einschätzung des spezifischen Unternehmensrisikos oder eines veränderten Zinsniveaus weitgehend zu vermeiden bzw. nur bei fundamentalen Risiko- oder Zinsänderungen vorzunehmen, da jede WACC-Änderung mit einem nicht unerheblichen unternehmensinternen und -externen Kommunikationsaufwand verbunden ist.[285]

Weil die im Rahmen dieser Arbeit vorzustellende Ermittlung des EP und Discounted EP primär dem Zweck der wertorientierten Unternehmensführung dient und somit nicht unbedingt eine möglichst exakte Bestimmung des Unternehmenswertes wie im Falle der Transaktionsvorbereitung erforderlich ist, wird für das Beispielunternehmen City-Network ein im Zeitablauf konstanter WACC-Satz nach Steuern in Höhe von 5,5 Prozent angesetzt.[286]

---

[284] Die E.ON AG ist nach eigenen Angaben der weltweit größte private Energiedienstleister mit einem Umsatz von 56 Mrd. € in 2005 (vgl. E.ON AG (2005)). Die RWE AG gehört mit einem Umsatz von 41,6 Mrd. € in 2005 zu den führenden internationalen Energieunternehmen (vgl. RWE AG (2005)). Die ENBW AG ist mit einem Umsatz von 10,8 Mrd. € in 2005 der größte Energieversorger des deutschen Bundeslandes Baden-Württemberg und gehört neben E:ON, RWE und Vattenfall Europe zu den vier größten Energieversorgern in Deutschland. (vgl. ENBW AG (2005)).

[285] Vgl. HOSTETTLER et al. (2004), S. 40. Eine fundamentale Risikoänderung könnte bspw. vor dem Hintergrund dem aktuellen Regulierungsszenariowechsels von der Cost Plus- zur Anreizregulierung unterstellt werden, weil die Erhaltung der bisherigen Netzrendite diesbezüglich stark gefährdet wird. Da die konkrete langfristige Ausgestaltung der sich insbesondere in Europe i. d. R. noch im Aufbau befindlichen Anreizregulierung derzeit in vielen Ländern noch nicht absehbar ist, wird im Rahmen dieser Arbeit allerdings an den weitgehend standardmäßigen Kapitalkosten der großen Energiekonzerne als Grundlage für die WACC-Ermittlung im Rahmen der unternehmensinternen Steuerung festgehalten.

[286] Der zu Grunde gelegte WACC-Satz liegt leicht unter den in Tab. 8 aufgeführten Kapitalkostensätzen, da davon ausgegangen wird, dass der natürliche Monopolbereich des Netzgeschäftes prinzipiell auch im Rahmen der Anreizregulierung ein niedrigeres Geschäftsrisiko aufweisen wird als die weiteren wesentlichen Utility-Wertschöpfungsstufen der Erzeugung und des Handels bzw. Vertriebs, in denen ein zunehmend freier Marktwettbewerb herrscht.

Schritt 4: Berechnung des Economic Profit

Auf Basis der Entwicklung der NOA und des EBIAT sowie des zu Grunde gelegten WACC-Satzes können die EP (t_1–t_4) für den Detailprognosezeitraum und der Folgewert EP (2012+) für den Fortführungszeitraum ermittelt werden (siehe Tab. 9). Es ergeben sich letztlich kontinuierlich sinkende EPs für den Detailprognosezeitraum und ein stark abfallender EP (2012+) für den Fortführungszeitraum.

Tabelle 9: Berechnung des Economic Profit (Beispiel City-Network)

Jahre	2007	2008	2009	2010	2011	2012+
EBIT		104.653	102.231	99.751	97.006	91.956
./. Kalkulatorische Steuern (35%)		36.629	35.781	34.913	33.952	32.185
EBIAT		**68.024**	**66.450**	**64.838**	**63.054**	**59.771**
NOA	536.386	548.595	560.806	581.639	605.833	
x WACC		5,5%	5,5%	5,5%	5,5%	5,5%
./. Kapitalkosten		**29.501**	**30.173**	**30.844**	**31.990**	**33.321**
Ecomic Profit		**38.523**	**36.278**	**33.994**	**31.064**	**26.451**

in T€

Bei der Interpretation des EP ist zu beachten, dass aus einem positiven bzw. negativen Wertbeitrag einer abgelaufenen Periode nicht zwangsläufig – wie oftmals in der Praxis angenommen – auf eine Unternehmenswertsteigerung bzw. -minderung geschlossen werden kann. In jungen, dynamisch wachsenden Industrien wie der New Economy werden bspw. in den ersten Planungsperioden häufig negative Wertbeiträge bei der Wertermittlung bewusst eingeplant. Eine Wertvernichtung liegt in diesem Fall nur dann vor, wenn diese fest eingeplanten negativen Wertbeiträge noch unterschritten werden. Im zyklischen Stromnetzgeschäft unterliegen die jährlichen Renditen ebenfalls natürlichen Schwankungen, die ggf. zu einem zeitweise negativen Economic Profit führen können. Zur Beurteilung der Wertentwicklung sind letztlich daher die ermittelten EPs der zu einem bestimmten Bewertungszeitpunkt in der Vergangenheit aufgestellten EP-Planung gegenüberzustellen.[287]

Schritt 5: Ermittlung des Unternehmenswertes

Auf Basis der prognostizierten EP-Entwicklung kann der Unternehmenswert anhand der NOA zum Bewertungszeitpunkt, der diskontierten EPs im Detailprognosezeitraum sowie der diskontierten EPs im Fortführungszeitraum ermittelt werden (siehe Tab. 10, S. 128).

---

[287] Vgl. COPELAND et al. (2005), S. 15.

Tabelle 10: Ermittlung des Discounted EP (Beispiel City-Network)[288]

Jahr	2007	2008	2009	2010	2011	2012+
Economic Profit		38.523	36.278	33.994	31.064	26.451
Present Value		36.515	32.594	28.950	25.075	388.205
(WACC 5,5%)						

Unternehmenswert zum 1.1.2008	NOA (t0)		Discounted EP (t1–t4)		Discounted EP (t5+)
1.047.724	536.386		123.133		388.205
100%	51%		12%		37%

Shareholder Value zum 1.1.2008	
Unternehmenswert	1.047.724
+ Kasse	136.996
./. Fremdkapital	473.449
Shareholder Value	711.271

in T €

Für das Beispielunternehmen City-Network ergibt sich auf Basis des Discounted Economic Profit ein Unternehmenswert in Höhe von 1.047.724 T € und ein Shareholder Value von 711.271 T €. Während der Restwert im Rahmen der Bewertung klassischer Produktionsunternehmen häufig den bei weitem überwiegenden Teil des Gesamtunternehmenswertes ausmacht,[289] zeigt sich im Fallbeispiel City-Network nur ein verhältnismäßig niedriger Restwert. Dies liegt im Wesentlichen in dem branchen-

---

[288] Der Discounted EP (t5+) bzgl. der Net Operating Assets wird wie folgt ermittelt:

$$Discounted\ EP_{t5ff} = \frac{EP_{t5ff}}{WACC\ (1 + WACC)^5}$$

In der Literatur wird im Rahmen der Bestimmung des Discounted EP (t5+) im Fortführungszeitraum bzw. des Restwertes der Unternehmensbewertung zusätzlich der Ansatz eines Wachstumsfaktors und einer spezifischen Rendite für Neuinvestitionen zur Berücksichtigung des u. a. für klassische Produktionsunternehmen typischen Unternehmenswachstums vorgeschlagen (vgl. z. B. KOLLER et al. (2005a), S. 275). Da das Unternehmenswachstum bei einem Stromnetzbetreiber in einer gewachsenen Netzregion wie im Fallbeispiel City-Network weitgehend vernachlässigt werden kann, wird hier keine derartige Anpassung der Berechnungsformel des Discounted EP (t5+) vorgenommen. (zur Beeinflussbarkeit des Umsatzwachstums im Stromnetzgeschäft vgl. Abschnitt 3.1.3). Bei einer dynamischen Veränderung der Abnahme- und Einspeisungsstruktur kann allerdings eine spezifische Berücksichtigung der Veränderung der Unternehmensgröße erforderlich werden.

[289] Vgl. z. B. STELLBRINK (2005), S. 3.

spezifisch hohen Wert des Sachanlagevermögens sowie dem hohen Durchschnitts-
alter der Netzinfrastruktur begründet.[290]

4.5.2.2 Bewertung von City-Network auf Basis des Discounted Free Cash Flow

Zur Konsistenzüberprüfung der Bewertung von City-Network auf Basis des Discounted EP wird in diesem Abschnitt zudem eine Bewertung von City-Network anhand
des Discounted FCF durchgeführt, welcher branchenübergreifend als Standardverfahren für die Unternehmensbewertung eingesetzt wird und auch alternativ zum
Residualgewinnmodell des Discounted EP für das wertorientierte Performance
Management im NPC eingesetzt werden könnte. Als möglicher Anwendungsvorteil
des Discounted FCF gegenüber dem Discounted EP kann in diesem Zusammenhang
z. B. seine geringere Anfälligkeit für Manipulationen durch Bilanzpolitik angeführt
werden.[291] Ein wesentlicher Nachteil des FCF als Basisgröße des Discounted FCF besteht allerdings darin, dass er insbesondere vor dem Hintergrund der in Abschnitt
3.1.3 erläuterten zyklischen Effekte im Stromnetzgeschäft als Cash Flow-Größe nur
sehr begrenzt für Performancevergleiche im Zeitablauf geeignet ist.[292]

Die Ermittlung des Discounted FCF wird hier in vier Schritte gegliedert, welche im
Folgenden in verkürzter Form dargestellt werden (siehe Abb. 57, S. 130).

Schritt 1: Ableitung der Cash Flow-Rechung[293]

Auf Basis der Erfolgsrechnung und jährlichen Veränderungen der Bilanzpositionen
können verschiedene Cash Flow-Positionen ermittelt werden, die in Summe den
Total Cash Flow bzw. die Veränderung des Kassenbestandes innerhalb eines Bilanz-
jahres ergeben. Tab. 11 (s. S. 131) zeigt eine Cash Flow-Rechnung von City-Network

---

[290] Letzteres führt dazu, dass die Kapitalkosten in frühen Jahren des Fortführungszeitraums infolge des weit überdurchschnittlich hohen Reinvestitionsbedarfes bei nur teilweise folgenden
Umsatzerlösen stark ansteigen.

[291] Im Vergleich zum in Abschnitt 3.1.3 vorgestellten Residualgewinnmodell des Discounted
Cash Value Added, dem ebenfalls dieser Vorteil gegenüber dem Discounted EP zugeschrieben wird, kann dem Discounted FCF dabei eine bessere intuitive Verständlichkeit zugesprochen werden.

[292] Vgl. z. B. KOLLER et al. (2005), S. 101–103. Im Rahmen dieser Arbeit wird das Residualgewinnmodell des Discounted EP für die wertorientierte Steuerung verwendet, da das Performance Management in der Energiewirtschaft eine starke Dominanz periodischer Erfolgsgrößen aufweist (vgl. z. B. ALTENBEREND et al. (2007), S. 14) und hier somit von einer besseren Umsetzbarkeit und höheren Akzeptanz des Discounted EP als wertorientierte Spitzenkennzahl ausgegangen wird. Zur näheren Erläuterung der konkreten Auswahl des Residual-
gewinnmodells Discounted EP bspw. in Hinblick auf seine Abgrenzung gegenüber dem Cash
Value Added siehe 4.5.1.

[293] In Anlehnung an KOLLER et al. (2005), S. 103. ANGER (2002), S. 194.

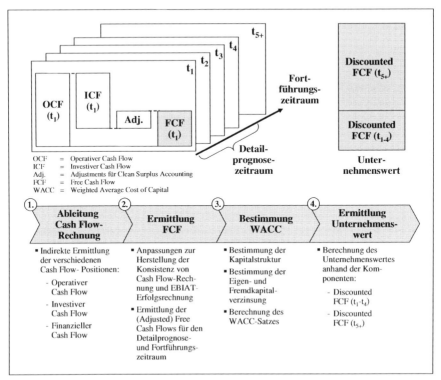

Abb. 57: Unternehmensbewertung von Stromnetzbetreibern auf Basis
des Discounted Free Cash Flow

für das Jahr 2007 mit den Cash Flow-Positionen operativer Cash Flow, investiver
Cash Flow sowie finanzieller Cash Flow.[294] Die diesbezügliche Entwicklung des Total Cash Flows im Zeitablauf wird in Abb. 58 (s. S. 132) dargestellt.

Da in der aufgeführten Cash Flow-Rechnung die – tatsächlich angefallenen –
Fremdkapitalzinsen und die Steuern angesetzt werden und nicht, wie im Rahmen der
Ermittlung des Discounted Economic Profit, von einer vollständigen Eigenfinanzierung und diesbezüglichen kalkulatorischen Steuern ausgegangen wird, ist der operative Cash Flow allerdings noch nicht mit dem EBIAT aus Abschnitt 4.5.2.1 konsistent. Um wie im Rahmen des Discounted EP bzw. EBIAT eine Konzentration der Performancemessung auf das operative Geschäft ohne Verzerrungen durch die Finanzie-
rungstätigkeit zu erreichen, werden daher im folgenden Schritt spezifische Anpassungen bzgl. der Cash Flow-Rechnung vorgenommen.

---

[294] Die Gliederung der Cash Flow-Positionen erfolgt in Anlehnung FICKERT (2003), S. 119–124.

Tabelle 11: Cash Flow-Rechnung City-Network 2007

Jahr	2007
EBIT	**106.949**
./. Fremdkapitalzinsen	18.639
= Earnings before Tax (EBT)	**88.310**
./. Steuern (35%)	30.908
= Earnnigs after Tax (EAT)	**57.401**
+ Abschreibungen	26.665
./. Zunahme Debitoren	–14.269
./. Zunahme Material	–794
+ Zunahme Kreditoren	14.590
= Operativer Cash Flow	**83.594**
Investionen Anlagen	**–35.835**
davon Leitungen	–19.842
davon Verteilanlagen	–13.342
davon Sonstige	–2.652
Desinvestionen Anlagen	**0**
= Investiver Cash Flow	**–35.835**
+ Zunahme übriges kurzfristiges FK	1.967
+ Zunahme langfristiges FK	–13.552
+ Einzahlung in EK	20.000
./. Entnahme aus EK	–50.000
= Finanzieller Cash Flow	**–41.586**
Cash Flow Total	**6.173**
Kontrolle (Endbestand ./. Anfangsbestand Kasse)	6.173

in T €

Schritt 2: Ermittlung des adjustierten Free Cash Flow

Da bei der Ermittlung des EBIAT aus dem o. g. Grund der Konzentration der Performance Messung auf das operative Geschäft von einer vollständigen Eigenfinanzierung der NOA ausgegangen wird, sind aus dem OCF der obigen Cash Flow-Rechnung die angesetzten Fremdkapitalzinsen herauszunehmen. Aufgrund der steuerlichen Abzugsfähigkeit der angesetzten Fremdkapitalzinsen ist darüber hinaus eine Korrektur des OCF um den diesbezüglichen Tax-Shield erforderlich. Mit Hilfe dieser

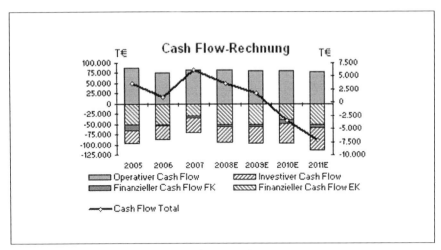

Abb. 58: Total Cash Flow-Entwicklung City-Network

Anpassungen kann der (adjusted) Free Cash Flow für Anteilseigner und Gläubiger wie in Tab. 12 dargestellt ermittelt werden.

Aufgrund des so ermittelten (adjusted) FCF wird die sog. Clean Surplus-Bedingung im Detailprognosezeitraum erfüllt, die besagt, dass sich Veränderungen eines Bilanzpostens – in diesem Fall des Konglomerats NOA – aus der Summe der betreffenden Accrual- und Cash-Buchungen erklären lassen müssen (siehe Tab. 13).[295] Die Clean Surplus Bedingung kann hier zudem für die Bestimmung des FCF (2012+) im Fortführungszeitraum verwendet werden, der wie der EBIAT (2012+) im Rahmen des Discounted Economic Profit unendlich fortgeschrieben wird.

Tabelle 12: Ermittlung des adjustierten Free Cash Flow (Beispiel City-Network)

Jahr	2007
Operativer Cash Flow	83.594
./. Investiver Cash Flow	−35.835
+ FK-Zinsen	18.639
./. Tax-Shield FK-Zinsen	−6.524
Adjustierter Free Cash Flow für Ek- und FK-Geber	**59.873**

in T €

---

[295] Vgl. z. B. ANGER (2002), S. 201 i. V. m. OHLSON (1995), S. 666 ff.

Tabelle 13: Clean Surplus Accounting (Beispiel City-Network)[296]

Jahr	2005	2006	2007	2008E	2009E	2010E	2011E	2012+
Anfangs-bestand NOA	523.790	519.847	526.742	536.386	548.595	560.806	581.639	605.833
EBIAT	65.555	62.970	69.517	68.024	66.450	64.838	63.054	59.771
FCF	−69.498	−56.075	−59.873	−55.815	−54.239	−44.006	−38.860	−59.771
End-bestand NOA	519.847	526.742	536.386	548.595	560.806	581.639	605.833	605.833

in T €

Schritt 3–4: WACC-Bestimmung und Ermittlung des Unternehmenswertes

Da sich für die Bestimmung des WACC-Satzes keine Unterschiede zum Schritt 3 in Abschnitt 4.5.2.1 ergeben, kann in Tab. 14 (s. S. 134) auf Basis eines WACC von 5,5 Prozent direkt der Discounted FCF ermittelt werden. Es ergibt sich letztlich wie im Rahmen der Ermittlung des Discounted Economic Profit bzgl. der NOA ein Unternehmenswert von City-Network in Höhe von 1.047.724 T und ein Shareholder Value von 711.271 T €.

Ein Vergleich des hier ermittelten Unternehmenswertes mit dem zugehörigen Sachzeitwert der Asset Base zeigt zudem, dass der Unternehmenswert auf Basis von diskontierten zukünftigen Economic Profits bzw. Cash Flows im Fallbeispiel City-Network signifikant niedriger ausfällt als der Sachzeitwert als Substanzwert (siehe Abb. 59, S. 134). Dies lässt sich zum einen durch den im Beispiel angenommenen regulatorischen Erlösdruck infolge der Anreizregulierung erklären, der nur zum Teil durch OPEX-Einsparungen kompensiert werden kann.

Zum anderen ist ein wesentlicher Teil der aktuell genutzten Netzinfrastruktur bereits vollständig abgeschrieben, da die buchhalterische Abschreibungsdauer im Beispiel City-Network im Cost Plus-Regulierungsszenario deutlich niedriger angesetzt wurde als die technische Asset-Lebensdauer. Dies bedeutet, dass in der Vergangenheit im Rahmen der Cost Plus-Netzentgeltkalkulation zusätzliche Finanzmittel durch die bezogen auf die tatsächliche Asset-Lebensdauer zu hohen Abschreibungen freigesetzt wurden, die für den hier betrachteten Vergleich von Unternehmenswert und Sachzeitwert zum Unternehmenswert auf Basis der Kapitalgröße NOA, in der Fi-

---

[296] Zur Berechnung der weiteren FCF ab dem Jahr siehe die Detaildaten zum Beispiel City-Network in Abschnitt 7.2.

Tabelle 14: Ermittlung des Discounted Free Cash Flow (Beispiel City-Network)

Jahr	2008	2009	2010	2011	2012+
Free Cash Flow	55.815	54.239	44.006	38.860	59.771
Present Value	52.905	48.731	37.476	31.368	877.244
(WACC 5,5%)					
Unternehmenswert zum 1. 1. 2008		Discounted FCF (t1–t4)			Discounted FCF (t5+)
1.047.724		170.480			877.244
100%		16%			84%
Shareholder Value zum 1. 1. 2008					
Unternehmenswert	1.047.724				
+ Kasse	136.996				
./. Fremdkapital	473.449				
Shareholder Value	711.271				

in T€

nanzanlagen bzw. Cash-Bestände nicht enthalten sind, hinzugerechnet werden müssten. Hinsichtlich des dafür bspw. in Frage kommenden Anfangspostens Kasse wird im Beispiel City-Network davon ausgegangen, dass die diesbezüglichen zusätzlichen Finanzmittel durch relativ kurze Abschreibungsdauern in der Vergangenheit ausgeschüttet wurden.[297]

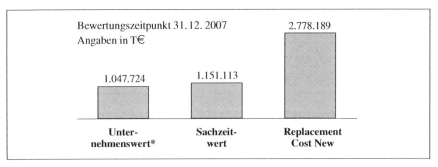

Abb. 59: Vergleich von DCF-basiertem Unternehmenswert und Substanzwert (Beispiel City-Network)[298]

---

[297] In der Praxis wurden bspw. die Überschüsse von Stromnetzen mit öffentlichen Eigentümern wie Städten oder Gemeinden oftmals zur Subventionierung von Haushaltsdefiziten bspw. in öffentlichen Bäderbetrieben oder im Nahverkehr genutzt (vgl. WOLF (2006), S. 3).

[298] Zum Sachzeitwert und Wiederbeschaffungswert siehe Tab. 5.

4.5.2.3 Zusammenfassung der Besonderheiten der Bewertung von Stromnetzbetreibern

Zum Abschluss dieses Abschnittes können die folgenden Besonderheiten bzw. spezifischen Praxisprobleme der Unternehmensbewertung von Stromnetzbetreibern zusammengefasst werden:

- Erfassung der unternehmensindividuellen Asset-Altersstruktur
- Planung der Erlösreihe vor dem Hintergrund regulierter Netznutzungsentgelte
- Bestimmung eines spezifischen Kapitalkostensatzes für das Stromnetzgeschäft
- Berücksichtigung zeitlich befristeter Konzessionsverträge

Während die ersten drei Punkte im Rahmen der Vorgehensschritte 1, 2 und 3 in Abschnitt 4.5.2.1 erläutert wurden, ist auf die besondere Rahmenbedingung der für den Stromnetzbetrieb notwendigen Gebietskonzessionen noch nicht eingegangen worden.[299]

Bisher wurde im Rahmen der Ermittlung des Discounted EP im Fortführungszeitraum vereinfachend eine unendliche Fortführung des EP (t5+) angenommen. Aufgrund der zeitlichen Befristung der Konzessionsverträge dürfen im Rahmen der Ermittlung des Discounted EP allerdings strenggenommen je Konzessionsgebiet nur die jährlichen EP-Beiträge bis zum Ende des jeweiligen Konzessionsvertrags angesetzt werden. Für den Zeitpunkt des Vertragsendes ist dann prinzipiell der Verkaufspreis der Netzinfrastruktur des betreffenden Konzessionsgebietes anzusetzen, da nicht sichergestellt ist, dass die bestehende Konzession künftig verlängert werden kann. Die Bemessung des Verkaufspreises zum Ende der Konzessionsvertragslaufzeit ist dabei häufig in den bestehenden Konzessionsverträgen geregelt.[300]

Falls für die Bestimmung des Verkaufspreises zum Ende der Konzessionsvertragslaufzeit ein von Discounted Cash Flow-basierten Bewertungsverfahren abweichender Bewertungsansatz wie der in Deutschland noch häufig zu Grunde liegende Sachzeitwert vereinbart ist, kann sich infolge einer Berücksichtigung der zeitlich befristeten Konzessionsverträge ein Unternehmenswert ergeben, der deutlich vom Unternehmenswert unter der Prämisse einer unendlichen Fortführung des EP (t5+) abweicht.[301]

Für den Fall einer Verkaufspreisermittlung mit Discounted Cash Flow-basierten Bewertungverfahren ist eine Unterscheidung von Konzessionsgebieten mit positiven und negativen Teilnetzwerten erforderlich.[302] Bei positiven Teilnetzwerten der beste-

---

[299] Zur allgemeinen Erläuterung von Konzessionen und Konzessionsverträgen vgl. Fußnote 90.

[300] Vgl. SAUTHOFF (2006), S. 24.

[301] Zum Sachzeitwert siehe Abschnitt 4.5.1.

[302] Da sich der Geltungsbereich der einheitlich vorgegebenen Netznutzungsentgelte über mehrere Konzessionsgebiete erstreckt, die einzelnen Konzessionsgebiete aber sehr unterschiedliche Kostenstrukturen aufweisen können, ist es im Szenario der Anreizregulierung insbesondere vor dem Hintergrund des ansteigenden Reinvestitionsbedarfes durchaus möglich, dass einzelne Konzessionsgebiete einen negativen Teilnetzwert aufweisen und hier somit eine Verlängerung von Konzessionsverträgen grds. unvorteilhaft ist. Im Cost Plus-Regulierungsszenario war die Verlängerung von Konzessionsverträgen dagegen generell wirtschaftlich sinnvoll.

henden Konzessionsgebiete sollten der Unternehmenswert unter Berücksichtigung zeitlich befristeter Konzessionsverträge und der Unternehmenswert unter Annahme eines unendlich fortgeführten EP (t5+) weitgehend übereinstimmen, da sich die beiden Wertansätze prinzipiell nur durch eine wertneutrale Verschiebung von Zahlungsströmen voneinander unterscheiden.

Bei Konzessionsgebieten mit negativen Teilnetzwerten können dagegen die Bewertungsergebnisse mit und ohne Berücksichtigung zeitlich befristeter Konzessionsverträge voneinander abweichen, wenn davon ausgegangen wird, dass bei einer Nicht-Verlängerung des Konzessionsvertrages für ein Konzessionsgebiet mit negativem Teilnetzwert in Ermangelung spezifischer Vertragsregelungen keine Ausgleichszahlung des bisherigen Konzessionsnehmers fällig wird. Der Unternehmenswert unter der Annahme einer Nicht-Verlängerung von Konzessionen für Gebiete mit negativem Teilnetzwert fällt daher höher aus als der Unternehmenswert unter Annahme einer unendlichen Fortführung des EP (t5+).[303]

4.5.3　Werttreiberanalyse

Für die zielgerichtete Anwendung des Netz-Performance Cockpits ist es erforderlich, über die reine Wertermittlung hinaus ein Verständnis für die wesentlichen Werttreiber des Stromnetzgeschäftes zu entwickeln. Im folgenden Abschnitt 4.5.3.1 werden dazu zunächst die wesentlichen finanziellen und operativen Werttreiber kategorisiert. In Abschnitt 4.5.3.2 erfolgt dann im Anschluss eine Sensitivitätsanalyse der finanziellen Werttreiber.

4.5.3.1　Werttreiberkategorisierung

Als maßgebliche finanzielle Werttreiber des Stromnetzgeschäftes werden hier die Umsatzerlöse, die OPEX und CAPEX sowie der Kapitalkostensatz WACC unterschieden.[304] Als übergreifende operative Ansatzpunkte zur Steuerung der finanziellen Werttreiber können im Wesentlichen die Finanz- und Vermögensstruktur, die Ressourcenallokation sowie die Prozesseffizienz betrachtet werden (siehe Abb. 60).[305]

---

[303] Zur näheren Erläuterung der Analyse des Konzessionsportfolios siehe Abschnitt 4.10.

[304] Steuern werden in dem hier verwendeten Bewertungsmodell für die unternehmensinterne Steuerung, wie in Abschnitt 4.5.2 erläutert, nur als Pauschal-Satz angesetzt. Bei einer detaillierten Unternehmensbewertung wie im Falle der Transaktionsvorbereitung stellen Steuern dagegen einen zentralen finanziellen Werttreiber dar.

[305] Die dargestellte Unterscheidung der übergreifenden Werttreiber ist als eine von mehreren möglichen Varianten zu verstehen und ist z. B. angelehnt an COENENBERG (2003), S. 86–89. Für den Wertsteigerungshebel „Unternehmensportfolio" wird dabei hier der Begriff „Ressourcenallokation" verwendet, da über die Ebene des Beteiligungsportfolios hinaus in kapitalintensiven Industrien wie dem Stromnetzgeschäft i. d. R. eine detailliertere Perspektive der

(Fortsetzung Fußnote 305 auf S. 138)

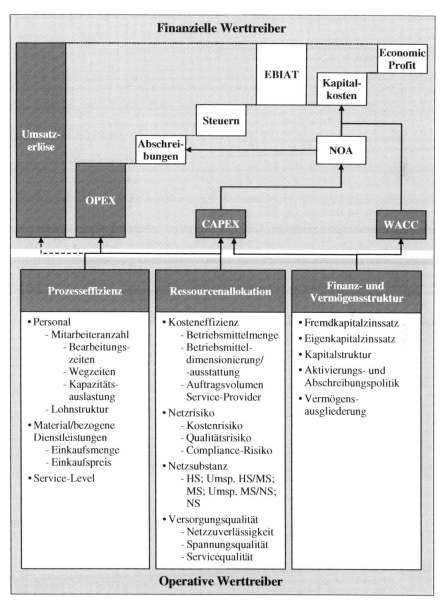

Abb. 60: Finanzielle und operative Werttreiber im Stromnetzgeschäft[306]

---

[306] Eigene Darstellung; nicht maßstäblich.

Durch den operativen Werttreiber „**Vermögens-/Finanzstruktur**" kann über eine Reduktion des benötigten Kapitals bzw. eine Senkung des Kapitalkostensatzes im Wertmodell gemäß Abb. 60 eine Steigerung des Discounted Economic Profit erreicht werden.

Darüber hinaus wird durch die gewählte Kapitalstruktur die Rendite des eingesetzten Eigenkapitals maßgeblich beeinflusst. Die Ausnutzung des diesbezüglichen Leverage-Effektes bietet sich insbesondere für das Stromnetzgeschäft an, da in der Praxis häufig eine hohe Eigenkapitalausstattung von Stromverteilungsnetzbetreibern beobachtbar ist und zudem das Stromnetzgeschäft auch im Szenario der Anreizregulierung noch ein vergleichsweise sicheres Geschäftsmodell darstellt.[307] Der Leverage-Effekt wird allerdings im hier verwendeten Discounted EP-Wertmodell nicht abgebildet, da mit der spezifischen Entity-Bezugsgröße NOA eine Fokussierung der Performancemessung auf den betrieblichen Bereich gewählt wurde.[308] Im Rahmen der Sensitivitätsanalyse der finanziellen Werttreiber wird die Kapitalstruktur von Stromnetzbetreibern im folgenden Abschnitt 4.5.3.2 daher separat erläutert.

Operative Ansatzpunkte im Bereich des Werthebels Vermögens- und Finanzstruktur sind über die Eigen- und Fremdkapitalverzinsung sowie Kapitalstruktur hinaus die Aktivierungs- und Abschreibungspolitik[309] oder die Ausgliederung von Vermögen.

Die prinzipiellen Optionen zur Vermögensausgliederung reichen dabei u. a. von Sale and lease back-Maßnahmen über Asset Backed Securities bis hin zur Whole Business Securitization.[310]

---

[305] *(Fortsetzung von S. 136)* Ressourcenverteilung bspw. auf Gruppen von Sachanlagen erforderlich ist. Anstelle des Begriffes „Operative Exzellenz" wird hier der Begriff „Prozesseffizienz" verwendet. Der Werttreiber „Wachstum" wird hier aufgrund der geringen Steuerungsrelevanz des Umsatzes nicht betrachtet (siehe Abschnitt 3.1.3). Als weitere Werttreiberkategorisierung unterscheiden z. B. KOLLER/GOEDHART/WESSELS die drei übergreifenden Werttreiber „Growth", „ROIC" und „Cost of Capital" (vgl. KOLLER et al. (2005b), S. 384). Die Größe „ROIC" wird allerdings im Rahmen dieser Arbeit als zu generisch betrachtet.

[307] Vgl. SAUTHOFF (2006), S. 13. Der Leverage-Effekt wird allerdings im hier verwendeten Discounted EP-Wertmodell nicht abgebildet, da mit der spezifischen Entity-Bezugsgröße NOA eine Fokussierung der Performancemessung auf den betrieblichen Bereich gewählt wurde (zur Auswahl der Bezugsgröße NOA vgl. Abschnitt 4.5.2.1). Im Rahmen der Sensitivitätsanalyse der finanziellen Werttreiber in Abschnitt 4.5.3.2 wird die Kapitalstruktur von Stromnetzbetreibern daher separat erläutert.

[308] Zur Auswahl der Bezugsgröße NOA vgl. Abschnitt 4.5.2.1.

[309] Zur Aktivierungspolitik siehe auch Abschnitt 4.5.4.

[310] Eine „Whole Business Securitization" wurde bspw. in 2007 durch Thames Water, den Londoner Wassernetzbetreiber, vorgenommen (vgl. International Financial Law Review (2007)). Während bei Asset Backed Securities einzelne Assets als Sicherheit verbrieft werden, wird bei einer Whole Business Securitization der gesamte Cash Flow des Unternehmens als Sicherheit verbrieft.

Der operative Werttreiber „**Ressourcenallokation**" bezieht sich auf die zielgerichtete Verwendung der Finanz-, Sach- und Mitarbeiterressourcen im Unternehmen. Ihr
kommt im kapitalintensiven Stromnetzgeschäft insbesondere vor dem Hintergrund
der Ressourcenverknappung im Rahmen der Anreizregulierung künftig eine zentrale
Bedeutung zu. Die Sicherstellung einer möglichst optimalen Ressourcenallokation
stellt daher eine der Hauptaufgaben des Asset Managers dar.[311]
Bezüglich des Lösungsraumes für die Ressourcenallokation werden hier die
Dimensionen „Teilnetze", „Betriebsmittel" und „Zeit" unterschieden. Innerhalb der
Dimension „Teilnetze" wird die geografische Ressourcenverteilung gesteuert. Ein
zentraler Aspekt der Ressourcenallokation auf der Teilnetzebene ist diesbezüglich die
Entscheidung über die Verlängerung bzw. Nicht-Verlängerung eines auslaufenden
Konzessionsvertrages.

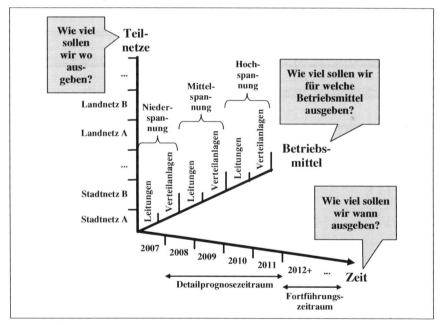

Abb. 61: Dimensionen der Ressourcenallokation

---

[311] Eine Besonderheit der Ressourcenallokation im Stromnetzgeschäft besteht darin, dass sie nicht,
wie in freien Wettbewerbsmärkten üblich, ausschließlich auf Basis ökonomischer Überlegungen
erfolgen kann, sondern dass aufgrund einer gesetzlich geregelten Versorgungsverpflichtung des
Stromnetzbetreibers prinzipiell auch Endkunden an das Netz angeschlossen werden müssen, die
aufgrund eines abgelegenen Wohnsitzes und eines geringen Energieverbrauchs keinen positiven
Deckungsbeitrag liefern. Darüber hinaus kann das Netzergebnis durch die Verpflichtung zum
Anschluss von dezentralen Erzeugungsanlagen z.T. erheblich belastet werden. Zur Abgrenzung
der Organisationsebenen Asset Owner, Asset Manager und Service Provider vgl. Abschnitt 2.4.2.

Innerhalb der Dimensionen „Betriebsmittel" wird die Ressourcenverteilung auf die verschiedenen Elemente der Netzinfrastruktur betrachtet, die von einer gesamten Spannungsebene über Betriebsmittelgruppen bis hin zu einzelnen Betriebsmitteln reichen können. Ein zentraler Aspekt der Ressourcenallokation auf der Betriebsmittelebene ist die Optimierung eines Asset-Maßnahmenprogramms hinsichtlich seines Beitrages zur Minderung des Netzrisikos im Verhältnis zu den Maßnahmenkosten.

Im Rahmen der Dimension „Zeit" wird die zeitliche Kostenverteilung gesteuert. Aufgrund der Langlebigkeit der Netzinfrastruktur können Instandhaltungs- und Erneuerungsmaßnahmen innerhalb eines begrenzten Zeitraums von bspw. fünf Jahren zur Ausschöpfung von Wertsteigerungspotentialen gezielt vor- bzw. aufgeschoben werden, ohne die Versorgungsqualität zu beeinträchtigen. Zum Beispiel geht in der Einführungsphase einer Anreizregulierung der vorgegebene Erlöspfad häufig von den unternehmensindividuellen Kosten zu Beginn der jeweiligen Regulierungsperiode aus.[312] Durch eine gezielte Steuerung der kurzfristigen Kostenverteilung kann das Ausgangsniveau des Erlöspfades in diesem Fall daher z. T. beeinflusst werden.[313]

Da sich Optimierungsentscheidungen innerhalb einer Dimensionen der Ressourcenallokation häufig auch auf andere Dimensionen auswirken, sind im Rahmen Ressourcenallokation zudem Wechselwirkungen innerhalb des Lösungsraumes zu berücksichtigen. Ein typisches Praxisproblem, das alle drei Dimensionen betrifft, ist bspw. die Fragestellung, ob eine direkt erfolgswirksame Instandhaltungsmaßnahme an einem Kabel im Konzessionsgebiet A bei einem begrenzten Budget wichtiger ist als eine aktivierungsfähige Erneuerungsmaßnahme für eine Schaltanlage im Konzessionsgebiet B.[314]

Konkrete Messgrößen zur Beurteilung und Steuerung der Ressourcenallokation sind letztlich über die finanziellen Resultate hinaus die operativen Performancebereiche des Netz-Performance Cockpits, welche von der Kosteneffizienz über die monetär orientierten Restriktionen Netzrisiko und Netzsubstanz bis hin zur Versorgungsqualität reichen und im weiteren Verlauf des Hauptkapitels 4 vorgestellt werden.

---

[312] Zur näheren Erläuterung der Anreizregulierung siehe Abschnitt 2.3.

[313] Weiterhin können sich CAPEX-induzierte Renditeschwankungen infolge der naturgemäß asymmetrischen Asset-Altersstruktur negativ auf die Wertentwicklung auswirken. Während davon auszugehen ist, dass eine eher niedrige Netzrendite i. d. R. nicht zu einer Anpassung des regulatorischen Erlöspfades führt, kann eine überdurchschnittlich hohe Netzrendite u. U. Gegenreaktionen des Regulators auslösen. Darüber hinaus kann durch eine Glättung des zeitlichen Verlaufs von Erneuerungs- und Instandhaltungskosten ggf. die Kapazitätsauslastung verbessert bzw. ein Rückgriff auf teure Zusatzkapazitäten bei Belastungsspitzen vermieden werden.

[314] Siehe auch die Anwendung des NPC im Rahmen des Budgetierungsprozesses in Abschnitt 4.11.2.

Mit dem operativen Werttreiber „**Prozesseffizienz**" wird das Ziel einer möglichst kostengünstigen Prozessausführung verfolgt, die vor allem im personalintensiven Service Provider-Bereich relevant ist. Für die Steigerung der Prozesseffizienz bieten sich hier die klassischen Stellhebel der Prozess- und Organisationsoptimierung wie Bearbeitungszeit, Kapazitätsauslastung oder Lohnstruktur an.[315] Als Besonderheit des Stromnetzgeschäftes ist dabei das gesetzlich geregelte Unbundling der Utility-Wertschöpfungskette zu beachten, welches eine strikte Trennung des Stromnetzbereiches von anderen Stufen der Utility-Wertschöpfungskette vorschreibt, so dass die Möglichkeiten zur Nutzung von Synergiepotentialen deutlich eingeschränkt sind.

Anhand der operativen Werttreiber Ressourcenallokation und Prozesseffizienz werden sowohl die OPEX als auch die CAPEX maßgeblich beeinflusst, wobei durch die Ressourcenallokation des Prozessmengengerüstes und durch die Prozesseffizienz die spezifischen Prozesskosten bestimmt werden. Zudem kann durch die beiden Werttreiber im Falle einer Qualitätsregulierung mit Bonuserlösen bzw. Pönalen ein gewisser Einfluss auf die Umsatzerlöse genommen werden.

4.5.3.2 Sensitivitätsanalyse der finanziellen Werttreiber

Das Ausmaß des Einflusses der einzelnen finanziellen Werttreiber auf den periodischen Wertbeitrag und Unternehmenswert kann mit Hilfe einer Sensitivitätsanalyse verdeutlicht werden. Für das in Abschnitt 4.5.2 verwendete Fallbeispiel City-Network werden im Folgenden die Auswirkungen der isolierten Veränderung einzelner finanzieller Werttreiber untersucht. Darüber hinaus wird der sog. „Value at Risk" für ein subjektives Worst Case-Szenario ermittelt, das eine spezifische Kombination von Werttreiberveränderungen beschreibt. Abschließend wird im Rahmen dieses Abschnitts die Steuerung der Eigenkapitalrendite über die Kapitalstruktur behandelt, die im hier gewählten Discounted EP-Modell mit der spezifischen Entity-Bezugsgröße NOA nicht abgebildet wird.

Die Sensitivitätsanalyse der finanziellen Werttreiber ist in Abb. 62 (s. S. 142) dargestellt. Es zeigt sich, dass eine **Veränderung der Umsatzerlöse** bei einer Ceteris paribus-Annahme hinsichtlich der weiteren Werttreiber erhebliche Auswirkungen auf den periodischen Wertbeitrag und den Unternehmenswert hat. Falls die Umsatzerlöse von City-Network bspw. ab 2008 künftig um konstant 10 Prozent niedriger ausfallen würden als in der Planung in Abschnitt 4.5.2, würde der Unternehmenswert um mehr als ein Drittel absinken. Vor dem Hintergrund des zunehmenden Preisdrucks durch

---

[315] Gängige Ansätze zur Optimierung dieser Stellhebel sind z. B. die Minimierung der Anzahl organisatorischer Schnittstellen, die klare Zuordnung von Verantwortlichkeiten oder die Vermeidung von Engpasssituationen im Prozessablauf. Die Prozess- und Organisationsoptimierung ist in der Literatur bereits intensiv behandelt und wird daher im Rahmen dieser Arbeit nicht weiter vertieft. Zur näheren Erläuterung siehe z. B. HAMMER et al. (2005); OSTERLOH et al. (2006).

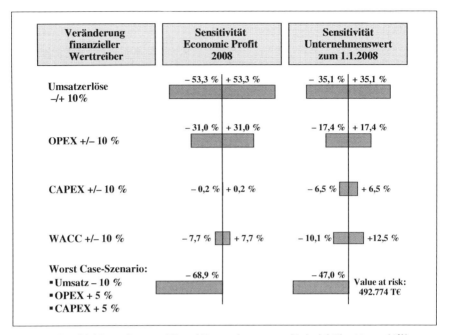

Abb. 62: Sensitivitätsanalyse von EP und Unternehmenswert (Beispiel City-Network)[316]

den Regulator verdeutlicht dies den aktuellen Handlungsbedarf auf Seiten der Stromnetzbetreiber. Die hohe Sensibilität des Unternehmenswertes für Umsatzeinbrüche
liegt dabei insbesondere darin begründet, dass den zu erwartenden Umsatzrückgän-
gen aufgrund der reinen Preissenkung keine Abnahme der durchzuleitenden Energiemenge bzw. Verringerung der strukturellen Kostentreiber gegenübersteht.

Eine isolierte **Veränderung der OPEX** hat ebenfalls wesentliche Auswirkungen
auf den periodischen Wertbeitrag und den Unternehmenswert, die aufgrund des
niedrigeren Gewichtes der OPEX am EP allerdings geringer als der Einfluss einer
Umsatzerlösänderung ausfallen. Bspw. führt eine ab 2008 umgesetzte konstante Verringerung der OPEX um 10 Prozent zu einer Steigerung des Unternehmenswertes um
knapp 20 Prozent. Der Steuerung der OPEX-bezogenen operativen Werttreiber
kommt daher eine entscheidende Bedeutung zu, wenn es gilt, drohende Wertverluste
infolge von Preissenkungen des Regulators zu kompensieren.

---

[316] Basis der Sensitivitätsanalyse sind die in Abschnitt 4.5.2. zu Grunde gelegten Finanzdaten
und Annahmen. Für den Fortführungszeitraum wird eine unendliche Fortführung des EP
(t5+) ohne Berücksichtigung von zeitlich befristeten Konzessionsverträgen angenommen, da
davon ausgegangen werden kann, dass der überwiegende Teil der Konzessionsverträge verlängert wird.

Die Sensitivitätsanalyse für eine isolierte **Veränderung der CAPEX** zeigt neben einem naturgemäß vernachlässigbaren Einfluss auf den Erfolgsgrößen-orientierten periodischen Wertbetrag des ersten Planungsjahres einen deutlichen, aber im Vergleich zu den Umsatzerlösen und den OPEX niedrigeren Einfluss auf den Unternehmenswert. Eine Verringerung der jährlichen Investitionskosten um konstant 10 Prozent würde bspw. zu einer Steigerung des Unternehmenswertes um 6,5 Prozent führen.

Der in Anbetracht der Kapitalintensität des Stromnetzgeschäftes vordergründig ggf. gering erscheinende Einfluss einer CAPEX-Veränderung liegt insbesondere darin begründet, dass sich die Reinvestitionskosten für die vollständige Erneuerung der bestehenden Netzinfrastruktur über einen sehr langen Zeitraum von über 50 Jahren verteilen und somit der Barwert der Kosteneinsparungen weitaus niedriger ist als die nominale Kosteneinsparung.

Eine **Veränderung des Kapitalkostensatzes WACC** hat signifikante Auswirkungen sowohl auf den periodischen Wertbeitrag als auch auf den Unternehmenswert, die allerdings im Vergleich zum Einfluss von Umsatz- und OPEX-Änderungen ebenfalls eher niedrig ausfallen.

Weiterhin kann im Rahmen der oben aufgeführten Werttreiberanalyse auf Basis eines **Worst Case-Szenarios** der sog. „Value at Risk" ermittelt werden. Der Begriff „Value at Risk" (VAR) stammt diesbezüglich aus dem Risikomanagement in der Finanzwirtschaft und beschreibt den Abstand des Erwartungswertes der Entwicklung eines finanziellen Assets von dem möglichen Wert, der in einem bestimmten Zeitraum nur noch mit einer definierten Restwahrscheinlichkeit von bspw. einem oder fünf Prozent unterschritten wird.[317] Übertragen auf das Performance Management im Stromnetzgeschäft wird er im Rahmen dieser Arbeit als der mögliche Einbruch des Unternehmenswertes definiert, der unter Vernachlässigung gewisser Restrisiken eintreten kann. Da das Unternehmensrisiko von Stromnetzbetreibern infolge des Wechsels von der Cost Plus- zur Anreizregulierung stark ansteigt, wird hier vorgeschlagen, im Rahmen der Abschätzung des Unternehmenswertes zusätzlich zum Discounted EP den VaR zu bestimmen.[318] Ziel der Ermittlung eines VaR für Stromnetzbetreiber

---

[317] Vgl. z. B. GLEISSNER et al. (2005), S. 38.

[318] Hinsichtlich des hier verwandten Value at Risk ist anzumerken, dass das unternehmerische Risiko prinzipiell über den Kapitalkostensatz erfasst wird und somit im errechneten Discounted EP bereits implizit berücksichtigt ist. Da für den in Abschnitt 4.5.2 ermittelten WACC-Satz aus den genannten Gründen allerdings stark vereinfachend allgemeine Branchendaten und keine spezifischen Unternehmensdaten zu Grunde gelegt wurden und der WACC-Satz darüber hinaus im Zeitablauf konstant gehalten wird, wird das konkrete unternehmerische Risiko im Fallbeispiel City-Network bisher nur unzureichend berücksichtigt. Aufgrund der Messproblematik bei der Kapitalkostenermittlung wird daher zur Risikoüberwachung mit der Berechnung des VaR eine zusätzliche Analyse vorgeschlagen, durch die das aktuelle Unternehmensrisiko explizit veranschaulicht werden kann (in Anlehnung an HOSTETTLER et al. (2004), S. 228). Zum Risikomanagement im Stromnetzgeschäft vgl. Abschnitt 4.7.

ist dabei, im Rahmen der unternehmensinternen Steuerung sowie der Kommunikation zwischen Anteilseignern und Management eine Sensibilisierung für das gestiegene Unternehmensrisiko zu erreichen.

Der VaR kann mit Hilfe einer Szenarioanalyse oder von Simulationsmodellen wie der Monte Carlo Simulation erhoben werden.[319] Die Anwendung von Simulationsmodellen ermöglicht einerseits eine detaillierte Untersuchung des VaR auf Basis einer statistischen Verteilungskurve für den Unternehmenswert, erfordert andererseits aber auch konkrete Angaben zum statistischen Verhalten der einzelnen Werttreiber. Im Rahmen der Szenarioanalyse wird der VaR auf Basis eines durch das Management subjektiv eingeschätzten Worst Case-Szenarios für die Werttreiberentwicklung ermittelt.

Da die Verwendung von Simulationsmodellen zum einen mit einem nicht unerheblichen Datenerfassungsaufwand verbunden ist und zum anderen sich das Unternehmensrisiko von Stromnetzbetreibern im Rahmen der Anreizregulierung zwar erhöht, aber gegenüber Unternehmen in dynamischen Wettbewerbsmärkten weiterhin vergleichsweise niedrig ist, wird für die Ermittlung des VaR im Rahmen des Performance Managements für das Stromnetzgeschäft die Anwendung der Szenarioanalyse vorgeschlagen.[320]

Ausgehend von der in Abschnitt 4.5.2 dargestellten erwarteten Entwicklung der Finanzdaten, wird im Fallbeispiel City-Network als Worst Case-Szenario angenommen, dass die Umsatzerlöse im Vergleich zur bereits budgetierten Erlössenkung jährlich um konstant 10 Prozent niedriger ausfallen. Hinsichtlich der OPEX und CAPEX wird im Vergleich zur Planung eine Erhöhung um konstant 5 Prozent angenommen für den Fall, dass die angestrebten budgetierten Kostensenkungen nicht vollständig umgesetzt werden können. Im Ergebnis zeigt sich diesbezüglich ein VaR in Höhe von knapp 50 Prozent des Unternehmenswertes (siehe Abb. 62). Da ein Großteil des VaR auf die Erlössenkung bzw. das sog. „regulatory risk" entfällt, verdeutlicht dies u. a. das infolge der Einführung von Erlösgrenzen nicht unerhebliche Unternehmensrisiko von Stromnetzbetreibern im Rahmen der Anreizregulierung.

Hinsichtlich der im obigen Analysemodell nicht abgebildeten **Kapitalstruktur** können bei einem stabilen Geschäftsmodell vergleichsweise geringe Auswirkungen auf die Kapitalkosten und den resultierenden Unternehmenswert angenommen werden. Zum Beispiel zeigen KOLLER/GOEDHART/WESSELS, dass die meisten großen Unternehmen in den USA und Europa trotz stark unterschiedlicher Kapitalstrukturen ein weitgehend solides Credit Rating von A+ bis BBB– haben.[321] Da das Stromnetz-

---

[319] Vgl. HOSTETTLER et al. (2004), S. 229.
[320] Bei der Bestimmung des VaR auf Basis von Simulationsmodellen besteht zudem die Gefahr der Vermittlung eines Eindrucks von Scheingenauigkeit für den berechneten Unternehmenswert, der allerdings auf einer Vielzahl unsicherer bzw. vereinfachender Annahmen basiert.
[321] Vgl. KOLLER et al. (2005), S. 481.

geschäft in den meisten Fällen noch von finanzstarken Stromkonzernen betrieben wird, wird hier davon ausgegangen, dass sich Kapitalstrukturänderungen nur begrenzt auf FK- bzw. EK-Kostensätze auswirken und sie somit nur einen relativ geringen Hebel auf den Discounted EP bzw. Cash Flow bezüglich der Net Operating Assets haben.[322]

Während der Einfluss auf den Unternehmenswert eher gering ist, kann durch die Kapitalstruktur allerdings mit Hilfe des Leverage-Effektes die Eigenkapitalrendite maßgeblich beeinflusst werden. Zum Beispiel haben die in Abschnitt 2.4.1 aufgeführten Beispiele der finanziellen Performance ausgewählter börsennotierter Stromübertragungsnetzbetreiber gezeigt, dass auch in einem fortgeschrittenen Stadium der Anreizregulierung mit relativ niedrigen Gesamtkapitalrenditen durch eine Verringerung des Eigenkapitalanteils noch sehr attraktive Eigenkapitalrenditen erwirtschaftet werden können (siehe insbesondere Abb. 19). Für den Fall, dass das dadurch freigesetzte Kapital in ähnlich attraktive Verwendungsmöglichkeiten investiert wird, kann auf diese Weise der Wert des insgesamt eingesetzten Eigenkapitals deutlich gesteigert werden.

4.5.4 Cockpit-Detaillierungsbereich Finanzresultate

Nach der Darstellung der wesentlichen Aspekte des Performance-Bereiches „Finanzresultate wird im Folgenden in Abb. 63 (s. S. 146) das diesbezügliche Detaillierungscockpit des NPC vorgestellt.[323] In der ersten Zeile werden mit der Bilanz, Erfolgs- und Cash Flow-Rechnung die Basisdaten der klassichen Finanzberichterstattung aufgeführt. In der zweiten Zeile folgen dann Detaildarstellungen zentraler Bereiche der Bilanz und Cash Flow-Rechnung sowie eine Übersicht der wichtigsten Renditekennzahlen einschließlich der aktuellen Kapitalstruktur.

Aufgrund des langfristigen Ursache-Wirkungs-Beziehungen im Stromnetzgeschäft wird in der dritten Zeile die langfristige Entwicklung des investierten Kapitals in Abhängigkeit von der jeweils gewählten Aktivierungsquote simuliert. Auf Basis einer groben Umsatz- und Kostenprognose kann daraus die langfristige Economic Profit- und RONOA-Entwicklung analysiert werden.

Die verschiedenen Performanceaspekte werden schließlich im Cockpit-Abschnitt Unternehmenswert zusammengeführt. Zur Hervorhebung der Risiken des Stromnetzgeschäftes wird dabei der Value at Risk separat ausgewiesen. Der auf das Risiko durch Erlösänderungen entfallende Anteil des regulatorischen Risikos wird dabei gesondert hervorgehoben.

---

[322] Zur näheren Erläuterung des Einflusses der Kapitalstruktur auf den Unternehmenswert siehe unter anderem KOLLER et al. (2005), S. 475–508.

[323] Zur Legende des NPCs siehe Anhang.

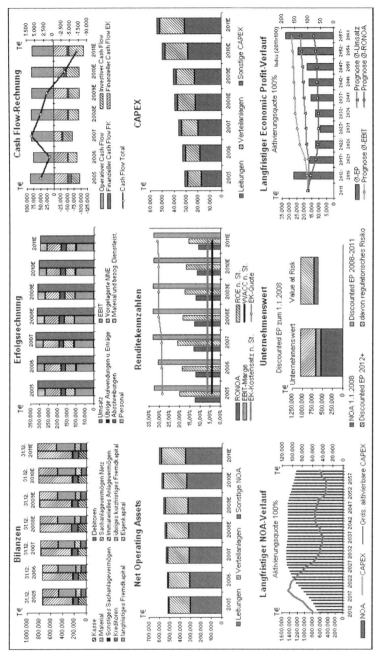

Abb. 63: NPC-Detaillierungsbereich Finanzresultate – Gesamtnetz (Beispiel City-Network)

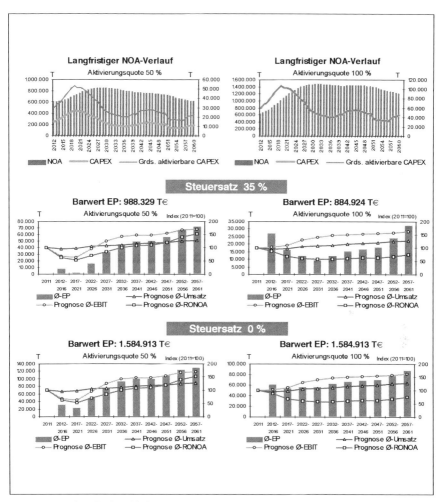

Abb. 64: Analyse der langfristigen NOA- und EP-Entwicklung (Beispiel City-Network)

In Abb. 64 wird zudem eine Simulationsanalyse[324] der langfristigen NOA- und EP-Entwicklung auf Basis der entsprechenden Abschnitte des NPC-Detaillierungs-cockpits dargestellt. Es zeigt sich, dass der Barwert der künftigen Economic Profits zum 1.1.2012 unter Berücksichtigung von Steuern bei einer Aktivierungsquote von 50 Prozent niedriger ist als der entsprechende EP-Barwert bei einer Aktivierungs-

---

[324] Zu den Basisdaten und zur konkreten Berechnung siehe Anhang.

quote von 100 Prozent. Eine rein EBIT-orientierte Steuerung mit einer hohen Akti-vierungsquote, die ggf. durch das Asset Management zur kurzfristigen Ergebnisopti-mierung angestrebt werden kann, hätte in diesem Fall aufgrund der zeitlich nachgela-gerten Realisierung der Steuerabzugsfähigkeit der aktivierten CAPEX über Ab-schreibungen negative Auswirkungen auf die langfristige Wertentwicklung. Bei einem Steuersatz von 0 Prozent ist die Aktivierungspolitik im Simulationsszenario dagegen naturgemäß wertneutral.[325]

Bei der Interpretation der Simulationsergebnisse ist zu beachten, dass im Rahmen der obigen Analyse vereinfachend von vollständig entkoppelten Erlösen und Kosten wie im Falle einer Yardstick-Competition ausgegangen wird. Zur Ableitung spezifi-scher Handlungsempfehlungen ist die obige Simulation daher um das konkrete län-derspezifische Erlöskalkulationsmodell zu erweitern, das ggf. – wie im Falle von Revenue Caps in der Einführungsphase einer Anreizregulierung[326] – noch eine teil-weise Kopplung von Erlös und Kosten enthalten kann.

4.5.5   *Relevanz und Verlässlichkeit der gewählten Performancegrößen*

Der zentrale Mehrwert der Anwendung von wertorientierten Performancegrößen be-steht darin, dass durch sie die Kongruenz der unternehmensinternen Steuerung mit der obersten Unternehmenszielsetzung sichergestellt werden kann. Durch die Kenn-zahlen EP und Discounted EP können die Kapitalgebererwartungen an die finanziel-le Performance des Stromnetzgeschäftes auf einzelne Perioden und Geschäftsberei-che heruntergebrochen werden. Es kann so auf Gesamt- und Teilnetzebene eine regel-mäßige Standortbestimmung in Hinblick auf das Gesamtunternehmensziel der Wert-steigerung durchgeführt werden.

Darüber hinaus ist die Anwendung und Offenlegung wertorientierter Kennzahlen wie EP und Discounted EP eine anerkannte und auch geforderte Basis der Kapital-marktkommunikation, der infolge der zunehmenden Eigenständigkeit des Strom-netzgeschäftes und des hohen Kapitalbedarfes für Reinvestitionen eine gestiegene Bedeutung zukommt.

Als eine wesentliche Verlässlichkeitsgrenze der vorgestellten Performancegrößen ist zunächst, wie bereits in Abschnitt 4.5.1 angemerkt, darauf hinzuweisen, dass es keinen allgemein gültigen präzisen Unternehmenswert gibt.[327] Aufgrund der insbe-sondere im Fortführungszeitraum häufig nur sehr vage planbaren Eingangsdaten und

---

[325] Eine Veränderung der Aktivierungsquote ist wertneutral, da die Bewertung eines Objektes auf Basis von Zahlungsgrößen zum gleichen Resultat wie die Bewertung auf Basis von Er-folgsgrößen führt (siehe auch die Erläuterungen zu Abb. 55 in Abschnitt 4.5.2.1).

[326] Zur Anreizregulierung auf Basis von Revenue Caps siehe Abschnitt 2.3.2.

[327] Vgl. DAMODARAN (2001), S. 462.

der sensiblen Reaktion des Unternehmenswertes auf Änderungen der finanziellen Werttreiber ist der berechnete Unternehmenswert stets nur als mehr oder weniger genaue Schätzung zu betrachten. Da die Ermittlung des Discounted EP im Rahmen des Performance Managements von Stromnetzbetreibern allerdings primär dem Zweck der unternehmenswertorientierten Führung und nicht der möglichst exakten Unternehmensbewertung wie im Falle einer Transaktionsvorbereitung dient, ist diese Verlässlichkeitsgrenze im Rahmen dieser Arbeit weitgehend hinnehmbar.

Die Anwendung periodischer Performancegrößen wie EP, RONOA oder EBIT weist allerdings im Rahmen der unternehmensinternen Steuerung den wesentlichen Nachteil auf, dass durch sie auch substanzverzehrende Asset-Strategien wie der Aufschub anstehender Instandhaltungsmaßnahmen gefördert werden, die nur zu kurzfristigen Ergebnisverbesserungen führen und langfristig mit erheblichen negativen Folgewirkungen verbunden sein können. Die im Detaillierungscockpit dargestellten Langfristanalysen können derartige negative Entwicklungen aufgrund ihres Aggregationsgrades und fehlenden operativen Bezugs nur bedingt sichtbar machen.

Nach der Vorstellung des Performance-Bereiches „Finanzresultate" werden im weiteren Verlauf der Arbeit die operativen Performancebereiche des NPCs vorgestellt.

4.6   Performance-Bereich Kosteneffizienz

Aufgrund weitgehend exogener Erlöse liegen im Stromnetzgeschäft die wesentlichen Ansatzpunkte für Performancesteigerungen auf der Kostenseite. So wie der Unternehmenswert die zentrale Performancegröße im übergreifenden Performance-Bereich Finanzresultate darstellt, existiert dabei auch für den spezifischen Bereich der

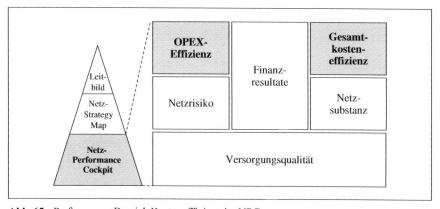

Abb. 65: Performance-Bereich Kosteneffizienz im NPC

Netzkosten mit dem Effizienzwert aus dem Kostenbenchmarking des Regulators eine zentrale Messgröße, an der die Performancesteuerung ausgerichtet werden kann.
Im Folgenden werden zunächst die Ermittlung und Interpretation der Kosteneffizienz
von Stromnetzbetreibern erläutert und im Anschluss dann anhand der kostenbezogenen NPC-Detaillierungsbereiche konkrete Messgrößen für die Kostensteuerung vorgestellt.

4.6.1   Kosteneffizienz von Stromnetzbetreibern

Unter dem Oberbegriff der Kosteneffizienz wird im Rahmen dieser Arbeit das Verhältnis zwischen dem Leistungsoutput des Stromnetzgeschäftes und dem zugehörigen Kosteninput verstanden. Die Beurteilung der Kosteneffizienz bzw. Gesamtkosteneffizienz[328] eines Stromnetzbetreibers stellt aufgrund der Vielzahl exogener
Kostentreiber wie der Abnahme- und Einspeisungsstruktur eine besonders komplexe
Aufgabe dar. Im Gegensatz zu Unternehmen des freien Wettbewerbs, die ihre Effizienz i. d. R. mit Hilfe von aufwendigen Benchmarkingprojekten bei häufig schwer
zugänglichen Vergleichsdaten bewerten müssen, wird die Effizienzbeurteilung für
das Stromnetzgeschäft im Rahmen der Anreizregulierung allerdings durch den Regulator übernommen.

Die Ausrichtung der Kostensteuerung auf den durch den Regulator ermittelten Effizienzwert wird im Rahmen dieser Arbeit insbesondere aus dem Grund empfohlen,
dass er im Rahmen der Anreizregulierung die eingeräumten Umsatzerlöse signifikant beeinflussen kann.[329] Weiterhin wird es aufgrund des umfassenden Ansatzes und
der unabhängigen Perspektive des regulatorischen Effizienzbenchmarkings wohl
kaum verlässlichere Effizienzkennzahlen für das Stromnetzgeschäft geben. Darüber
hinaus bietet es sich an, die Eingangsgrößen des Effizienzwertes auf einzelne Teilnetze herunterzubrechen, um so den regulatorischen Effizienzdruck nach innen zu
tragen.

Zur Darstellung der Bestimmungsfaktoren der Kosteneffizienz von Stromnetzbetreibern wird im Folgenden die Vorgehensweise der regulatorischen Effizienz-
messung überblicksweise erläutert, die hier in vier Schritte gegliedert wird (siehe
Abb. 66).

Im ersten Schritt des Effizienzbenchmarkings werden geeignete statistische Verfahren ausgewählt, die auf Basis des Verhältnisses von Leistungsoutput- und Kosteninputdaten die relative Effizienz von Einzelunternehmen im Vergleich zu anderen
Unternehmen ableiten. Die Anwendung relativ aufwendiger statistischer Verfahren

---

[328] Die Begriffe Kosteneffizienz und Gesamtkosteneffizienz werden im Folgenden synonym
    verwendet.
[329] Zur Anreizregulierung siehe Abschnitt 2.3.2.

Festlegung des Benchmarking-verfahrens	Erhebung der Kosten-daten	Festlegung der Leistungs- und Strukturdaten	Ermittlung des Effizienzwertes
• Auswahl geeigneter statistischer Analyse-methoden: - Nicht-parame-trische Verfahren (z.B. Data Envelop-ment Analysis) - Parametrische Verfahren (z.B. Modified Ordinary Least Squares)	▪ Standardisierte Er-hebung der Kosten-rechnungsdaten ▪ Datenbereinigung um nicht-beein-flussbare Kosten-bestandteile (z.B. vorgelagerte Netz-nutzungsentgelte, Steuern) ▪ Erfassung mög-licher Störfaktoren (z.B. Asset Alters-truktur, Aktivie-rungs- bzw. Ab-schreibungspolitik)	• Häufig verwendete Output- bzw. Strukturgrößen: - Energieabgabe - Anzahl Anschlüsse - Maximallast - Netzlänge - Versorgungs-fläche - etc.	• Anwendung der ausgewählten Analysemethoden • Bestimmung der unternehmens-individuellen Effizienzwerte

Abb. 66: Ermittlung des Effizienzwertes von Stromnetzbetreibern[330]

ist dabei erforderlich, da der Leistungsoutput eines Stromnetzbetreibers durch meh-rere, z. T. voneinander unabhängige Leistungsgrößen wie Energieabgabe, Anschluss-anzahl oder Versorgungsfläche bestimmt wird.

Als relevante statistische Verfahren kann zwischen parametrischen Verfahren wie der Modified Ordinary Least Square (MOLS)-Methode und nicht-parametrischen Methoden wie der Data Envelopment Analysis (DEA) unterschieden werden.[331] Das generelle Verfahrensprinzip dieser Ansätze kann dabei anhand eines stark verein-fachenden Beispiels zur DEA-Analyse veranschaulicht werden. In Abb. 67 wird dies-bezüglich auf Basis der spezifischen Effizienzkennzahlen Anzahl Anschlüsse/Ge-samtkosten und Energieabnahme/Gesamtkosten durch die Best Practice-Unterneh-men A, B und F eine fiktive Effizienzgrenze aufgespannt, die von keinem der unter-suchten Unternehmen überschritten wird. Bei einem Effizienzvergleich der Strom-netzbetreiber A–F würden die Unternehmen A, B, und F daher einen Effizienzwert von 100 Prozent und die übrigen Unternehmen einen niedrigeren Wert entsprechend ihres Abstandes von der Effizienzgrenze aufweisen.

---

[330] In Anlehnung an E-Control (2005), S. 33–36 sowie VDEW (2006).

[331] Die Modified Ordinary Least Square-Methode stellt einen funktionalen Zusammenhang zwischen Input und Output her, während die Data Envelopment Analysis die Effizienzgrenze durch lineare Programmierung ermittelt. Zur näheren Erläuterung vgl. z. B. E-Control (2005), S. 33 ff.

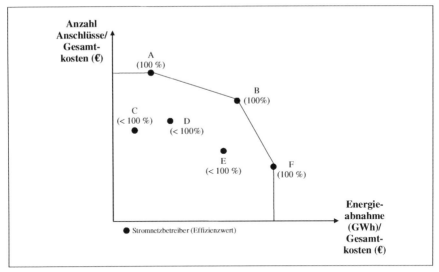

Abb. 67: Prinzipdarstellung zur Data Envelopment Analysis[332]

Im zweiten Schritt des Effizienzbenchmarkings werden die unternehmensspezifischen Kosteninputdaten bestimmt. Zunächst werden dazu die unternehmensindividuellen Kostendaten nach einem standardisierten Erfassungsschema erhoben und einer Kostenrechnungsprüfung durch den Regulator unterzogen.[333] In das Effizienzbenchmarking fließen dabei prinzipiell die Kosten ein, die originär dem Netzgeschäft zuzuordnen und grds. beeinflussbar sind.[334] Die nach den regulatorischen Berechnungsvorschriften ermittelten Kostenansätze können sich dabei insbesondere bezüglich der Kapitalkosten und der Abschreibungen signifikant von der unternehmensinternen Kostenrechnung und externen Finanzberichterstattung unterscheiden.

Zur angemessenen Interpretation der Benchmarking-Ergebnisse wird darüber hinaus häufig vorgeschlagen, neben den reinen Kostendaten zusätzliche Informationen zu möglichen Störfaktoren wie der unternehmensindividuellen Aktivierungs- bzw. Abschreibungspolitik oder der Asset-Altersstrukur einzuholen, da diese die Kostenvergleichbarkeit erheblich beeinträchtigen können.

---

[332] In Anlehnung an ZANDER (2006), S. 15. Die Gesamtkosten werden hier definiert als die Summe von OPEX, Abschreibungen und Gesamtkapitalkosten.

[333] Vgl. z. B. MÜLLER-KIRCHENBAUER (2006), S. 15–16.

[334] Nicht beeinflussbar wären in diesem Fall bspw. die vorgelagerten Netznutzungsentgelte für die Transportnetzebene. Für eine konkrete Abgrenzung der relevanten Kosteninputdaten siehe auch Abschnitt 2.3.2 sowie die Kostenkategorisierung der deutschen Stromnetzentgeltverordnung (StromNEV).

Zur Ermöglichung einer Normalisierung der unternehmensindividuellen Kostendaten erfolgt **im dritten Schritt** eine Erhebung der relevanten Leistung- bzw. Struk-
turgrößen, für die sich eine Vielzahl vorwiegend exogener Variablen mit signifikan-
tem Einfluss auf die Netzkosten anbietet. In der Praxis werden diesbezüglich häufig
die Energieabgabe bzw. Maximallast je Spannungsebene, die Anzahl Anschlüsse je
Kundengruppe oder die Größe des Netzgebietes herangezogen. Darüber hinaus wird
oftmals auch die kurzfristig exogene, langfristig endogene Netzlänge als Output-
größe verwendet.[335]

Bezüglich der Leistungsgrößenermittlung ist generell darauf hinzuweisen, dass es
keine Standardkombination von Outputdaten gibt, die allgemeingültig eingesetzt
werden kann.[336] Für die konkrete Zusammenstellung der Outputgrößen werden daher
häufig Voruntersuchungen zur konkreten Eignungsüberprüfung der einzelnen Struk-
turvariablen durchgeführt.

Im vierten Schritt werden anhand der erhobenen Input-Output-Verhältnisse die
unternehmensindividuellen Effizienzwerte ermittelt. Aufgrund der spezifischen Grenzen der einzelnen Analyseverfahren werden dazu häufig mehrere Analyseverfahren pa-
rallel angewendet und die verfahrensspezifischen Einzelwerte zu einem gemeinsamen
Gesamtergebnis verdichtet. Weiterhin kann es erforderlich sein, die Benchmarkingergebnisse auf evtl. Verzerrungen durch Unterschiede in der unternehmensspezifischen
Abschreibungs- bzw. Aktivierungspolitik oder der Asset-Altersstruktur zu überprüfen,
da diese die Belastbarkeit der Benchmarkingergebnisse erheblich beeinträchtigen können.[337] Bei einer Vernachlässigung dieser Aspekte könnten bspw. Unternehmen mit einem relativ alten und weitgehend abgeschriebenen Anlagenbestand aufgrund ihrer
zeitpunktbezogen niedrigen Abschreibungen und der daraus resultierenden niedrigeren
Kostenbasis bei der Effizienzbeurteilung übervorteilt werden.

Die in Abb. 68 (s. S. 154) als Praxis-Beispiel dargestellten Effizienzwerte österreichischer Stromnetzbetreiber geben einen Überblick über das Gesamtergebnis des regulatorischen Effizienzbenchmarkings. Die Effizienzwerte sind dabei so zu verstehen, dass z. B. das Best Practice-Unternehmen C bezogen auf seine Gesamtkosten 10
Prozentpunkte mehr Leistungsoutput erzeugt als Unternehmen I. Konkret kann sich
die höhere Kosteneffizienz dabei neben weiteren Strukturparametern z. B. in einer
höheren Energieabnahme je Euro Gesamtkosten niederschlagen. Für das Unternehmen I würde dies bedeuten, dass es sich zur Steigerung seiner Kosteneffizienz u. a.
eine entsprechende Verbesserung des Verhältnisses von Energieabnahme und Gesamtkosten zum Ziel setzen sollte.

---

[335] Vgl. E-Control (2005), S. 33–36.

[336] Vgl. E-Control (2005), S. 34. Die Aussage gilt insbesondere in Ländern wie Österreich, in
denen die Zahl einsetzbarer Outputgrößen aufgrund einer eher niedrigen Anzahl an Ver-
gleichsunternehmen limitiert ist.

[337] Vgl. VDEW (2006), S. 11.

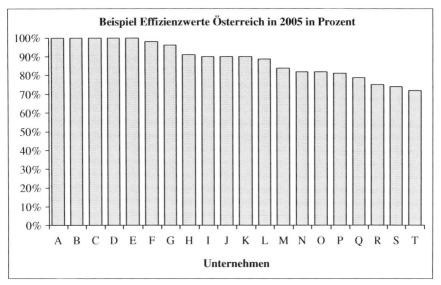

Abb. 68: Kosteneffizienz österreichischer Stromnetzbetreiber[338]

Nach der Erläuterung der Zusammensetzung des regulatorischen Effizienzwertes werden im Folgenden mit den kostenbezogenen Detaillierungsbereichen des NPC konkrete Ansatzpunkte für Kosteneffizienzsteigerungen vorgestellt.

4.6.2 Detaillierungsbereiche Gesamtkosteneffizienz und OPEX-Effizienz des NPC

Zur besonderen Betrachtung von Kosteneffizienzaspekten werden im NPC die Bereiche Gesamtkosten und OPEX vorgesehen. Während im Cockpit-Bereich Gesamtkosten primär langfristig beeinflussbare Performancegrößen abgebildet werden, liefert der Cockpit-Bereich OPEX eher kurzfristige Ansatzpunkte für Kosteneffizienzsteigerungen.

In Abb. 69 wird der NPC-Detaillierungsbereich Gesamtkosten vorgestellt. In der oberen Tabellenreihe werden hier die anteiligen Gesamtkosten je abgenommener MWh für die Hoch-, Mittel- und Niederspannungsebene aufgeführt.[339] Hinsichtlich

---

[338] Vgl. E-Control (2005), S. 36.

[339] Zur Ermittlung der anteiligen Gesamtkosten je abgenommener MWh für die einzelnen Spannungsebenen siehe Tab. 1 in Abschnitt 2.4.3. Analog zum Management-Cockpit umfassen die Gesamtkosten im diesbezüglichen Cockpit-Detaillierungsbereich nur die grds. beeinflussbaren Gesamtkosten ohne vorgelagerte Netznutzungsentgelte. Zur konkreten Datenbasis für den NPC-Gesamtkostenbereich siehe Anhang.

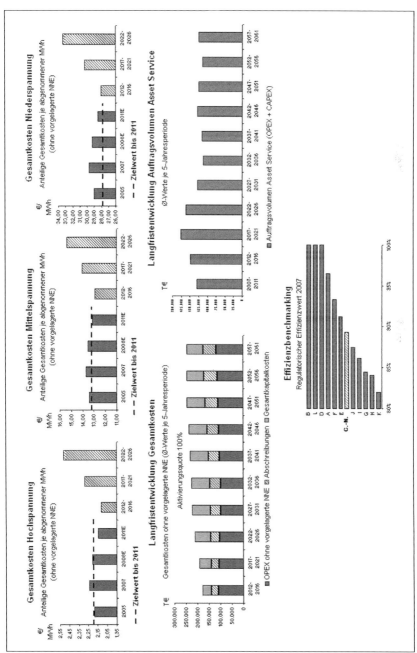

Abb. 69: NPC-Detaillierungsbereich Gesamtkosteneffizienz

von Zielvorgaben für die Gesamtkostenentwicklung im Detailprognosezeitraum ist dabei zu beachten, dass ein Großteil der Gesamtkosten wie die Abschreibungen oder die Gesamtkapitalkosten kurzfristig nur sehr begrenzt beeinflussbar ist. Im Fallbeispiel City-Network kann der aktuelle Effizienzrückstand von über 10 Prozentpunkten zu den Best Practices des regulatorischen Effizienzbenchmarkings daher nicht innerhalb des Detailprognosezeitraums aufgeholt werden, was sich in Abb. 69 (s. S. 155) in den eher geringen geplanten Gesamtkostensenkungen bis 2011 zeigt.

Über die spezifischen Gesamtkosten und den regulatorischen Effizienzwert hinaus wird im NPC-Detaillierungsbereich Gesamtkosten zudem die langfristige Entwicklung der Gesamtkosten und des Asset Service-Auftragsvolumen dargestellt. Die langfristige Gesamtkostenentwicklung verdeutlicht im Fallbeispiel City-Network die Bedeutung zyklischer Effekte im Stromnetzgeschäft, da sich aufgrund des anstehenden „Reinvestitionsbergs" ein grundsätzlicher Gesamtkostenanstieg trotz möglicher Effizienzsteigerungen kaum vermeiden lassen wird.[340] Das Auftragsvolumen des Asset Service ergibt sich letztlich aus den Asset Service-bezogenen OPEX bzw. CAPEX und ermöglicht eine Vorschau auf mögliche Kapazitätsengpässe im Service Provider-Bereich.[341]

Als weiterer kostenbezogener Cockpitabschnitt wird in Abb. 70 der NPC-Detaillierungsbereich OPEX dargestellt, der spezifische Effizienzkennzahlen für das Asset Management, den Asset Service und den kundenbezogenen Service enthält.[342] Während für das Asset Management[343] und den Asset Service die spezifischen OPEX ins Verhältnis zum Kostentreiber Netzlänge gesetzt werden, wird für die Effizienzbetrachtung bezüglich des kundenbezogenen Service der Kostentreiber Kunden- bzw. Einwohneranzahl im Versorgungsgebiet herangezogen. Es zeigt sich im Fallbeispiel City-Network unter anderem, dass im OPEX-Bereich aufgrund seiner

---

[340] Wie bereits im Rahmen der CAPEX-Prognose in Abschnitt 4.5.2.1 angemerkt, kann die hier noch stark vereinfachend durchgeführte langfristige Prognose von Gesamtkosten und Asset Auftragsvolumen im Rahmen der in Abschnitt 3.3.2.3 erläuterten strategischen Asset Planung weiter differenziert werden.

[341] Zum Beispiel könnten Belastungsspitzen im Asset Service-Auftragsvolumen durch einen notwendigen Einkauf teurer Zusatzkapazitäten zu einem Anstieg der Maßnahmen-spezifischen Kosten führen.

[342] Zur Vollständigkeit der Darstellung wäre an dieser Stelle noch der sonstige Service aufzuführen, der aufgrund seiner nachgelagerten Bedeutung hier allerdings nicht gesondert betrachtet wird. Zur Abgrenzung der Service Provider-Bereiche siehe Abschnitt 2.4.2.

[343] Bezüglich des Asset Management-Bereichs ist allerdings zu beachten, dass hier Effektivitätsziele im Vordergrund stehen und die OPEX-Effizienz für die Performance-Beurteilung des Asset Managers somit nur als zweitrangig angesehen werden darf (zu den strategischen Ziele der verschiedenen Organisationsebenen des Stromnetzgeschäftes siehe auch Abschnitt 4.3.3).

auch kurzfristigen Beeinflussbarkeit deutlich höhere prozentuale Kostensenkungsziele angestrebt werden können als im zuvor betrachteten Gesamtkostenbereich.[344]

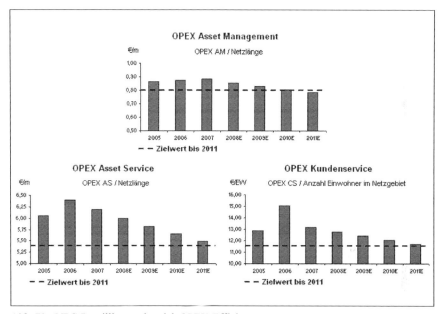

Abb. 70: NPC-Detaillierungsbereich OPEX-Effizienz

Für weitere Detaillierungen der Kosteneffizienzbetrachtung bieten sich über den Gesamtkosten- und OPEX-Bereich hinaus insbesondere die bereits in Abschnitt 4.4 angemerkten Service-Prozess-Cockpits an, mit deren Hilfe die Prozesseffizienz der Service-Provider-Bereiche analysiert werden kann. Da Service-Prozess-Cockpits allerdings nicht im Fokus dieser Arbeit stehen, wird auf sie an dieser Stelle nicht näher eingegangen.[345]

---

[344] Im Fallbeispiel City-Network entspricht u. a. die für den Asset Service angestrebte OPEX-Senkung von 2007 bis 2011 einer Kostensenkung um mehr als 10% des Ausgangskostenniveaus, während im Gesamtkostenbereich für den gleichen Zeitraum nur eine prozentuale Kostensenkung von ca. 5% eingeplant werden kann.

[345] Es wird an dieser Stelle auf die in der Literatur ausführlich erläuterte Analyse der Prozesskosteneffizienz im Allgemeinen verwiesen, von der hier angenommen wird, dass sie auf die Service-Prozesse des Stromnetzgeschäftes weitgehend übertragen werden kann (vgl. z. B. MAYER et al. (2005)).

4.6.3   Relevanz und Verlässlichkeit der gewählten Performancegrößen

Der zentrale Nutzen der Anwendung des Effizienzwertes des regulatorischen Effizienzbenchmarkings für das Netzinfrastruktur-Management liegt in der Ermöglichung einer fundierten Standortbestimmung hinsichtlich der Kosteneffizienz eines Stromnetzbetreibers, die wichtige Anhaltspunkte für die Formulierung von Kostensenkungszielen liefert. Durch die zu Grunde liegende Gesamtkostenbetrachtung werden dabei Abgrenzungsprobleme durch Wechselwirkungen zwischen einzelnen Kostenblöcken vermieden.[346] Weiterhin ermöglicht die Anwendung des regulatorischen Effizienzwertes als Performancekennzahl eine Abstimmung von Kostensenkungszielen mit dem Regulierungsmodell.

Eine wesentliche Verlässlichkeitsgrenze des Effizienzwertes kann allerdings darin gesehen werden, dass er als vergangenheitsorientierte, periodische Größe wie der Economic Profit nur eine Momentaufnahme der Performanceentwicklung darstellt. Es kann für das Management daher auch für diesen Performance-Bereich ein Anreiz zur nur kurzfristigen Ergebnisoptimierung bspw. durch den Aufschub anstehender Instandhaltungsmaßnahmen bestehen.

Die Aussagefähigkeit des regulatorischen Effizienzwertes wird weiterhin dadurch beeinträchtigt, dass unternehmensspezifische Besonderheiten hinsichtlich der Abschreibungs- und Aktivierungspolitik oder der Asset-Altersstruktur nur begrenzt berücksichtigt werden können, diese die Kostenentwicklung aber ggf. erheblich beeinflussen.

Nach der Vorstellung des Performance-Bereiches Kosten wird im Folgenden mit dem Performancebereich Netzrisiko eine zentrale kurzfristige Restriktion für die Verfolgung von Kostensenkungszielen aufgezeigt.

4.7   Performance-Bereich Netzrisiko

Durch den Performance-Bereich Netzrisiko, welcher das Risiko durch Störungen im Versorgungsnetz betrachtet, kann der aktuelle Handlungsbedarf für Instandhaltungsmaßnahmen im Versorgungsnetz zum Ausdruck gebracht werden. Das Netzrisiko stellt somit den Gegenpol zu den Asset-bezogenen Kosten bzw. zum Auftragsvolumen des Asset Service dar.

Im Folgenden wird das Netzrisiko zunächst in das Enterprise Risk Management des Stromnetzgeschäftes eingeordnet. Anschließend wird dann die Operationalisierung des Netzrisikos für das Performance Management erläutert und daraufhin der

---

[346] Abgrenzungsprobleme ergeben sich u. a. bei einer isolierten Betrachtung der OPEX-Effizienz, da niedrige Betriebskosten z. B. mit einem hohen Automatisierungsgrad und daraus resultierenden hohen Abschreibungen und Kapitalkosten verbunden sein können.

diesbezügliche NPC-Detaillierungsbereich vorgestellt. Zum Abschluss dieses Abschnitts erfolgt wiederum eine gesonderte Beurteilung der Relevanz und Verlässlichkeit der hier vorgestellten Performancegrößen.

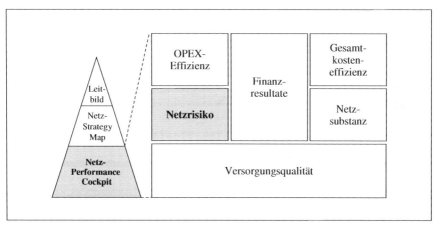

Abb. 71: Performance-Bereich Netzrisiko im NPC

4.7.1 Einordnung des Netzrisikos in das Enterprise Risk Management

In Bezug auf das Enterprise Risk Managements[347] im Stromnetzgeschäft werden hier die fünf übergreifenden Risikobereiche „Risiken höherer Gewalt", „Regulatorisches Risiko", „Strategisches Risiko", „Operatives Risiko" und „Finanzwirtschaftliches Risiko" unterschieden (siehe Abb. 72, S. 160).

Die **Risiken „höherer Gewalt"** beziehen sich auf unvorsehbare Naturkatastrophen, die im Falle ihres Eintritts verheerende Folgen bis hin zur Zerstörung der Netzinfrastruktur nach sich ziehen können.

Das **regulatorische Risiko** beruht im Stromnetzgeschäft im Wesentlichen auf möglichen Umsatzminderungen infolge des Einflusses des Regulators auf die Netznutzungsentgelte. Aufgrund des hohen Gewichtes der Umsatzerlöse am Unternehmenswert und der hohen Unsicherheit über die langfristige Erlösentwicklung vor dem Hintergrund der sich erst im Aufbau befindlichen Anreizregulierung kann das regulatorische Risiko zu einem erheblichen Value at Risk führen.[348] Das exogene regulatorische Risiko kann daher die Entwicklung des Netzgeschäftes sehr stark beeinträchtigen.

---

[347] Zur allgemeinen Erläuterung des Enterprise Risk Managements siehe Abschnitt 3.2.

[348] Siehe die nähere Erläuterung und das Berechnungsbeispiel zum Value at Risk in Abschnitt 4.5.3.2.

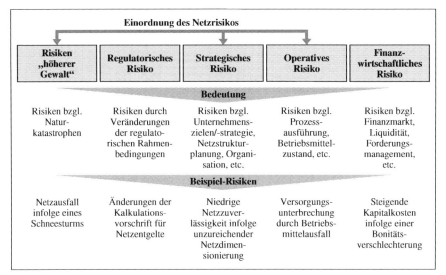

Abb. 72: Bereiche des Enterprise Risk Managements im Stromnetzgeschäft[349]

Die Bereiche „**Strategisches Risiko**" und „**Operatives Risiko**" beziehen sich auf die eigentliche unternehmerische Geschäftstätigkeit eines Stromnetzbetreibers. Als strategische bzw. operative Risiken können diesbezüglich bspw. eine niedrige Netzzuverlässigkeit infolge einer unzureichenden Netzdimensionierung bzw. eine Versorgungsunterbrechung durch einen Betriebsmittelausfall betrachtet werden.

Dem Bereich „**Finanzwirtschaftliches Risiko**" sind Risiken des Finanzierungsmanagements wie ein Anstieg der Kapitalkosten infolge einer Verschlechterung der Bonität zuzuordnen. Generell kommt dem finanzwirtschaftlichen Risiko im Stromnetzgeschäft aktuell allerdings noch eine eher geringe Bedeutung zu, da Stromnetzbetreiber i. d. R. über eine hohe Finanzkraft verfügen.[350]

Unter dem Oberbegriff „**Netzrisiko**" wird hier das Asset-bezogene Risiko des Netzinfrastruktur-Managements verstanden. Das Netzrisiko ergibt sich dabei aus dem

---

[349] Die Risikoklassifizierung erfolgt in Anlehnung an KEITSCH (2004), S. 5. KEITSCH unterscheidet diesbezüglich die Risikobereiche „Risiken höherer Gewalt", „politische und/oder ökonomische Risiken", „Geschäftsrisiken", „Betriebsrisiken" und „Finanzrisiken".

[350] Dies liegt im Wesentlichen darin begründet, dass starke Umsatzeinbrüche auch im Szenario der Anreizregulierung relativ unwahrscheinlich sind und die Anteilseigner von Stromnetzbetreibern in den meisten Fällen große finanzstarke Energiekonzerne oder Länder bzw. Kommunen sind. Die Ausgangssituation eines eher niedrigen finanzwirtschaftlichen Risikos kann sich allerdings im Falle von Umstrukturierungen auf der Anteilseignerseite deutlich ändern.

Barwert der erwarteten schadensbezogenen OPEX und CAPEX durch mögliche Schadensereignisse im betreffenden Bezugsjahr.[351] Es berührt in diesem Zusammenhang die ERM-Risikobereiche „Risiken höherer Gewalt", „Strategisches Risiko" und „Operatives Risiko".

Da Netzstörungen durch Netzüberlastungen, Betriebsmittelausfälle oder netzexterne Ereignisse wie extreme Wetterlagen nicht vollkommen ausgeschlossen werden können, müssen im Rahmen des Netzinfrastruktur-Managements stets gewisse Risiken in Kauf genommen werden. Im Cost Plus-Regulierungs-Szenario war eine ausreichende Risikobegrenzung dadurch sichergestellt, dass Stromnetzbetreiber die Kosten für Netzrisiko-mindernde Asset-Maßnahmen einschließlich eines Gewinnzuschlages vollständig erstattet bekamen. Risikobegrenzung und Gewinnerwirtschaftung stellten aus Sicht des Netzbetreibers somit komplementäre Ziele dar, was prinzipiell einen Anreiz zur Durchführung eines eher hohen Umfangs an Maßnahmen zur Netzrisikominderung lieferte. Eine übergreifende Steuerung des Netzrisikos war somit nicht zwingend notwendig.

Im Szenario der Anreizregulierung wird aufgrund der Entkopplung von Erlösen und Kosten dagegen eine Optimierung der fortan konfliktionären Größen Netzrisiko und Netzkosten erforderlich. Das Netzrisiko stellt daher eine zentrale Größe des Performance Managements im Stromnetzgeschäft dar, der insbesondere vor dem Hintergrund des anstehenden regulatorischen Preisdrucks eine hohe Relevanz zukommt.

Im Anschluss an die wesentlichen Begriffsabgrenzungen wird im folgenden Abschnitt die Operationalisierung des Netzrisikos für das Performance Management im Stromnetzgeschäft erläutert.

4.7.2 Ermittlung und Steuerung des Netzrisikos

Wie das Risikomanagement im Allgemeinen reicht auch das Management des Netzrisikos von der Risikoidentifikation und -bewertung über die Einleitung von Maßnahmen zur Risikobegrenzung bis hin zur fortlaufenden Risikoüberwachung.[352] Als Grundstruktur für die geschäftsspezifische Erörterung des Netzrisikomanagements wird im Rahmen dieser Arbeit die Gliederung des risikobasierten Asset Management-Prozesses des führenden niederländischen Stromnetzbetreibers Essent Netwerk

---

[351] In Anlehnung an SOBEK (2006), S. 50. Der erwartete Schadenswert entspricht dabei dem Produkt von Schadeneintrittswahrscheinlichkeit und resultierenden Schadensfolgen. Das für das Asset-bezogene Netzrisiko gewählte Risikoverständnis unterscheidet sich somit vom ERM-Risikobegriff, der sich nicht auf erwartete Schadenswerte, sondern auf das Risiko der Abweichung von einer erwarteten Entwicklung bezieht (vgl. GLEISSNER et al. (2005), S. 27 sowie Abschnitt 3.2).

[352] Zum Risikomanagement im Allgemeinen vgl. z. B. GLEISSNER et al. (2005), S. 28; REICHMANN (2006), S. 627.

B. V. zu Grunde gelegt.[353] Für die Ermittlung und Steuerung des Netzrisikos sind demnach vier wesentliche Schritte zu unterscheiden, die im Folgenden jeweils separat erläutert werden (siehe Abb. 73).

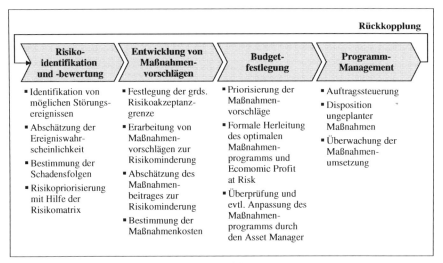

Abb. 73: Vorgehensweise Netzrisikomanagement[354]

4.7.2.1 Risikoidentifikation und -bewertung

Für die Risikoidentifikation kann das Netzrisiko in Abhängigkeit von den aus einem Störungsereignis resultierenden Schadensarten in die Risikokategorien Kosten, Qualität und Compliance untergliedert werden (siehe Tab. 15).[355]

Der **Risikokategorie „Kosten"** können die Schadensbeseitigungs- bzw. Wiederversorgungskosten, erhöhte Kundenbetreuungskosten sowie entgangene Netz-

---

[353] Das Risiko-basierte Asset Management von Essent Netwerk wurde im Dezember 2005 mit ISO 9001:2000 und PAS 55 zertifiziert, wobei der Standard PAS 55 durch den niederländischen Regulator DTe als gültiger Qualitätsstandard für niederländische Stromnetzbetreiber anerkannt wurde (vgl. z. B. Lloyd's Register (2006) sowie CLEMENS (2006), S. 23). Aufgrund der offiziellen Anerkennung durch den betreffenden Regulator und der in Abschnitt 2.2 erläuterten europaweit führenden Position der Niederlande hinsichtlich des Verhältnisses von Netzentgelt und Versorgungsqualität wird hier davon ausgegangen, dass der Aufbau des risikobasierten Asset Management-Prozesses von Essent Netwerk eine geeignete Grundstruktur für die folgenden Ausführungen liefert.

[354] In Anlehnung an CLEMENS (2006), S. 13.

[355] In Teilen angelehnt an SOBEK (2006), S. 50–54.

Tabelle 15: Netzrisikokategorien

Risiko-kategorie	Schadensart	Eignung für Risikooptimierung	Bewertung
Kosten	Kosten der Schadensbeseitigung	✓ zum Teil tolerierbare Risiken	monetär
	Kosten der Wiederversorgung		
	Erhöhte Kundenbetreuungskosten		
	Entgangene Netznutzungsentgelte		
Qualität	Regressansprüche bzw. Pönalen bei Unterschreitung kundenindividueller Mindeststandards	✓ zum Teil tolerierbare Risiken	monetär
	Strafzahlungen bei Unterschreitung netzübergreifender Mindeststandards		
Compliance	Nicht-regelkonformes Verhalten bzgl. technischer Regelwerke, Personenschutz, Umweltschutz sowie sonstiger gesetzlicher Vorschriften	↯ grds. nicht tolerierbare Risiken	digital*

* z. B. „signifikantes Risiko" vs. „nicht-signifikantes Risiko"

nutzungsentgelte als mögliche Schadensarten zugeordnet werden.[356] Die Kosten der Schadensbeseitigung fallen bei einem Ausfall bzw. einer Funktionsstörung eines Betriebsmittels für die Wiederherstellung des normalen betrieblichen Ablaufs an. Die diesbezüglich erwarteten OPEX und CAPEX können i. d. R. auf Basis von Schadensstatistiken für die betreffende Betriebsmittelgruppe sowie durch Expertenschätzungen beurteilt werden.

Falls eine Betriebsmittelstörung zu einer Versorgungsunterbrechung beim Endkunden führt,[357] können weiterhin zusätzliche Kosten für die Wiederversorgung der betroffenen Kunden bspw. durch die Bereitstellung einer mobilen Versorgung oder die Errichtung von provisorischen Verbindungswegen anfallen. Die erwarteten Kosten der Wiederversorgung müssen dabei unabhängig von den erwarteten Schadensbeseitigungskosten bewertet werden, da nicht jede Betriebsmittelstörung zu einer Versorgungsunterbrechung führt.

Im Falle größerer Netzausfälle kann es zu deutlich erhöhten Kundenbetreuungskosten im Call-Center kommen. Die diesbezüglichen Kosten können z. B. gestaffelt in Abhängigkeit von der Anzahl betroffener Kunden angesetzt werden.

Weiterhin können infolge eines Störungsereignisses kalkulatorische Kosten in Form entgangener Netznutzungsentgelte entstehen, da der während einer Versor-

---

[356] In Anlehnung an SOBEK (2006), S. 50–54.

[357] Eine Betriebsmittelstörung führt dann zu einer wesentlichen Versorgungsunterbrechung, wenn der betreffende Netzabschnitt nicht redundant ausgelegt ist.

gungsunterbrechung ausbleibende Energieverbrauch nur zum Teil durch die Netzkunden nachgeholt wird. Es kann hier allerdings davon ausgegangen, dass die entgangenen Netznutzungsentgelte im Rahmen der Ermittlung des Netzrisikos weitgehend vernachlässigt werden können, da sie aufgrund der i. d. R. sehr kurzen Unterbrechungsdauer im Vergleich zu anderen Schadensarten nur ein sehr geringes Ausmaß
haben.[358]

In der **Risikokategorie „Versorgungsqualität"**[359] können finanzielle Schäden bei
einer Unterschreitung kundenindividueller oder netzübergreifender Mindeststandards anfallen. Kundenindividuelle Mindeststandards können entweder auf vertraglichen Regelungen oder auf regulatorischen Vorgaben wie den im Rahmen der Qualitätsregulierung definierten Toleranzgrenzen für die kundenindividuelle Netzzuverlässigkeit basieren. Im Falle ihrer Nicht-Einhaltung können ggf. Regressansprüche
bzw. Pönalen gegen den Stromnetzbetreiber geltend gemacht werden. Für ein evtl.
Störungsereignis kann die Gesamthöhe des erwarteten Schadens durch die Unterschreitung von kundenindividuellen Qualitätsstandards z. B. auf Basis der Abneh-
meranzahl und -struktur des betroffenen Netzabschnittes bzw. -stranges abgeschätzt
werden.

Das Netzrisiko bzgl. der Nicht-Einhaltung netzübergreifender Mindeststandards
wie regulatorischer Mindestvorgaben für den SAIFI- bzw. SAIDI-Wert werden mit
Ausnahme von möglichen Großstörungen i. d. R. nicht einem einzelnen Störungsereignis zugeordnet, da sich einzelne Störungen üblicherweise nicht wesentlich auf
die Gesamtnetzqualität auswirken. Als Grundlage für die Abschätzung der netzüber-
greifenden Netzzuverlässigkeit bieten sich hier die Gesamtentwicklung der identifizierten Einzelrisiken sowie Netzausfallstatistiken vergangener Jahre an.

Der **Risikokategorie „Compliance"** können Verstöße gegen technische Regelwerke, den Personen- bzw. Umweltschutz oder sonstige gesetzliche Vorschriften
zugeordnet werden. Im Falle einer Feststellung von Compliance-Risiken ist eine un-
mittelbare Einleitung von Maßnahmen zur Risikobeseitigung erforderlich. Insbesondere dürfen Risiken wie zu erwartende Personenschäden, die nicht tolerabel sind,
nicht monetär bewertet werden wie die Risiken der Kategorien Kosten und Qualität.
Risiken im Bereich Compliance sollten somit vielmehr digital nach den Ausprägungen „signifikant" bzw. „nicht signifikant" unterschieden werden. Ein nicht signifikantes Personenrisiko liegt in diesem Zusammenhang bspw. vor, wenn das einem
möglichen Personenschaden zu Grunde liegende Störungsereignis sehr unwahrscheinlich bzw. nahezu unmöglich ist.

---

[358] Vgl. SOBEK (2006), S. 54. Ein signifikanter Schaden durch entgangene Netznutzungsentgelte
kann allerdings dann entstehen, wenn Industrie- bzw. Großkunden durch den Netzausfall betroffen sind.

[359] Zur näheren Erläuterung der Versorgungsqualitätsaspekte siehe Abschnitt 4.9.

Risiken, die weder finanzielle Folgen haben noch die Compliance bzgl. technischer Regelwerke, Personenschutz, Umweltschutz sowie sonstiger gesetzlicher Vorgaben beeinträchtigen, sollten gemäß der hier gewählten privatwirtschaftlichen Perspektive des Netzinfrastruktur-Managements nicht im Rahmen der Ermittlung des Netzrisikos berücksichtigt werden. Insbesondere werden die in der Literatur häufig aufgeführten Imageschäden nicht als relevante Risiken betrachtet. Zum einen kann davon ausgegangen werden, dass sich Imageschäden bei einem angemessenen Management der Qualitäts- und Compliance-Risiken in Grenzen halten. Zum anderen haben reine Imageschäden aufgrund der natürlichen Monopolstellung des Netzbetreibers prinzipiell keine finanziellen Auswirkungen.[360] Der theoretisch denkbare Fall, dass Großkunden aufgrund eines schlechten Images des Netzbetreibers das Netzgebiet verlassen könnten, kann dadurch vernachlässigt werden, dass die für die Kundenzufriedenheit maßgebliche individuelle Versorgungsqualität eines Großkunden i. d. R. an vertraglich vereinbarte Pönalen geknüpft ist, so dass eine Beeinträchtigung der Kundenzufriedenheit eines Großkunden indirekt über das entsprechende Qualitätsrisiko berücksichtigt wird.

Für die Erhebung von Einzelrisiken der oben aufgeführten Netzrisikokategorien bieten sich insbesondere die folgende **Kanäle zur Risikoidentifikation** an:[361]

- Reguläre Analysen
- Workshops
- Projekte
- Proaktive Risikomeldungen einzelner Mitarbeiter

Als reguläre Analysen können bspw. Inspektionen, das Zustandsmonitoring,[362] Ursachenanalysen zu Versorgungsunterbrechungen bzw. Störungen oder Health-, Safety-and Environment-Berichte (HSE-Berichte) betrachtet werden.

Durch Workshops mit Asset Management- oder Asset Service-Mitarbeitern und durch spezifische Projekte zur Untersuchung des Betriebsmittelverhaltens können über reguläre Analysen hinausgehende, übergreifende Erkenntnisse zur Entwicklung des Netzrisikos gewonnen werden.

Durch proaktive Risikomeldungen bspw. von erfahrenen Asset Service-Mitarbeitern können zudem bisher ggf. noch nicht berücksichtigte Risiken erhoben werden.

---

[360] Falls der Netzbetreiber noch den gleichen Firmennamen wie das ehemals integrierte Energieunternehmen trägt, können sich Imageschäden allerdings negativ auf den Konzern-zugehörigen Stromlieferanten auswirken. Die diesbezüglichen negativen Wechselwirkungen könnten bspw. z. T. dadurch vermieden werden, dass der Stromnetzbetreiber mit einem neutralen Firmennamen versehen wird.

[361] In Anlehnung an CLEMENS (2006), S. 11.

[362] Zum Zustandsmonitoring im Allgemeinen siehe Abschnitt 3.3.2.2.

Die über die verschiedenen Kanäle identifizierten Risiken können zusammen mit Maßnahmenvorschlägen zur Risikominderung in einem **Risikoregister** erfasst werden.[363] Das Risikoregister ermöglicht letztlich eine Plausibilisierung der gemeldeten Einzelrisiken bspw. durch eine Abstimmung der insgesamt erwarteten Schadenskosten mit Vergangenheitsdaten oder eine Gegenüberstellung der gemeldeten möglichen Schadenkosten von vergleichbaren Einzelrisiken. Auf diese Weise können die im Rahmen des Risikomanagements im Allgemeinen häufig auftretenden unternehmensinternen Zweifel an der Vollständigkeit und korrekten Quantifizierung der Einzelrisiken z. T. beseitigt werden.

Die erhobenen Einzelrisiken können mit Hilfe einer **Risikomatrix** priorisiert werden, welche aus dem Risikoregister generiert wird (siehe Abb. 74). Die Priorisierung der Einzelrisiken im Rahmen der Risikomatrix stellt letztlich die wesentliche Grundlage für die Entwicklung von Asset-Maßnahmenvorschlägen dar, die im folgenden Abschnitt erläutert wird.

Schaden-folgen		Eintrittswahrscheinlichkeit								
		So gut wie unmöglich	Unwahr-scheinlich	Mög-lich	Wahr-scheinlich	Regel-mäßig	Jährlich	Monat-lich	Täglich	Dauer-haft
		Nie von gehört	Schon einmal passiert in d. Industrie	Mehrmals passiert in der Industrie	Schon einmal passiert im Unter-nehmen	Mehrmals passiert im Unter-nehmen	Einmal bis einige Male pro Jahr im Unter-nehmen	Einmal bis einige Male pro Monat im Unter-nehmen	Einmal bis einige Male pro Tag im Unter-nehmen	Einmal bis einige Male pro Tag pro Teilnetz-gebiet
		< 10⁻⁵/a	> 10⁻⁴/a	> 0,001/a	> 0,01/a	> 0,1/a	> 1/a	> 10/a	>100/a	>1000/a
Verstoß gegen Compliance										
Vernach-lässigbar	< 1 T€									
Klein	1 – 10 T€									
Mäßig	10 – 100 T€									
Beträcht-lich	100 – 1.000 T€									
Ernsthaft	1.000 – 10.000 T€									
Katastro-phal	> 10.000 T€									

Legende: Vernach-lässigbares Risiko | Niedriges Risiko | Mittleres Risiko | Hohes Risiko | Untrag-bares Risiko

Abb. 74: Ausgestaltungsbeispiel einer Risikomatrix[364]

---

[363] Vgl. CLEMENS (2006), S. 18.
[364] In Anlehnung an CLEMENS (2006), S. 17.

4.7.2.2 Entwicklung von Maßnahmenvorschlägen

Im zweiten Vorgehensschritt ist zunächst die grds. Risikoakzeptanzgrenze festzulegen, auf deren Basis allgemein tolerierbare Risiken von prinzipiell maßnahmenrelevanten Risiken unterschieden werden können. Als grundsätzlich tolerabel können bspw. Risiken in dem als „vernachlässigbares Risiko" gekennzeichneten Bereich der obigen Risikomatrix betrachtet werden. Für die übrigen Asset Risiken sind konkrete Maßnahmenvorschläge zur Risikominderung zu erarbeiten, die nach den folgenden Kategorien unterschieden werden können:[365]

- Risikovermeidung
- Begrenzung der Schadensfolgen
- Verringerung der Ereigniseintrittswahrscheinlichkeit
- Abwälzung der Schadensfolgen

Als eine mögliche Maßnahme zur Risikovermeidung kann z. B. der Ausschluss möglicher Sturmschäden an Freileitungsmasten durch die Substitution von Freileitungen durch Kabel betrachtet werden. Aufgrund der i. d. R. hohen Kosten einer vollständigen Risikovermeidung sind für das Stromnetzgeschäft allerdings eher Maßnahmen zur Begrenzung der Schadensfolgen wie der Aufbau von Versorgungsredundanzen oder Maßnahmen zur Verringerung der Eintrittswahrscheinlichkeit wie die Auffrischung von Korrosionsschutz relevant.

Prinzipiell bieten sich darüber hinaus auch Maßnahmen zur Abwälzung der Konsequenzen von Störungsereignissen wie Versicherungen gegen Netzausfälle an, welche in der Praxis ggf. allerdings nur bedingt anwendbar sind. Zum Beispiel wurde bei einem an den Praxisinterviews teilnehmenden Regionalversorger geprüft, ob Kunden mit sensiblen Produktionsbetrieben für ein Zusatzentgelt Versicherungen gegen Netzausfälle angeboten werden können.[366] Es zeigte sich in diesem Fall allerdings, dass die betreffenden Risiken aus der Sicht von Versicherungsdienstleistern so schwer greifbar bzw. quantifizierbar sind, dass die angefragten Versicherungsunternehmen sicherheitshalber Prämien ansetzten, die letztlich nicht mehr bezahlbar waren.

Bei der konkreten Auswahl eines risikobezogenen Maßnahmenvorschlages sind insbesondere technische Rahmenvorgaben der langfristigen Netzplanung zu berücksichtigen. Bei Einzelbetriebsmittel-bezogenen Risiken ist zudem die jeweilige zustands- und wichtigkeitsabhängige Instandhaltungsstrategie zu berücksichtigen.[367] Im Ergebnis sollte der gewählte Maßnahmenvorschlag letztlich die beste vorhandene Maßnahmenalternative zur Minderung des betreffenden Einzelrisikos darstellen.

---

[365] Vgl. SCHMUDE (2006), S. 19.

[366] Zu den Praxisinterviews der Arbeit siehe Abschnitt 1.3.2.

[367] Zur Ableitung von Betriebsmittel-spezifischen Instandhaltungsstrategien vgl. Abschnitt 3.3.2.2 und insbesondere Abb. 33.

Falls ein Maßnahmenvorschlag dabei Abhängigkeiten zu anderen Maßnahmenvorschlägen aufweist, sollten diese für die weitere Planung explizit vermerkt werden.[368]
Für die erarbeiten Maßnahmenvorschläge sind im Anschluss die Maßnahmenkosten und der Maßnahmenbeitrag zur Risikominderung zu bestimmen. Die Abschätzung des Maßnahmenbeitrages zur Risikominderung gestaltet sich dabei i.d.R.
erheblich schwieriger als die Ermittlung der relativ gut planbaren Maßnahmenkosten.[369] Während bereits das Netzrisiko vor der Maßnahmendurchführung häufig
nur näherungsweise bestimmt werden kann, liegen i.d.R. keine belastbaren quantitativen Basisdaten für die Prognose der Veränderung des Netzrisikos infolge von Instandhaltungsmaßnahmen vor.[370] Trotz der aktuell noch unzureichenden Datenbasis
ist allerdings eine monetäre Quantifizierung des maßnahmenspezifischen Beitrages
zur Risikominderung prinzipiell notwendig, da nur durch sie eine Betriebsmittel-
gruppen-übergreifende Optimierung der Instandhaltungsplanung erreicht werden
kann. Bei fehlenden Basisdaten können die maßnahmenspezifischen Beiträge zur Risikominderung z.B. zunächst durch Expertenschätzungen grob prognostiziert und
mit zunehmenden Erfahrungswerten im Zeitablauf sukzessive verfeinert werden.

4.7.2.3 Budgetfestlegung

Im dritten Vorgehensschritt werden die einzelnen Maßnahmenvorschläge nach der
Maßnahmeneffektivität in Form des Verhältnisses von Maßnahmenkosten und Maßnahmenbeitrag zur Risikominderung priorisiert. Darauf aufbauend kann ein risiko-
optimiertes Gesamtbudget zunächst formal hergeleitet werden. Vereinfacht ausge-
drückt wird das Gesamtbudget dazu solange erhöht, bis die nächste durchzuführende
Maßnahme kein angemessenes Verhältnis von Maßnahmenkosten und Maßnahmenbeitrag zu Risikominderung mehr aufweist.[371] Gemeinsam mit dem optimalen Ge-

---

[368] Eine Maßnahmenabhängigkeit würde z. B. zwischen der Rostschutzerneuerung eines Freileitungsmasten zur Verminderung von Korrosionsschäden und der Substitution des betreffenden Freileitungsabschnittes durch eine Kabelstrecke zur Vermeidung von Sturmschäden
bestehen, da die Durchführung der letztgenannten Maßnahme die Durchführung der anderen
Maßnahme erübrigt.

[369] Falls sich Maßnahmenkosten über mehrere Perioden erstrecken, sollte der Barwert der Pro-
jekt-bezogenen OPEX und CAPEX angesetzt werden. Bei der Bemessung der Projektbarwertes ist zu beachten, dass Asset-Maßnahmen ggf. auch künftige Kosteneinsparungen wie
OPEX-Minderungen durch die Erhöhung des Automatisierungsgrades bewirken können, die
bei der Ermittlung des Projektbarwertes berücksichtigt werden sollten.

[370] Insbesondere liegen aktuell noch keine ausreichenden Statistiken zur Veränderung des Betriebsmittelzustandes infolge von Instandhaltungsmaßnahmen vor. Vgl. FGH (2006), S. 4–5.

[371] Geeignete mathematische Verfahren zur Lösung des hier vorliegenden ganzzahligen Opti-
mierungsproblems stellen bspw. die prioritization-method oder die branch and bound-
method dar. Zur näheren Erläuterung des Lösungsweges siehe z. B. PSERC (2006), S. 57–61;
KARYDAS et al. (January 2006), S. 84–99.

samt-Budget kann weiterhin die optimale Ressourcenverteilung auf einzelne Betriebsmittel- bzw. Instandhaltungsprojektgruppen abgeleitet werden. Abb. 75 zeigt diesbezüglich ein Anwendungsbeispiel für die Ermittlung eines risikooptimierten Gesamtbudgets und Maßnahmenprogramms für verschiedene Instandhaltungsprojektgruppen.

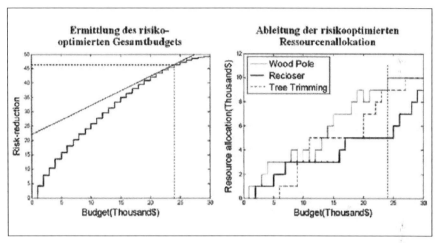

Abb. 75: Anwendungsbeispiel zur risikobasierten Budgetplanung[372]

Der priorisierte Maßnahmenkatalog sowie das abgeleitete risikooptimierte Gesamtbudget stellen die Ausgangsbasis für die Budgetentscheidung des Asset Managers dar. Dabei wird hier allerdings in Einklang mit Diskussionsergebnissen der Praxisinterviews die Meinung vertreten, dass aus den formal ermittelten Ergebnissen kein Automatismus für die tatsächliche Programmfreigabe abgeleitet werden darf.[373] Aufgrund der oben angemerkten Unsicherheiten bei der Risikoschätzung und der i. d. R. unterschiedlichen Qualität der eingereichten Maßnahmenvorschläge können die dargestellten Instrumente das über viele Jahre aufgebaute subjektive Erfahrungswissen des Asset Managers nicht ersetzen. Für die Maßnahmenvorschläge, die sich in der priorisierten Maßnahmenliste in einem zu definierenden Bereich nahe der Budgetgrenze befinden, ist daher prinzipiell noch eine individuelle Prüfung und manuelle Freigabe durch den Asset Manager empfehlenswert.

Die hier vorgestellte Vorgehensweise zur formalen Priorisierung von Asset-Maßnahmenvorschlägen kann somit als Hilfswerkzeug zur Trennung von „klaren" Fällen

---

[372] Vgl. PSERC (2006), S. 60.

[373] Zu den Praxisinterviews siehe Abschnitt 1.3.2.

verstanden werden, mit welchem sich die durch den Asset Manager persönlich zu bewertende Anzahl an Risiken und Maßnahmenvorschlägen erheblich reduzieren lässt und er sich so intensiver mit den schwieriger zu beurteilenden Maßnahmenvorschlägen in der Nähe der Budgetgrenze auseinander setzen kann.

Analog zur Ermittlung des in Abschnitt 4.5.3.2 erläuterten Value at Risk wird hier zudem der Gedanke verfolgt, mit Hilfe der Berechnung eines „Economic Profit at Risk" die bis auf eine bestimmte Restunsicherheit maximal mögliche Abweichung der tatsächlichen Schadenkosten von den erwarteten Schadenkosten für ein Planungsjahr zu ermitteln.[374] Während das nach der Risikooptimierung verbleibende Kosten- und Qualitätsrisiko die im Planungsjahr erwarteten Schadenkosten durch Störungsereignisse im Versorgungsnetz angibt und i.d.R. im geplanten EBIT mit berücksichtigt ist, drückt der EP at Risk bzgl. des Netzrisikos aus, wie viel des geplanten EP durch das bewusste Eingehen tolerabler Risiken im Asset Management riskiert wird. Er vermittelt somit einen Eindruck von dem unternehmerischen Risiko aus eingegangenen Netzrisiken. Das Prinzip des EP at Risk wird im Folgenden anhand eines vereinfachenden Beispiels veranschaulicht (siehe Abb. 76).

Tolerierte Risiken	Schadenkosten (€)	Eintrittswahrscheinlichkeit	Erwartungswert (€)
Störungsereignis 1 (S1)	50.000	0,99/Jahr	49.500
Störungsereignis 2 (S2)	100.000	0,1/Jahr	10.000
Störungsereignis 3 (S3)	200.000	0,05/Jahr	10.000
		Summe	69.500

	(€)
Erwartete Schadenkosten (in Ergebnisplanung berücksichtigt)	69.500
Maximal mögliche Schadenkosten in ca. 95 % aller Fälle	200.000
Economic Profit at Risk durch Tolerierung von S1, S2 und S3	130.500

Mögliche Störungsszenarien	Mögliche Gesamt-Schadenkosten (€)	Eintrittswahrscheinlichkeit	Kumulierte Eintrittswahrscheinlichkeit
Realisierung keines Störungsereignisses	0	0,855%	0,855%
Nur Realisierung S1	50.000	84,645%	85,500%
Nur Realisierung S2	100.000	0,095%	85,595%
Nur Realisierung S1 und S2	150.000	9,405%	95,000%
Nur Realisierung S3	200.000	0,045%	95,045%
Nur Realisierung S1 und S3	250.000	4,455%	99,500%
Nur Realisierung S2 und S3	300.000	0,005%	99,505%
Realisierung S1 und S2 und S3	350.000	0,495%	100%

Abb. 76: Beispiel zur Berechnung des Economic Profit at Risk[375]

---

[374] Der Value at Risk bezieht sich auf eine mögliche Veränderung des Discounted EP und basiert daher im Gegensatz zum EP at Risk auf einer mehrperiodigen Betrachtung.

[375] Dem vereinfachenden Beispiel liegt die Annahme zu Grunde, dass die tolerierten Risiken korrekt eingeschätzt sind und sich im Falle ihres Eintritts punktgenau mit den angegebenen Schadenkosten realisieren.

Während im Rahmen der Ermittlung des VaR in Abschnitt 4.5.3.2 aufgrund der nur sehr begrenzt abschätzbaren Risiken wie dem regulatorischen Risiko das Worst Case-Szenario für die Unternehmenswertentwicklung pauschal prognostiziert wurde, liegen für den Bereich des Netzrisikos aufgrund der detaillierten Risikoerfassung im Risikoregister relativ gute Risikoinformationen vor, die für eine Risikosimulation genutzt werden können.[376] Auf Basis der nach Durchführung des geplanten Maßnahmenprogramms verbleibenden Einzelrisiken kann daher – wie im obigen Rechenbeispiel vereinfacht dargestellt – die mögliche Streuung der Gesamtschadenkosten auf Basis der Einzeldaten analysiert werden. Es zeigt sich im Beispiel, dass die maximal möglichen Schadenkosten bereits bei einem Konfidenzintervall von ca. 95 Prozent ein Vielfaches der erwarteten Schadenkosten ausmachen.

Für das Performance Management im Stromnetzgeschäft bedeutet dies, dass im Rahmen des Netzrisikomanagements neben der Bewertung eines Maßnahmenkataloges anhand seines Beitrages zur Minderung der erwarteten Schadenkosten zusätzlich die Erhöhung des Unternehmensrisikos durch die Tolerierung von netzbezogenen Risiken berücksichtigt werden sollte. Aus Sicht der Anteilseigner bzw. der Geschäftsführung ist strenggenommen sogar nur der EP at Risk bzgl. des tolerierten Netzrisikos relevant, da die erwarteten Schadenskosten i. d. R. bereits in der EBIT-Planung berücksichtigt sind.

Für die hohe Anzahl an Einzelrisiken in der Praxis kann der EP at Risk bspw. mit Hilfe einer Monte Carlo-Simulation ermittelt werden. Während Risikoanalysen auf Basis von Simulation vor einigen Jahren aufgrund der begrenzten technischen Möglichkeiten nur bedingt umsetzbar waren, können Simulationsrechnungen heute mit Hilfe von Softwarezusätzen für die gängigen Tabellenkalkulationsprogramme weitgehend problemlos durchgeführt werden. Für die Monte Carlo-Simulation bietet sich u. a. die für Microsoft Excel erhältliche Systemapplikation Crystal Ball an.[377]

4.7.2.4 Programm-Management

Nach der Freigabe des Maßnahmenprogramms durch den Asset Manager erfolgt im vierten Vorgehensschritt das Programm-Management. Neben der Steuerung der Auftragsvergabe für die budgetierten Maßnahmen sind dabei insbesondere die ggf. im Laufe des Planjahres anfallenden ungeplanten Maßnahmen wie Instandhaltungsarbeiten nach Unwetterschäden zu disponieren. Sofern kein unmittelbarer Handlungsbedarf besteht, kann die Entscheidung zur Freigabe der zusätzlichen Maßnahmen unter Berücksichtigung der bestehenden Maßnahmenrangordnung erfolgen. Bei einem entsprechend vorteilhaften Verhältnis von Maßnahmenkosten und Maßnah-

---

[376] Zum Vergleich von Szenarioanalyse und Risikosimulation vgl. Abschnitt 4.5.3.2 sowie insbesondere Fußnote 320.
[377] Vgl. HOSTETTLER et al. (2004), S. 232.

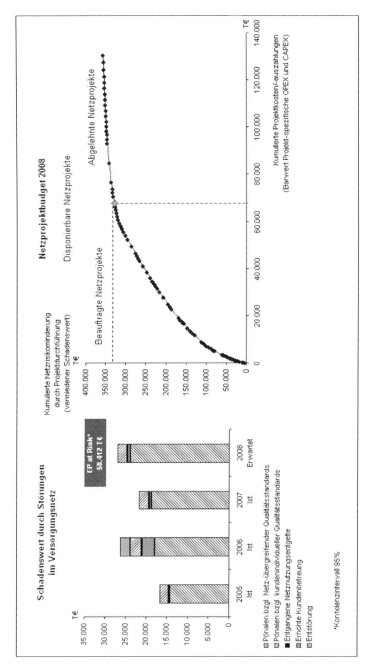

Abb. 77: NPC-Detaillierungsbereich Netzrisiko

menbeitrag zur Risikominderung können die zusätzlichen Maßnahmen dabei Maßnahmen aus dem bestehenden Maßnahmenprogramm verdrängen und ggf. zu einer nachträglichen Budgetanpassung führen. Die Überwachung der Maßnahmenausführung erfolgt i. d. R. über definierte Service Level Agreements, deren Einhaltung in regelmäßigen Abständen kontrolliert wird. Die im Rahmen des Program Managements gewonnenen Erfahrungen hinsichtlich der Maßnahmeneffektivität und der Entwicklung des Netzrisikos fließen schließlich per Rückkopplung in die fortlaufende Risikoidentifikation und -bewertung mit ein.

4.7.3 NPC-Detaillierungsbereich

Abb. 77 (s. S. 172) zeigt den NPC-Detaillierungsbereich Netzrisiko[378], der die wesentlichen Resultate des zuvor erläuterten Netzrisikomanagements zusammenfasst. In der Übersicht der disponierbaren Netzprojekte wird die Effektivität des geplanten Maßnahmenprogramms veranschaulicht. Die Cockpitabbildung konzentriert sich auf die grundsätzlich disponierbaren Netzprojekte, welche nicht unbedingt im betrachteten Planjahr durchgeführt werden müssen und somit den wesentlichen Hebel zur Steuerung des Netzrisikos darstellen. Letztlich sollten aus Sicht des Netzrisikomanagements, wie in Abschnitt 4.7.2.3 erläutert, nur die Netzprojekte durchgeführt werden, deren Beitrag zur Risikominderung die entsprechenden Maßnahmenkosten übersteigt.[379]

Auf Basis des Umfangs der abgelehnten bzw. aufgeschobenen Netzprojekte kann das Netzrisiko für das betrachtete Planjahr prognostiziert werden, das in Abb. 77 zur Ermöglichung von Plausibilitätsprüfungen den eingetretenen Ist-Schadenswerten der Vorjahre gegenübergestellt wird. Aufgrund der zum Teil erheblichen Unsicherheiten im Rahmen der Risikoprognose wird zur Vermeidung von Scheingenauigkeit keine weitere Risikoprognose über das 2008 hinaus vorgenommen. Zur Verdeutlichung des Unternehmensrisikos durch die Tolerierung von Asset-bezogenen Einzelrisiken wird zudem noch der zuvor erläuterte EP at Risk mit aufgeführt.

---

[378] Die in Abb. 77 dargestellten Netzrisiko-bezogenen Daten wurden für das Fallbeispiel City-Network ohne eine direkte rechnerische Verknüpfung zu den Finanzdaten frei gewählt. z. T. wurden dabei reale Wertverhältnisse berücksichtigt, die im Rahmen der Praxisinterviews dieser Arbeit erhoben wurden. Der für den EP at Risk angesetzte Wert wurde im Fallbeispiel ebenfalls frei gewählt.

[379] Bei der Bemessung der Maßnahmenkosten ist zu beachten, dass Asset-Maßnahmen nicht nur Kosten erzeugen, sondern ggf. auch künftige Kosteneinsparungen wie OPEX-Minderungen durch die Erhöhung des Automatisierungsgrades bewirken können. Derartige Einsparungen deterministischer Kosten sollten daher bei Ermittlung des Projektbarwertes berücksichtigt werden.

4.7.4   Relevanz und Verlässlichkeit der gewählten Performancegrößen

Der zentrale Nutzen der strukturierten Erhebung und Bewertung von Risiken durch Störungen im Versorgungsnetz liegt in der Ermöglichung einer Priorisierung von Asset-Maßnahmen vor dem Hintergrund der Ressourcenverknappung infolge der Anreizregulierung. Durch die finanzielle Bewertung der Einzelrisiken können insbesondere Maßnahmenvorschläge für unterschiedliche Betriebsmittelgruppen wie Kabel und Schaltanlagen anhand ihrer Maßnahmenkosten und ihres Beitrages zur Risikominderung direkt miteinander verglichen werden.

Weiterhin ermöglichen das aggregierte Netzrisiko und der diesbezügliche EP at Risk eine objektivierte finanzielle Einschätzung des aktuellen Handlungsbedarfes für Instandhaltungsmaßnahmen und verbessern somit die Kommunikation mit branchenfremden Finanzanalysten, denen vor dem Hintergrund der zunehmenden Eigenständigkeit des Stromnetzgeschäftes und des ansteigenden Reinvestitionsbedarfes eine zunehmende Bedeutung zukommt. Es kann diesbezüglich z. B. dargestellt werden, welche finanziellen Risiken mit einem ggf. zu knapp bemessenen Investitions- und Instandhaltungsbudget verbunden sind.

Eine Verlässlichkeitsgrenze der Anwendung des Netzrisikos zur Steuerung von Asset-Maßnahmen besteht allerdings darin, dass eine undifferenzierte Verwendung des Netzrisikos für die Maßnahmenpriorisierung zu einem Substanzverzehr in strukturschwachen Gebieten führen kann. Da bspw. in entlegenen Gebieten im Falle einer Versorgungsunterbrechung nur wenige Kunden betroffen sind und somit finanzielle Schäden infolge der Verletzung von Qualitätsstandards dort eher gering ausfallen, werden im Falle einer ausschließlich risikobasierten Instandhaltungsplanung strukturschwache Teilnetzgebiete systematisch zu Lasten von Netzregionen mit einem prinzipiell höheren Risiko vernachlässigt.

Eine weitere Verlässlichkeitsgrenze besteht darin, dass das Netzrisiko nur den aktuellen Handlungsbedarf bzgl. der möglichen Störungsereignisse des unmittelbar folgenden Planungsjahres ausweist. Aufgrund des fehlenden Asset Lebenszyklusübergreifenden Planungshorizonts kann somit auch durch Netzrisiko-bezogene Performancegrößen nicht eine evtl. schleichende Negativentwicklung durch substanzverzehrende Asset Strategien sichtbar gemacht werden. Im folgenden Abschnitt wird daher mit dem Performance-Bereich Netzsubstanz eine weitere Restriktion für die Verfolgung von Kostensenkungszielen vorgestellt.

4.8   Performance-Bereich Netzsubstanz

Aufgrund der Langlebigkeit der Netzbetriebsmittel und der daraus resultierenden extrem langfristigen Ursache-Wirkungs-Beziehungen im Rahmen des Netzinfrastruktur-Managements ist die Gefahr eines schleichenden Verzehrs der Netz- bzw.

Betriebsmittelsubstanz[380] durch ein sich kurzfristig optimierendes Asset Management besonders groß. Da durch einen kontinuierlichen Substanzverzehr unwirtschaftliche oder ggf. sogar nicht mehr zu bewältigende Belastungsspitzen des Asset Service-Auftragsvolumens entstehen können, wird im Folgenden ein Vorschlag zur Analyse der langfristigen Entwicklung der Betriebsmittelsubstanz vorgestellt.[381] Im Anschluss erfolgt dann wiederum die Darstellung des diesbezüglichen NPC-Detaillierungsbereiches sowie die Erörterung der Relevanz und Zuverlässigkeit der vorgestellten Performancegrößen.

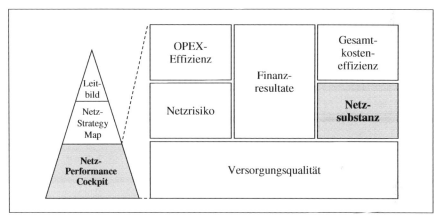

Abb. 78: Performance-Bereich Netzsubstanz im NPC

4.8.1 Analyse der Netzsubstanzentwicklung

Als Indikator für die Entwicklung der Betriebsmittelsubstanz wird im Rahmen dieser Arbeit die Restlebenserwartung der Betriebsmittel verwendet.[382] Prinzipiell sinkt die Restlebenserwartung von Betriebsmitteln im Zeitablauf durch Alterung bzw. Abnut-

---

[380] Ein unentdeckter Substanzverzehr kann sich diesbezüglich insbesondere durch einen systematischen Aufschub anstehender Instandhaltungsmaßnahmen ergeben.

[381] Als Netz- bzw. Betriebsmittelsubstanz werden im Rahmen dieser Arbeit die Positionen der in Abschnitt 4.5.2.1 erläuterten Asset Base (einschließlich der Betriebsgebäude für Verteilanlagen) betrachtet.

[382] Die Netzsubstanzentwicklung bzw. -erhaltung wird im Rahmen dieser Arbeit aus der Perspektive des physischen Leistungspotentials der Netzbetriebsmittel betrachtet. Durch die Sicherstellung einer ausgewogenen Restlebenserwartung der Netzbetriebsmittel soll eine langfristige Funktionserhaltung der Netzinfrastruktur und eine angemessene zeitliche Verteilung der finanziellen Belastungen durch Instandhaltungsmaßnahmen sichergestellt werden. Ein weiterer, hier nicht betrachteter Ansatz zur Substanzerhaltung ist bspw. das rein finanzielle
(Fortsetzung Fußnote 382 auf S. 176)

zung und stagniert bzw. steigt durch Instandhaltungsmaßnahmen (siehe Abb. 79). Es kann dabei davon ausgegangen werden, dass die Betriebsmittelzuverlässigkeit prinzipiell mit sinkender Restlebenserwartung degressiv abnimmt.[383]

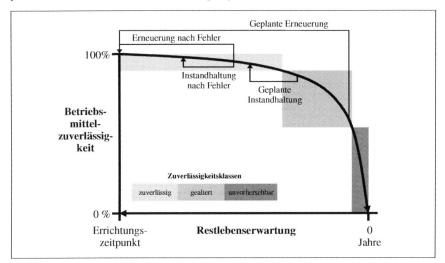

Abb. 79: Regelkreislauf der Restlebenserwartung von Einzelbetriebsmitteln (Prinzipdarstellung)[384]

Aus Gesamtunternehmenssicht kann die Entwicklung der Betriebsmittelsubstanz auf Basis einer Strukturierung des aktuellen Wiederbeschaffungswertes bzw. der Replacement Cost New (RCN) nach verschiedenen Restlebensdauerklassen analysiert werden (siehe Abb. 80). Ein Substanzverzehr liegt in diesem Zusammenhang dann vor, wenn der RCN-Anteil der Betriebsmittel mit einer niedrigen Restlebenserwartung ansteigt. Es reichen in diesem Fall die durchgeführten Instandhaltungs- und Erneuerungsmaßnahmen nicht aus, um die durchschnittliche Verringerung der Betriebsmittel-Restlebenserwartung durch Alterung bzw. Abnutzung zu kompensieren.

---

[382] *(Fortsetzung von S. 175)* Konzept der „Nettosubstanzerhaltung", das in Deutschland der Netzentgeltkalkulation gemäß der Verbändevereinbarung II+ zu Grunde lag. Nach dem Konzept der „Nettosubstanzerhaltung" soll durch die Berechnung kalkulatorischer Abschreibungen auf Basis von inflationierten Anschaffungs- und Herstellungskosten im Rahmen der Netzentgeltkalkulation die Durchführbarkeit von Erneuerungsinvestitionen zu gestiegenen Tagesneuwerten sichergestellt werden (vgl. z. B. WAGNER et al. (2004), S. 1). Da durch das Konzept der Nettosubstanzerhaltung die Erhaltung der Betriebsmittelsubstanz nur finanziell ermöglicht, nicht aber operativ überwacht werden kann, ist ein derartiger Ansatz an dieser Stelle allerdings nicht für das Netzinfrastrukturmanagement geeignet.

[383] Vgl. z. B. SCHNEIDER (2006), S. 10; FRITZ et al. (2005), S. 6/7.

[384] In Anlehnung an SCHNEIDER (2006), S. 10; VDEW et al. (2006), S. 9.

Falls ein derartiger Substanzverzehr kontinuierlich weiterbetrieben wird, kann dies in der Folge zu einer kaum noch zu bewältigenden Belastungsspitze des Asset Service-Auftragsvolumens und somit zu einer massiven Bedrohung des langfristigen Unternehmenserfolgs führen. Zur zeitlichen Verteilung der Belastung durch Instandhaltungs- und Erneuerungsmaßnahmen sollte durch das Asset Management daher ein ausgewogenes Verhältnis von Betriebsmitteln mit einer hohen und Betriebsmitteln mit einer niedrigen Restlebenserwartung angestrebt werden.

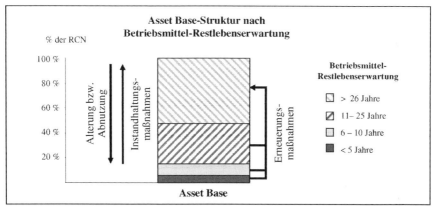

Abb. 80: Entwicklung der Betriebsmittelsubstanz aus Gesamtunternehmenssicht (Prinzipdarstellung)

Bei der Analyse der Netzsubstanzentwicklung ist zu beachten, dass die RCN-Anteile der einzelnen Restlebenserwartungsklassen aufgrund der i. d. R. ungleichmäßigen Asset-Altersstruktur natürlichen Schwankungen unterliegen. Bei dem in Europa vorherrschenden zyklischen Verlauf der historischen Investitionsentwicklung mit einem Spitzenvolumen in den 60er und 70er Jahren[385] machen z. B. die Betriebsmittel mit einer Restlebenserwartung kleiner 26 Jahren heute naturgemäß einen überproportional hohen Anteil an den RCN aus, ohne dass daraus auf einen übermäßigen Substanzverzehr geschlossen werden kann. Bei der Beurteilung der Entwicklung der Betriebsmittelsubstanz ist daher stets die spezifische Investitionshistorie bzw. Asset-Altersstruktur zu berücksichtigen.[386]

---

[385] Vgl. auch Abschnitt 2.5.

[386] Darüber hinaus beeinflussen Netzausbau- und Netzerweiterungsmaßnahmen sowie der Anlagenabbau zur Netzstrukturbereinigung durch die resultierende Erhöhung bzw. Verringerung der Betriebsmittelmenge die RCN-Anteile der einzelnen Restlebenserwartungsklassen. Da sie zu keiner Veränderung der Restlebenserwartung der bestehenden Netz-Assets führen, können sie prinzipiell die Abbildung der Netzsubstanzentwicklung verzerren. Bei einem hohem Volumen derartiger Maßnahmen sollte dieser Effekt bei der Analyse der Netzsubstanzentwicklung ebenfalls berücksichtigt werden.

Weiterhin ist bei der Interpretation der verschiedenen RCN-Anteile zu beachten, dass Instandhaltungsmaßnahmen prinzipiell nicht ausschließlich zu OPEX und Erneuerungsmaßnahmen nicht ausschließlich zu CAPEX führen müssen.[387] Der konkrete OPEX- bzw. CAPEX-Anteil eines gesamten Maßnahmenprogramms hängt vielmehr auch von der unternehmensindividuellen Aktivierungspolitik ab. Zum Beispiel muss der RCN-Anteil der Assets mit einer Restlebenserwartung kleiner sechs Jahren nicht unbedingt den kumulierten Reinvestitionen der folgenden fünf Jahre entsprechen. Im Rahmen dieser Arbeit wird im Fallbeispiel City-Network allerdings vereinfachend davon ausgegangen, dass Instandhaltungsmaßnahmen als OPEX und Erneuerungsmaßnahmen als CAPEX erfasst werden und die dargestellten RCN-Anteile somit in diesem spezifischen Fall als nominale Aggregation des künftigen Reinvestitionsverlaufs zu aktuellen Preisen verstanden werden können.

Generell wird hier die Ansicht vertreten, dass die Analyse der Netzsubstanzentwicklung auf Basis der RCN-Anteile einzelner Restlebenserwartungsklassen aufgrund des hohen Aggregationsniveaus weniger als konkrete Entscheidungsgrundlage, sondern eher als wichtige Zusatzinformation im Rahmen einer umfassenden Performancebeurteilung betrachtet werden sollte, welche Tendenzen bezüglich des unternehmerischen Ziels der Netzsubstanzerhaltung sichtbar macht. Eine spezifische Toleranzgrenze sollte dennoch für den RCN-Anteil der Asset mit einer Restlebenserwartung kleiner sechs Jahren definiert werden, da dieser einen Ausblick auf die kurz- bis mittelfristig anstehende Belastung durch Instandhaltungs- und Erneuerungsmaßnahmen liefert.

Basis-Szenario

Netzsubstanzentwicklung bei vollständiger Abdeckung des künftigen Erneuerungsbedarfs

Substanzverzehr-Szenario

Netzsubstanzentwicklung bei 80 %-Abdeckung des künftigen Erneuerungsbedarfs

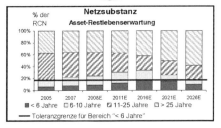 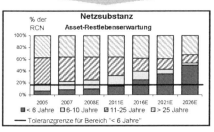

Abb. 81: Anwendungsbeispiel zur Analyse der Netzsubstanzentwicklung[388]

---

[387] Zur Definition und Abgrenzung von Instandhaltungs- und Erneuerungsmaßnahmen siehe Abschnitt 3.3.2.1.

[388] Zu den Basisdaten des dargestellten Simulationsbeispiels siehe Anhang.

In Abb. 81 (s. S. 178) wird ein **Anwendungsbeispiel** zur Analyse der Netzsubstanzentwicklung für das Beispielunternehmen City-Network dargestellt. Falls der im Rahmen der Unternehmensbewertung in Abschnitt 4.5.2.1 prognostizierte Reinvestitionsbedarf vollständig abgedeckt wird, wird die hier gewählte Toleranzgrenze für den RCN-Anteil der Assets mit einer Restlebenserwartung kleiner sechs Jahren eingehalten. Bei einer nur 80 Prozent Abdeckung des geplanten jährlichen Reinvestitionsbedarfs wird ab dem Jahr 2016 ein erheblicher Substanzverzehr sichtbar.

Die erforderlichen Eingangsdaten für die Analyse der Betriebsmittelsubstanz ergeben sich aus dem in Abschnitt 4.5.2 behandelten technischen Anlagenregister (siehe Tab. 5) und den betriebsgruppenspezifischen Alterungsmodellen der in Abschnitt 3.3.2.3 erläuterten strategischen Asset-Planung, welche die erwartete technische Lebensdauer für eine bestimmte Betriebsmittelgruppe unter Berücksichtigung der jeweils gewählten Instandhaltungsstrategie liefern.

Für die Prognose der Netzsubstanzentwicklung ist das technische Anlagenregister entsprechend dem geplanten Erneuerungsvolumen fortzuschreiben. Zum Beispiel führt eine Erneuerung einer zwei km langen Kabelstrecke im technischen Anlagenregister zu einem Abgang der ersetzten Betriebsmittelmenge in der betreffenden Altersklasse und zu einem entsprechenden Betriebsmittelzugang in der aktuellen Altersklasse. Weiterhin können evtl. geplante künftige Änderungen der Instandhaltungsstrategie im fortgeschriebenen technischen Anlagenregister durch Anpassungen der erwarteten technischen Lebensdauern entsprechend dem jeweiligen betriebsmittelgruppen-spezifischen Alterungsmodell berücksichtigt werden.

4.8.2 NPC-Detaillierungsbereich Netzsubstanz

In Abb. 82 (s. S. 180) wird der Detaillierungsbereich Netzsubstanz im NPC vorgestellt. Entsprechend der zuvor erläuterten Methodik zur Analyse der Netzsubstanzentwicklung wird die Betrachtung der gesamten Netzsubstanz im NPC-Management-Cockpit hier auf einzelne Betriebsmittel heruntergebrochen. Im dargestellten Detailcockpit wurden als Betriebsmittelgruppen bspw. die verschiedenen Spannungs- bzw. Umspannungsebenen ausgewählt.

Es zeigt sich im Fallbeispiel City-Network, dass die Zielsetzung der Netzsubstanzerhaltung aufgrund der vollständigen Abdeckung des jeweils anstehenden Erneuerungsbedarfs auch innerhalb der betrachteten Betriebsmittelgruppen weitgehend eingehalten wird. Allerdings wird auch deutlich, dass der RCN-Anteil der Restlebenswartungsklasse kleiner sechs Jahren in den Asset-Bereichen Umspannung MS/NS und Niederspannung künftig signifikant größer ist als in höheren Spannungs- bzw. Umspannungsebenen. Eine derartige Entwicklung kann in der Praxis u.a. in einer höheren Priorisierung der Assets hoch gelagerter Spannungsebenen im Rahmen der risikobasierten Instandhaltungsplanung begründet liegen.

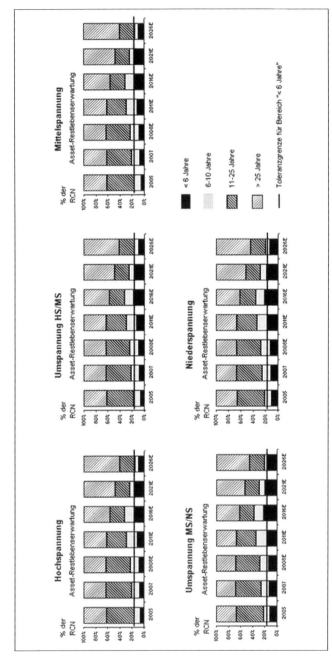

Abb. 82: NPC-Detaillierungsbereich Netzsubstanz

4.8.3 Relevanz und Verlässlichkeit der gewählten Performancegrößen

Die dargestellte Methodik zur Überwachung der Netzsubstanzentwicklung stellt einen notwendigen Gegenpol zu kurzfristig orientierten Performancegrößen wie dem EBIT bzw. EP oder dem regulatorischen Effizienzwert dar. Falls zum Beispiel der EP seitens eines sich kurzfristig optimierenden Asset Managements durch den Aufschub anstehender Instandhaltungsmaßnahmen gesteigert wird, kann der resultierende Substanzverzehr zeitnah sichtbar gemacht werden.

Der RCN-Anteil der Betriebsmittel mit einer niedrigen Restlebenserwartung kann zudem als ein Frühindikator für die Entwicklung der langfristigen Versorgungsqualität betrachtet werden. Es kann so das Problem der „Totzeiten" Output-orientierter Qualitätskennzahlen wie der Netzzuverlässigkeit[389] gemindert werden.

Im Vergleich zum qualitativen Kriterium „Betriebsmittelzustand", durch welches die Netzsubstanzentwicklung ebenfalls analysiert werden könnte, hat die Darstellung der RCN-Anteile je Restlebenserwartungsklasse den Vorteil, dass das Ausmaß der Veränderung der Netzsubstanz monetär bewertet und somit die kurz- bis mittelfristige Belastung durch Instandhaltungs- und Erneuerungsmaßnahmen sichtbar wird.[390]

Hinsichtlich der Verlässlichkeit der dargestellten Methodik zur Netzsubstanzanalyse ist allerdings darauf hinzuweisen, dass die Ermittlung der Betriebsmittelrestlebenserwartung aktuell noch mit z. T. erheblichen Unsicherheiten verbunden sein kann. Zum Beispiel liegen bisher kaum Erfahrungswerte für die Bestimmung der technischen Lebensdauer vor, weil ein Großteil der eingesetzten Betriebsmitteltypen noch keinen vollständigen Asset-Lebenzyklus durchlebt hat und die häufig auf Herstellerangaben basierenden Asset-Alterungsmodelle somit noch nicht im praktischen Einsatz bestätigt wurden.[391] Es ist daher prinzipiell möglich, dass Anlagen bspw. auch noch weit über die modellbasiert ermittelte technische Lebensdauer hinaus hinreichend zuverlässig sind.

Nach der Vorstellung der monetär orientierten NPC-Bereiche Finanzresultate, Kosten, Netzrisiko und Netzsubstanz werden im nächsten Abschnitt die wesentlichen Aspekte bezüglich der Beurteilung der aus Endkundensicht erreichten Versorgungsqualität erläutert.

---

[389] Zur näheren Erläuterung der Netzzuverlässigkeit vgl. Abschnitt 4.9.

[390] Zur Erläuterung des Betriebsmittelzustands vgl. Abschnitt 3.3.2.2.

[391] Bspw. wurde in Deutschland der Lebenszyklus der zu Beginn des 20. Jahrhunderts errichteten Anlagen durch den zweiten Weltkrieg vorzeitig beendet. Die nach dem zweiten Weltkrieg errichteten Anlagen sind zum Großteil noch aktuell im Einsatz.

4.9   Performance-Bereich Versorgungsqualität

Im Folgenden werden zunächst die übergreifenden Qualitätskategorien Netzzuverlässigkeit, Spannungsqualität und Servicequalität einzeln erläutert. Im Anschluss erfolgt dann wiederum die Vorstellung des diesbezüglichen NPC-Detaillierungsbereiches und eine abschließende Beurteilung der verwendeten Qualitätskriterien hinsichtlich ihrer Relevanz und Verlässlichkeit.

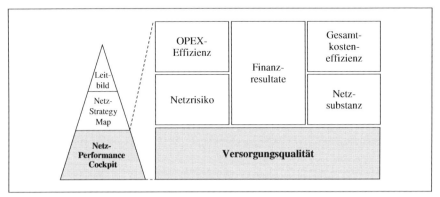

Abb. 83: Performance-Bereich Versorgungsqualität im NPC

4.9.1   Netzzuverlässigkeit

Die Netzzuverlässigkeit wird auf Basis der Häufigkeit und der Dauer von Versorgungsunterbrechungen beurteilt. Zur Messung der Netzzuverlässigkeit können die folgenden international anerkannten Kennzahlen des Institute of Electrical and Electronics Engineers (IEEE) herangezogen werden (siehe auch Abb. 84):[392]

- Unterbrechungshäufigkeit (System Average Interruption Frequency Index (SAIFI)):
Der SAIFI-Wert gibt an, wie häufig ein Kunde durchschnittlich im Jahr von einer Versorgungsunterbrechung betroffen ist (Einheit: Anzahl Unterbrechungen pro Kunde pro Jahr).

- Unterbrechungsdauer (Customer Average Interruption Duration Index (CAIDI)):
Der CAIDI-Wert gibt die durchschnittliche Dauer einer Versorgungsunterbrechung aus der Sicht eines betroffenen Kunden an (Einheit: Ausfallminuten pro Unterbrechung).

---

[392] Vgl. Institute of Electrical and Electronics Engineers (IEEE) (2004); da die Netzzuverlässigkeit eine stochastische Größe ist, besteht die Gefahr, dass jährlich ermittelte Zuverlässigkeitskennzahlen wie SAIDI durch stochastische Schwankungen verzerrt werden. Es werden für die Erhebung der Netzzuverlässigkeit daher auch Durchschnittswerte empfohlen.

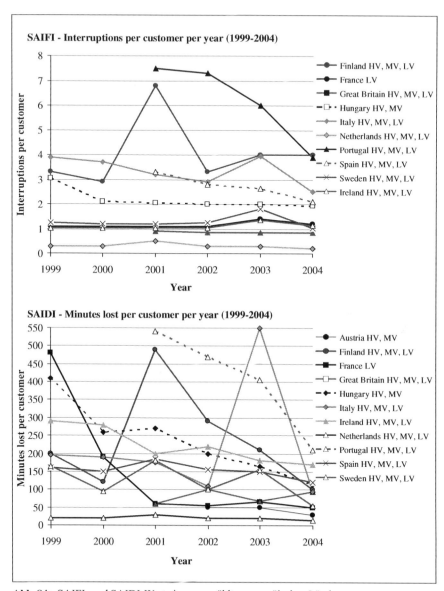

Abb. 84: SAIFI- und SAIDI-Werte in ausgewählten europäischen Ländern
(ungeplante Versorgungsunterbrechungen)[393]

Vgl. Council of European Energy Regulators (CEER) (2005), S. 21 u. 23.

■ Nichtverfügbarkeit (System Average Interruption Duration Index (SAIDI)): Der SAIDI-Wert stellt das Produkt von SAIFI und CAIDI dar und gibt an, wie lange die Versorgung durchschnittlich bei einem Kunden im Jahr unterbrochen ist (Einheit: Ausfallminuten pro Kunde pro Jahr).

Neben den o. g. Kennzahlen, die sich auf die durchschnittliche Zuverlässigkeit des Gesamtnetzes beziehen, wird die Netzzuverlässigkeit zudem durch das Ausmaß der aufgetretenen „Extremunzuverlässigkeiten" charakterisiert. Als Extremunzuverlässigkeit wird dabei eine übermäßig hohe Unterbrechungshäufigkeit, Unterbrechungsdauer oder Nichtverfügbarkeit an einem individuellen Kundenanschluss betrachtet. Regional begrenzte Einbrüche der kundenindividuellen Netzzuverlässigkeit haben i. d. R. nur einen relativ geringen Einfluss auf die gesamtnetzbezogenen Zuverlässigkeitskennzahlen, sind aber für die betroffen Kunden von erheblichem Nachteil. Zur Vermeidung von Extremunzuverlässigkeiten werden im Rahmen der Anreizregulierung in vielen europäischen Ländern verbindliche Mindeststandards für die kundenindividuelle Netzzuverlässigkeit vorgesehen bzw. bereits eingesetzt.

Da die Netzzuverlässigkeit aus Kundensicht nur zum Teil durch einen einzelnen Netzbetreiber beeinflussbar ist, ist im Rahmen der Beurteilung von Zuverlässigkeitskennzahlen eine differenzierte Betrachtungsweise erforderlich. Es sind diesbezüglich insbesondere folgende Aspekte zu berücksichtigen:

■ Unzuverlässigkeitsbeitrag vorgelagerter Spannungsebenen
■ Störungsursachen
■ Struktur des betrachteten Netzgebietes

Eine Berücksichtigung des **Unzuverlässigkeitsbeitrages vorgelagerter Spannungsebenen** ist erforderlich, da ein Stromverteilungsnetzbetreiber nur einen Teil der Versorgungskette seiner Kunden kontrolliert und somit Versorgungsunterbrechungen seiner Kunden, die durch Störungen in vorgelagerten Spannungsebenen entstanden sind, nicht beeinflussen kann.[394] Gerade Versorgungsunterbrechungen durch Störungen im Übertragungsnetzbereich können einen erheblichen Anteil an Zuverlässigkeitskenngrößen wie SAIDI haben, da sie i. d. R. eine sehr hohe Anzahl an Kunden betreffen.

Zudem unterliegt der Unzuverlässigkeitsbeitrag höherer Spannungsebenen i. d. R. hohen stochastischen Schwankungen, da Störungen im Übertragungsnetzbereich aufgrund der vorhandenen Versorgungsredundanzen eher selten auftreten. Die zeitliche Vergleichbarkeit von Zuverlässigkeitskennzahlen wie SAIDI kann dadurch erheblich beeinträchtigt werden.

Hinsichtlich der **Störungsursache** wird im Rahmen der Beurteilung der Versorgungsqualität i. d. R. zwischen geplanten bzw. angekündigten und ungeplanten bzw.

---

[394] Vgl. BUCHHOLZ et al. (2006), S. 58.

unangekündigten Versorgungsunterbrechungen unterschieden. Für die ungeplanten Versorgungsunterbrechungen erfolgt häufig eine weitere Untergliederung nach Ursachenkategorien wie „höhere Gewalt/Naturkatastrophen", „Verschulden Dritter" sowie „sonstige Ursachen".[395]

Weiterhin sollte die **Struktur des Versorgungsgebietes** eines Stromnetzbetreibers bei der Interpretation von Zuverlässigkeitskenngrößen berücksichtigt werden, da sie die Bandbreite der grds. erreichbaren Netzzuverlässigkeit maßgeblich beeinflusst.[396] Zum Beispiel können im Innenstadtbereich aufgrund der vielfältigen Möglichkeiten zur Bildung von Versorgungsredundanzen Netzkonzepte verwendet werden, die systembedingt eine deutlich höhere Netzzuverlässigkeit ermöglichen als Netzkonzepte für Streusiedlungen in ländlichen Gebieten. Bei einer Vernachlässigung der Strukturmerkmale eines Stromnetzbetreiber könnten daher ggf. zu hohe oder zu niedrige Ansprüche an die Netzzuverlässigkeit gestellt werden (siehe Abb. 85).

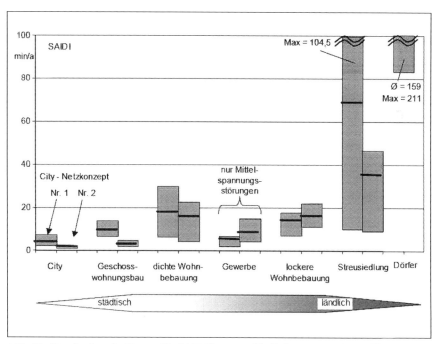

Abb. 85: Bandbreiten der Kenngröße SAIDI in unterschiedlichen Netzstrukturen[397]

---

[395] Council of European Energy Regulators (CEER) (2003), S. 27.

[396] Vgl. FRITZ et al. (2006), S. 16 ff.

[397] Kennzahlenwerte auf Basis einer Modellnetzanalyse (FRITZ et al. (2006), S. 17).

4.9.2 Spannungsqualität

Die Spannungsqualität beschreibt den zeitlichen Verlauf der Spannung am Netzanschlusspunkt anhand diverser technischer Merkmale wie der Netzfrequenz, der Einhaltung des Spannungsbandes, Asymmetrien, Verzerrungen oder dem Flicker.[398] Die in einem Stromverteilungsnetz zu erreichende Spannungsqualität ist für europäische Stromnetzbetreiber durch die Europa-Norm DIN EU 50160 geregelt (siehe Tab. 16).

Tabelle 16: Spannungsqualität an einem Umspannungswerk im Vergleich zur Europa-Norm DIN EU 50160[399]

Ergebnisse der 10-min-Mittelwerte	Min-/Max-Werte	Mittelwert	Grenzwerte nach DIN EN 50160
Netzfrequenz	49,95 Hz … 50,05 Hz	50 Hz	± 1% (0,5 HZ)
Spannungseffektivwerte	100,11% … 109,17%	104,71%	95% … 110% (90%)
Spannungsunsymmetrie	0,01% … 0,38%	0,16%	<2%
Flickerstärke, Plt-Wert	0,09 … 0,77	0,37	<1
Oberschwingungen, THD-Wert	0,59% … 4,72%	2,47%	<8%

Wie bei der Netzzuverlässigkeit ist auch im Rahmen der Beurteilung der Spannungsqualität eines Netzbetreibers eine differenzierte Betrachtungsweise von hoher Bedeutung. Insbesondere wird auch die Spannungsqualität eines Stromverteilungsnetzbetreibers durch die vorgelagerten Netzebenen wesentlich beeinflusst. Zum Beispiel haben in Deutschland 74 Prozent der Spannungseinbrüche mit Spannungsänderungen um mehr als 30 Prozent der Nennspannung ihren Ursprung im Höchstspannungsnetz (220, 380 KV).[400]

Weiterhin ist bspw. zu beachten, dass die Qualitätsanforderungen der Europa-Norm aus der Sicht von bestimmten Kunden wie Produktionsbetrieben mit sensiblen technischen Anlagen ggf. nicht ausreichend sind. Zum einen sind verschiedene Vorgaben der Europa-Norm nur für 95 Prozent der Wochenzeit einzuhalten. Zum anderen ist die Vergleichsgröße für Spannungsänderungen ein 10 min Mittelwert. Kurzfristige extreme Spannungsbandverletzungen, die erhebliche Auswirkungen auf sensible Maschinen haben können, werden daher durch die Mittelwertbildung nicht er-

---

[398] Vgl. BUCHHOLZ et al. (2006), S. 58. Im Rahmen dieser Arbeit wird nur ein Überblick zu ausgewählten Aspekten der Spannungsqualität dargestellt. Zur weiterführenden Erläuterung der Spannungsqualität wird auf die entsprechende ingenieurwissenschaftliche Literatur verwiesen (vgl. z. B. BLUME et al. (1999)).

[399] Vergleich der Ergebnisse einer viermonatigen Untersuchung der Spannungsqualität an einem Umspannwerk der DREWAG Stadtwerke Dresden GmbH mit den Vorgaben der Europa-Norm (vgl. KLINGER et al. (2003), S. 38).

[400] Vgl. BUCHHOLZ et al. (2006), S. 60 i. V. m. ETG (2006).

fasst, so dass ggf. auch erhöhte kundenindividuelle Anforderungen an die Spannungsqualität zu berücksichtigen sind.[401]

4.9.3 Servicequalität

Durch die Netzzuverlässigkeit und die Spannungsqualität werden bestimmte Eigenschaften der elektrischen Energie an sich beschrieben. Die Servicequalität charakterisiert dagegen die Service-Beziehungen zwischen Netzbetreiber und Kunden anhand diverser Qualitätskriterien wie der Dauer der Netzanschlussbearbeitung, der Reaktionszeit auf Kundenanfragen oder der Störungsbearbeitungsdauer.[402] Für die Servicequalität werden im Rahmen der bereits eingeführten bzw. geplanten Anreizregulierung in vielen europäischen Ländern verbindliche Qualitätsstandards vorgesehen. Zum Beispiel werden in Großbritannien durch den Regulator OFGEM Performance-Standards vorgegeben, deren Nicht-Erfüllung mit sog. penalties sanktioniert wird (siehe Abb. 86).

Reporting Code	Service	Performance level	Penalty payment
GS1	Respond to failure of distributors fuse (regulation 10)	All DNOs to respond within 3 hours on a working day (at least) 7 am to 7 pm and within 4 hours on other days between (at least) 9 am to 5 pm, otherwise a payment must be made	£20 for domestic and non-domestic customers
GS2	Supply restoration: normal conditions (regulation 5)	Supply must be restored within 18 hours, otherwise a payment must be made	£50 for domestic customers and £100 for non-domestic customers, plus £25 for each further 12 hours
GS3	Estimate of charges for connection (regulation 11)	5 working days for simple work and 15 working days for significant work, otherwise a payment must be made	£40 for domestic and non-domestic customers
G4	Notice of planned interruption to supply (regulation 12)	Customers must be given at least 2 days notice, otherwise a payment must be made	£20 for domestic and non-domestic customers
G5	Investigation of voltage complaints	Visit customer's premises within 7 days or diaret	tic and

Abb. 86: Servicequalitätsstandards in Großbritannien (Auszug)[403]

---

[401] Vgl. BUCHHOLZ et al. (2006), S. 61.

[402] Diesbezüglich ist anzumerken, dass der Netzkunde neben der Service-Beziehung zum Netzbetreiber auch eine Service-Beziehung zum Stromlieferanten unterhält. Da der Stromlieferant sehr häufig der Stromvertrieb des ehemals integrierten, gemeinsamen Energiekonzerns ist, werden die beiden Servicebeziehungen oftmals durch einen gemeinsamen Service-Center gepflegt. Im Rahmen der Beurteilung der Servicequalität des Stromnetzbetreibers ist daher auf eine klare Abgrenzung der Service-Beziehungen des Stromnetzgeschäftes von den Service-Beziehungen des Lieferanten zu achten.

[403] Vgl. The Office of the Gas and Electricity Markets (OfGEM) (2005); S. 37.

Die kurzfristig relativ gut veränderbare Servicequalität lässt sich durch einen einzelnen Stromnetzbetreiber weitaus besser beeinflussen als die Netzzuverlässigkeit und die Spannungsqualität. Bei der Beurteilung des konkreten Servicequalitätsniveaus eines Stromnetzbetreibers sind allerdings spezifische strukturelle Rahmenbedingungen wie die Ausdehnung des Netzgebietes zu berücksichtigen, da sie den grds. erreichbaren Erfüllungsgrad von Qualitätskriterien wie der Störungsbearbeitungsdauer wesentlich beeinflussen.[404]

4.9.4   NPC-Detaillierungsbereich Versorgungsqualität

In Abb. 87 wird ein Vorschlag für die Ausgestaltung eines Detailcockpits zur Beurteilung der Versorgungsqualität dargestellt. Wie auch im NPC-Management-Cockpit – in allerdings aggregierter Form – werden hier Qualitätskriterien bzgl. netzübergreifender Qualitätsstandards wie SAIFI und SAIDI sowie Qualitätskriterien bzgl. kundenindividueller Qualitätsstandards wie die Häufigkeit von Extremunzuverlässigkeiten, von Kundenbeschwerden hinsichtlich der Spannungsqualität oder der Überschreitung maximaler Bearbeitungszeiten im Asset Service aufgeführt.[405] Die dargestellten SAIDI- bzw. SAIFI-Werte werden dabei zur Ermöglichung einer angemessenen Kennzahleninterpretation nach verschiedenen Störungsursachen aufgegliedert.

4.9.5   Relevanz und Zuverlässigkeit der gewählten Performancegrößen

Da sich die Netzzuverlässigkeit bzw. die Spannungsqualität auf die Segmentierungsebene Netz und die Servicequalität auf die Ebene der Prozesse beziehen, werden die Relevanz und Zuverlässigkeit der vorgestellten Qualitätskriterien jeweils separat für die Netzzuverlässigkeit bzw. Spannungsqualität und die Servicequalität beurteilt.

Der zentrale Nutzen von **Kennzahlen bzgl. der Netzzuverlässigkeit bzw. Spannungsqualität** besteht darin, dass sie die tatsächlich erreichte Qualität der Stromdurchleitung aus Kundensicht abbilden. Sie stellen somit die obersten Messgrößen der Qualitätssteuerung dar und beschreiben den Leistungskern, den der Kunde für die Zahlung des Netznutzungsentgeltes erhält. Weiterhin bilden sie die Berechnungsgrundlage für Bonus- bzw. Maluszahlungen im Falle der Über- bzw. Untererfüllung vorgegebener Qualitätsstandards, welche im Rahmen der Anreizregulierung durch

---

[404] Die Ausdehnung des Netzgebietes hat bspw. einen Einfluss auf die Störungsbearbeitungsdauer, da sie die durch die Servicemitarbeiter im Störungsfall zurückzulegende Wegstrecke maßgeblich bestimmt.

[405] Die dargestellten Daten zur Versorgungsqualität wurden für das Fallbeispiel City-Network ohne eine direkte rechnerische Verknüpfung zu den Finanzdaten frei gewählt. z. T. wurden dabei reale Wertverhältnisse berücksichtigt, die im Rahmen der Praxisinterviews der Arbeit erhoben wurden.

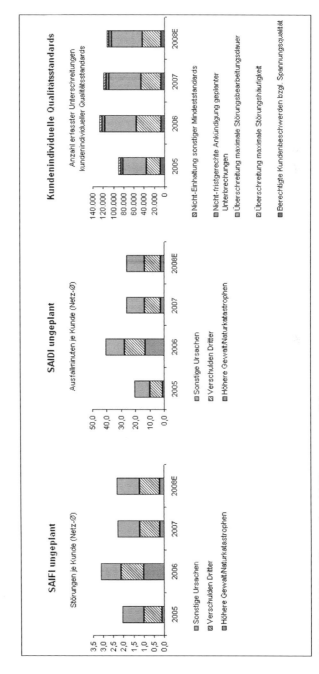

Abb. 87: NPC-Detaillierungsbereich Versorgungsqualität

den Regulator auferlegt werden. Darüber hinaus ermöglicht ihre systematische Erfassung den Aufbau einer statistischen Datenbasis für die kontinuierliche Erweiterung des Erfahrungswissens des Asset Managers und darauf aufbauende konzeptionelle Weiterentwicklungen von Asset Management-Modellen.

Die Verwendung von Kriterien der Netzzuverlässigkeit und der Spannungsqualität im Rahmen des Performance Managements ist allerdings mit nicht unerheblichen Verlässlichkeitsproblemen verbunden. Zum Beispiel ist die erreichte Netzzuverlässigkeit aus Kundensicht als Messgröße für die Performancebeurteilung nur begrenzt aussagefähig, da die Netzzuverlässigkeit eines einzelnen Netzbetreibers, wie oben erläutert, durch vielfältige exogene Faktoren beeinflusst wird. Der beeinflussbare Unzuverlässigkeitsbeitrag des betrachteten Netzbetreibers ist daher nur bedingt abgrenzbar.

Weiterhin besteht ein grundlegendes Steuerungsproblem darin, dass die Kennzahlen der Netzzuverlässigkeit bzw. Spannungsqualität sehr „träge" sind und die Auswirkungen von Asset Management-Entscheidungen häufig erst mit erheblichen zeitlichen Verzögerungen sichtbar machen. Durch derartige „Totzeiten" der Qualitätssteuerung kann eine negative Entwicklung der Versorgungsqualität u. U. erst dann erkannt werden, wenn bereits ein größerer Qualitätseinbruch eingetreten ist. Zum Beispiel können Instandhaltungs- und Erneuerungsmaßnahmen zur Verbesserung der Netzrendite zunächst über mehrere Jahre aufgeschoben werden, ohne dass sich die Netzzuverlässigkeit oder Spannungsqualität wesentlich ändert.[406]

Für eine umfassende Beurteilung des Qualitätsbeitrags eines einzelnen Stromnetzbetreibers sind daher über Output-bezogene Qualitätskriterien wie die Netzzuverlässigkeit und Spannungsqualität hinaus auch Input-bezogene Qualitätskriterien zu betrachten. Einen wesentlichen Indikator für die langfristige Entwicklung der Versorgungsqualität liefert diesbezüglich bspw. der in Abschnitt 4.8 vorgestellte NPC-Bereich zur Analyse der Netzsubstanzentwicklung.

Der wesentliche Nutzen der Implementierung von **Servicequalitätskennzahlen** liegt in der besonderen Berücksichtigung der Qualität des Kundenkontaktes, welche insbesondere im Störungsfall entscheidend für die Erhaltung der Gesamtzufriedenheit des Kunden ist. Weiterhin liefert die Servicequalität wie die Netzzuverlässigkeit und Spannungsqualität die Berechnungsgrundlage für die durch den Regulator festgelegten Bonus- bzw. Maluszahlungen im Falle der Über- bzw. Untererfüllung vorgegebener Servicequalitätsstandards.

---

[406] Prinzipiell könnten die langfristigen Auswirkungen spezifischer Asset-Strategien durch die Simulation der künftigen Netzzuverlässigkeit berücksichtigt werden. Da die bestehenden Simulationsmodelle bisher allerdings nur Partialanalysen der Netzzuverlässigkeitsentwicklung für spezifische Asset Management-Fragestellungen durchführen können, ist eine Simulation der Netzzuverlässigkeitsentwicklung unter Berücksichtigung sämtlicher relevanter Einflussfaktoren für eine regelmäßige Performancebeurteilung und -steuerung noch nicht möglich. Vgl. z. B. FGH (2006), S. 7–9.

Darüber hinaus stellen die Kennzahlen der Servicequalität eine zentrale Grundlage für die Steuerung der Service Provider-Performance dar. Da sie weitestgehend durch den betreffenden Service-Provider beeinflussbar sind und im Gegensatz zu den „trägen" Kennzahlen der Netzzuverlässigkeit und Spannungsqualität i. d. R. relativ kurzfristig auf Qualitätsverbesserungsmaßnahmen reagieren, sind sie für die operative Steuerung auf der Prozessebene generell gut geeignet.

In der Gesamtbetrachtung ist letztlich allerdings auch anzumerken, dass sich Servicequalitätskennzahlen im Vergleich zur Netzzuverlässigkeit und Spannungsqualität auf einen nachgelagerten Qualitätsaspekt beziehen[407] und daher über die Servicequalität die durch den Kunden und den Regulator wahrgenommene Versorgungsqualität nur begrenzt beeinflusst werden kann.

4.10 Performance-Bereich Teilnetze – Konzessionsportfolioanalyse

Nach der Vorstellung der verschiedenen Performance-Bereiche des Netzinfrastruktur-Managements auf der Gesamtnetzebene wird in diesem Abschnitt mit der Betrachtung der Bezugsobjektebene Teilnetze die Beurteilung und Steuerung der geografischen Ressourcenverteilung im Stromnetzgeschäft erläutert.

Die geografische Ressourcenverteilung ist im Szenario der Anreizregulierung mit einem grundlegenden Dilemma verbunden. Zum einen sind die einzelnen Teilnetzgebiete eines Netzbetreibers häufig sehr unterschiedlich. Aufgrund der teilnetzspezifischen Abnahme- und Einspeisungsstruktur weichen die grundsätzlich erreichbaren Bandbreiten der Kosteneffizienz und Versorgungsqualität insbesondere beim Vergleich von städtischen und ländlichen Teilnetzen deutlich voneinander ab. Darüber hinaus wird die aktuelle Netzrendite maßgeblich durch das Alter der Teilnetzinfrastruktur beeinflusst, welches sich innerhalb des Gesamtnetzes eines Stromnetzbetreibers ebenfalls wesentlich unterscheiden kann.[408]

Im Cost Plus-Regulierungsszenario wird die Erfüllung der Diskriminierungsfreiheit innerhalb eines Versorgungsgebietes durch die Sozialisierung der Netzvollkosten über einheitliche Netznutzungsentgelte für alle Netznutzungskunden einer Spannungsebene und die Tolerierung strukturbedingter Qualitätsunterschiede sichergestellt.

---

[407] Bei einer hohen Netzzuverlässigkeit und Spannungsqualität gerät der Kunde im Idealfall kaum in Kontakt mit dem Asset Service.

[408] Der Einfluss des durchschnittlichen Asset-Alters auf die Netzrendite ergibt sich aufgrund des zyklischen Investitionsverlaufes. Die Abhängigkeit der Netzrendite von der aktuellen Asset-Altersstruktur wird dabei häufig weiterhin verstärkt, falls die buchhalterische Lebensdauer kürzer als die technische Lebensdauer angesetzt wird.

Im Szenario der Anreizregulierung werden dagegen die Netzkosten von den weiterhin einheitlichen Netzerlösen entkoppelt.[409] Der zu erwartende regulatorische Preisdruck führt daher dazu, dass einzelne Netzregionen im Wettbewerb um ein gemeinsames, begrenztes Budget stehen und somit zwangsläufig eine Priorisierung der teilnetzspezifischen Ressourcenbedarfe erforderlich wird, was prinzipiell dem Grundsatz der Diskriminierungsfreiheit widerspricht.

Im Folgenden wird ein Vorschlag zur Analyse des Wertbeitrages des Teilnetz- bzw. Konzessionsportfolios vorgestellt. Während die Verlängerung einer Konzession im Cost Plus-Regulierungsszenario stets vorteilhaft war, ist dieser Automatismus im Szenario der Anreizregulierung aufgrund der stark unterschiedlichen Ergebnisbeiträge je Konzessionsgebiet nicht mehr sichergestellt. Unter Umständen kann daher durch eine Anpassung des Konzessionsportfolios[410] der Unternehmenswert gesteigert werden.

In Abb. 88 (s. S. 193) wird das NPC-Teilnetzcockpit am Beispiel des Teilnetzes C von City-Network dargestellt, das mit Ausnahme der Differenzierung der Finanz-resultate auf der Konzessionsgebietsebene vom inhaltlichen Aufbau her dem NPC-Management-Cockpit für die Gesamtnetzebene entspricht. Während schon die einzelnen Teilnetze von City-Network signifikante Unterschiede hinsichtlich ihrer spezifischen Renditen bzw. Wertbeiträge aufweisen,[411] werden auf der Konzessions-gebietsebene erhebliche Unterschiede zwischen den konzessionsgebietsspezifischen Renditen deutlich.[412] Einzelne Netzregionen mit einer sehr ungünstigen Abnahme- bzw. Einspeisungsstruktur wie die Konzessionsgebiete 1 und 10 weisen im Fall-beispiel sogar eine Netzrendite unterhalb der Kapitalkosten und somit einen negati-ven Economic Profit bzw. einen Economic Loss auf.

Da die aktuelle Netzrendite eines Konzessionsgebietes und der daraus resultieren-de EP aufgrund des zyklischen Investitionsverlaufes des Stromnetzgeschäftes natur-

---

[409] Vgl. Abschnitt 2.3.

[410] Zur näheren Erläuterung von Konzession und Konzessionsverträgen vgl. Fußnote 90.

[411] Siehe die Darstellung der teilnetzspezifischen Renditen im Management-Cockpit in Abb. 48 in Abschnitt 4.4. Als Teilnetzgebiet wird im Rahmen der hier vorgenommenen Cockpit-De-taillierung der Geltungsbereich eines einheitlichen Netznutzungsentgeltes verstanden. Ein Teilnetzgebiet setzt sich dabei weiterhin aus mehreren Konzessionsgebieten zusammen (zur Netzsegmentierung im Allgemeinen siehe auch Abschnitt 2.4.3).

[412] Die für die Portfolioanalyse erforderlichen teilnetz- bzw. konzessionsgebietsspezifischen Er-löse können z. B. über die Abnahmestellen-bezogenen Verbrauchsdaten erhoben werden. Die teilnetz- bzw. konzessionsgebietsspezifischen Kosten der Hoch- und Mittelspannungsebene können z. B. auf Basis der anteiligen Energieabnahme geschlüsselt ermittelt werden. Die teil-netz- bzw. konzessionsspezifischen Kosten der Niederspannungsebene können weiterhin z. B. über die anteilige Niederspannungsleitungslänge geschlüsselt ermittelt werden. Das Teilnetz- bzw. konzessionsspezifische investierte Kapital kann letztlich bei einem nicht aus-reichend untergliederten technischen Anlagenregister analog zur Kostenzuordnung anteilig ermittelt werden. Zur näheren Erläuterung der Deckungsbeitragsrechnung für Teilnetze vgl. z. B. GOES (2003), S. 287–292.

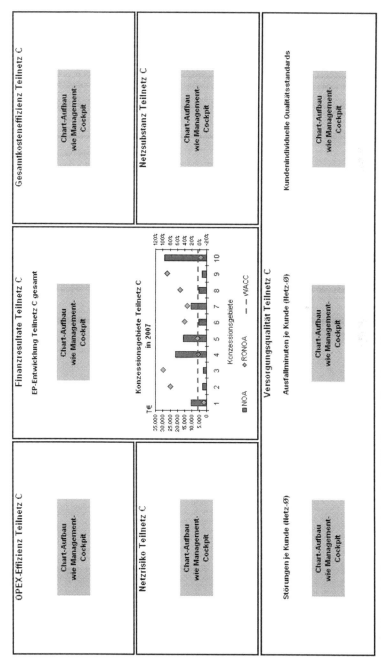

Abb. 88: NPC-Teilnetzcockpit (am Beispiel Teilnetz C City-Network)

gemäß Schwankungen unterliegt,[413] können auf Basis einer isolierten Betrachtung der aktuellen Netzrendite noch keine konkreten Handlungsempfehlungen für das Konzessionsportfoliomanagement abgeleitet werden. In Abb. 89 wird daher ein Vorschlag für die Konzessionsportfolioanalyse vorgestellt, der über die aktuelle Standortbestimmung hinaus eine Untersuchung des EP-Entwicklungspotentials eines Konzessionsgebietes ohne eine relativ aufwendige Konzessionsbewertung auf Basis des spezifischen Discounted EP ermöglicht.[414]

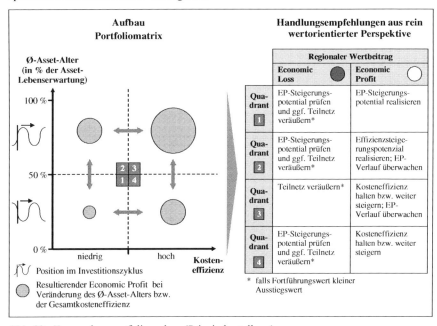

Abb. 89: Konzessionsportfolioanalyse (Prinzipdarstellung)

Der Vorschlag basiert zum einen auf dem Zusammenhang, dass der EP eines Konzessionsgebietes bei einem hohen durchschnittlichen Asset-Alter infolge des anstehenden hohen Reinvestitionsbedarfes und des daraus resultierenden Anstiegs der Kapitalgröße Net Operating Assets bei einer ceteris paribus-Annahme künftig sinken

---

[413] Siehe auch Abschnitt 4.5.2.1.

[414] Bei einem großen Regionalverteiler der Praxisinterviews dieser Arbeit umfasst das Konzessionsportfolio zum Beispiel ca. 1000 Konzessionsgebiete, die von Großstädten bis hin zu sehr kleinen Dorfgemeinden reichen. In diesem Fall wäre eine Ermittlung des Discounted EP je Konzessionsgebiet für das gesamte Konzessionsportfolio mit einem unverhältnismäßig hohen Aufwand verbunden. Der vorgestellte Ansatz kann hier als Vorstufe für eine folgende Bewertung ausgewählter Konzessionsgebiete auf Basis des Discounted EP dienen.

wird. Bei einem niedrigen durchschnittlichen Asset-Alter gilt diesbezüglich das Gegenteil.

Zum anderen kann das EP-Entwicklungspotential eines Konzessionsgebietes auf Basis seiner Kosteneffizienz und dem daraus resultierenden Spielraum für künftige Kostensenkungen eingeordnet werden. Die Kosteneffizienz eines Konzessionsgebietes kann dabei zur Begrenzung des Erhebungsaufwandes zum Beispiel qualitativ in die Kategorien „hoch", „mittel" bzw. „niedrig" eingestuft werden.[415]

Aus dem aktuellen Economic Profit bzw. Economic Loss eines Konzessionsgebietes und seiner Position in der Matrix aus Asset-Alter und Gesamtkosteneffizienz lassen sich letztlich konzessionsgebietsspezifische Handlungsempfehlungen aus einer rein unternehmenswertorientierten Perspektive ableiten. Zum Beispiel kann für das Konzessionsgebiet 10 in Abb. 90 davon ausgegangen werden, dass der aktuell bereits negative EP mittelfristig voraussichtlich noch weiter sinken wird. In diesem Fall sollte ein Ausstieg aus dem betreffenden Konzessionsgebiet geprüft werden. Die Nicht-Verlängerung eines Konzessionsvertrages wäre dann sinnvoll, wenn der Ausstiegswert des betreffenden Konzessionsgebietes unter den konkreten situativen Bedingungen höher ist als der Fortführungswert bei Annahme einer Konzessionsverlängerung.

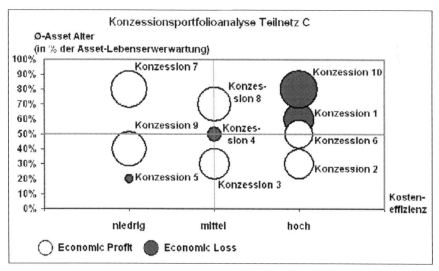

Abb. 90: Detailcockpit Konzessionsportfolioanalyse (am Beispiel Teilnetz C City-Network)

---

[415] Die qualitative Einstufung kann zum Beispiel subjektiv über die zuständigen Mitarbeiter im operativen Asset Management oder Asset Service oder objektiviert auf Basis von Effizienzkennzahlen wie den Gesamtkosten pro KWh oder pro Einwohner erfolgen. Idealerweise würde an dieser Stelle die Methodik des in Abschnitt 4.6.1 erläuterten regulatorischen Effizienzbenchmarking unternehmensintern angewendet werden, welche allerdings auch mit einem deutlich höheren Aufwand verbunden ist.

Es ist allerdings darauf hinzuweisen, dass die dargestellten Handlungsempfehlungen aus rein unternehmenswertorientierter Sicht im regulierten Stromnetzgeschäft nur begrenzt umsetzbar sind. Zum einen kann eine übermäßige Bereinigung des Konzessionsportfolios eine wesentliche Veränderung der Strukturparameter des Gesamtversorgungsgebietes bewirken. Diese könnten bspw. im Rahmen einer Anreizregulierung mit Yardstick-Competition zu einer Erlösminderung infolge eines veränderten Vergleichsmaßstabs für die Netzentgeltkalkulation führen.

Zum anderen würde eine konsequente Umsetzung der Handlungsempfehlungen aus einer rein wertorientierten Perspektive eine allgemeine Bevorzugung profitabler Konzessionsgebiete bzw. ein „Rosinen picken" zu Lasten strukturschwacher Regionen herbeiführen, was entsprechende Gegenreaktionen des Regulators auslösen würde.

Darüber hinaus kann der Ausstieg aus einem Konzessionsgebiet zum Laufzeitende des Konzessionsvertrages durch spezifische Vertragsklauseln behindert werden.[416]

Als **Fazit** lässt sich festhalten, dass durch die Analyse des Konzessionsportfolios das Verständnis für die Zusammensetzung des Unternehmenswertes deutlich verbessert werden kann und ein kritisches Hinterfragen der Verlängerung von Konzessionsverträgen ermöglicht wird. Durch eine maßvolle Bereinigung des Konzessionsportfolios können so evtl. Wertsteigerungspotentiale bezüglich der regionalen Ressourcenverteilung gehoben werden.

Weiterhin können durch die differenzierte Betrachtung des durchschnittlichen Asset-Alters einzelner Konzessionsgebiete evtl. regionale Fehlentwicklungen infolge der risikobasierten Instandhaltungsplanung erkannt werden. Derartige Fehlentwicklungen können dadurch entstehen, dass strukturschwache Netzregionen mit einer nur geringen Bedeutung für das Gesamtnetzrisiko durch die risikobasierte Priorisierung von Instandhaltungsmaßnahmen aus Gesamtnetzsicht systematisch vernachlässigt werden. Die Überwachung des regionalen Asset-Alters kann daher ggf. einen Substanzverzehr sichtbar machen, bevor es zu einer umfassenden Verletzung kundenindividueller Qualitätsstandards in der betreffenden Netzregion kommt.[417]

Darüber hinaus können die Ergebnisse der Konzessionsportfolioanalyse als Argumentationsbasis im Rahmen von Konzessionsverhandlungen mit den betreffenden Gemeinden genutzt werden.

---

[416] Zum Beispiel kann vereinbart sein, dass das Konzessionsgebiet an den ehemaligen Stromnetzbetreiber zurückfällt, sofern sich im Rahmen der Ausschreibung der Konzession durch die Gemeinde kein anderer Interessent findet.

[417] Während für die Netzsubstanzanalyse auf der Gesamt- und Teilnetzebene in Abschnitt 4.8 zur Berücksichtigung zyklischer Effekte eine differenzierte Erhebung der RCN-Anteile je Asset-Restlebenswartungsklasse vorgesehen wird, wird hier für die Detailbetrachtung auf der Konzessionsgebietsebene die Verwendung des durchschnittlichen Asset-Alters als ausreichend für eine grobe – und entsprechend weniger komplexe – Einschätzung der regionalen Netzsubstanzentwicklung betrachtet.

4.11 Wechselwirkungen zwischen den Performance-Bereichen

Aufgrund der aufgezeigten Grenzen der einzelnen Performance-Bereiche des NPC kann ein umfassendes Performance Management im Stromnetzgeschäft nur durch eine gemeinsame Betrachtung der verschiedenen relevanten Performancegrößen erreicht werden. Nach der separaten Vorstellung der einzelnen NPC-Performance-Bereiche wird im Folgenden daher das Zusammenwirken der Performancegrößen im NPC erläutert. Im Anschluss wird dann abschließend ein Vorschlag für die iterative Abstimmung der verschiedenen Performance-Bereiche im Rahmen der Budgetierung vorgestellt.

4.11.1 Wesentliche Abhängigkeiten innerhalb des Netz-Performance Cockpits

Einen Überblick über die wesentlichen Abhängigkeiten zwischen den einzelnen Performance-Bereichen des Netz-Performance Cockpits liefert Abb. 91. Für die folgende Erläuterung der verschiedenen Wechselwirkungen wird in Abb. 92 (s. S. 198) zudem noch einmal das Management-Cockpit für das Fallbeispiel City-Network aufgeführt.

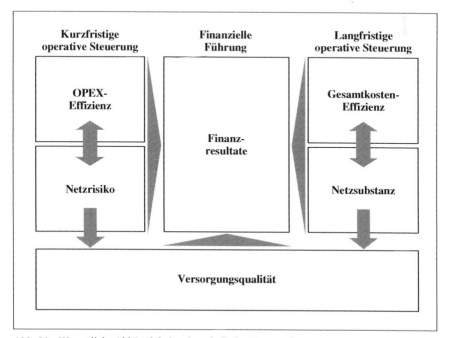

Abb. 91: Wesentliche Abhängigkeiten innerhalb des Netz-Performance Cockpits

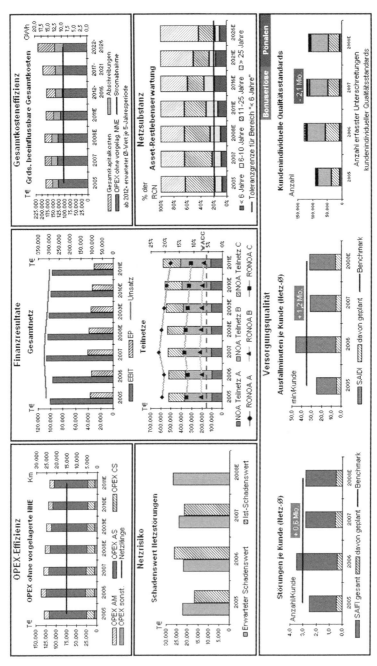

Abb. 92: Netz-Performance Cockpit – Management-Cockpit

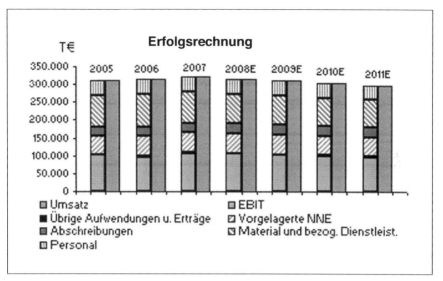

Abb. 93: Erfolgsrechnung (Detaillierungsbereich Finanzresultate)

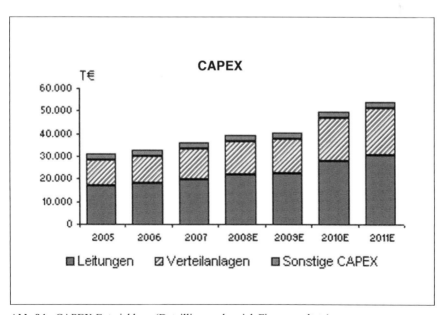

Abb. 94: CAPEX-Entwicklung (Detaillierungsbereich Finanzresultate)

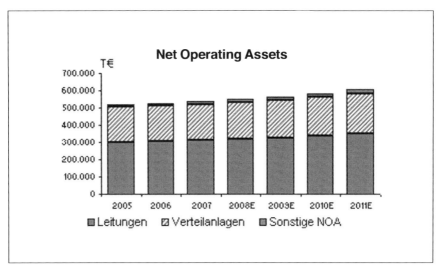

Abb. 95: Entwicklung Net Operating Assets (Detaillierungsbereich Finanzresultate)

Der EP stellt die Spitzenkennzahl im NPC dar. Sein Verlauf ergibt sich aus Entwicklung des investierten Kapitals bzw. der NOA und dem zu Grunde liegenden stromnetzspezifischen Jahreserfolg bzw. EBIAT. Die deutliche Minderung des EPs beruht im Beispiel City-Network auf dem leicht sinkenden EBIAT infolge der Erlösminderung im Rahmen der Anreizregulierung und dem ansteigenden investierten Kapital infolge des zunehmenden Reinvestitionsbedarfes (siehe Abb. 93 bis Abb. 95, S. 199 und 200).

Da sich das investierte Kapital kurzfristig nur marginal beeinflussen lässt[418] und die Umsatzerlöse im Rahmen der Erfolgsrechnung mit Ausnahme von Bonuserlösen bzw. Erlösminderungen aus der Qualitätsregulierung weitestgehend exogen sind, stellt die OPEX-Effizienz den wesentlichen kurzfristigen Ansatzpunkt zur Performance-Steigerung dar. Im Beispiel City-Network zeigt sich, dass die anstehende Umsatzminderung aufgrund hoher Fixkosten wie Abschreibungen und vorgelagerten Netznutzungsentgelten nur durch eine relativ anspruchsvolle OPEX-Senkung, welche sich vorwiegend auf die OPEX des Asset Service bezieht, weitgehend kompensiert werden kann. Als Ansatzpunkt für weitere Performancesteigerungen kann hier

---

[418] Das investierte Kapital hängt im Wesentlichen von dem aktuellen Standort im schwankend verlaufenden Reinvestitionszyklus zur Erhaltung der Netzbetriebsmittel und der Struktureffizienz der Stromnetzes ab. Im dargestellten Beispiel befindet sich das Unternehmen City-Network in einer Talsohle des Investitionsver-laufes vor der Erneuerung des überdurchschnittlich hohen Anteils an Alt-Anlagen aus den 60er und 70er Jahren. Zur langfristigen Prognose des CAPEX-Verlaufes von City-Network siehe die Abschnitt 4.5.2.1 und 4.5.4.

z. B. eine weitere Verbesserung der spezifischen Prozesskosten im Asset Service bzw. eine Überarbeitung der Service-Level geprüft werden.

Für die Beurteilung der OPEX-Entwicklung ist es nun wichtig, die Kostensenkung der resultierenden Veränderung des Netzrisikos gegenüberzustellen. Im Beispiel City-Network zeigt sich, dass die OPEX-Senkung im Planjahr 2008 mit einem signifikanten, aber noch moderaten Anstieg des Netzrisikos als kurzfristigem Indikator für die Veränderung der Versorgungsqualität einhergeht. Die Betrachtung der realisierten Schadenkosten in den vergangenen Jahren macht allerdings auch deutlich, dass die Risikoschätzungen noch mit einer nicht unerheblichen Unsicherheit verbunden sind.

Bei der Betrachtung des eher langfristig orientierten Performance-Bereiches Gesamtkosteneffizienz zeigt sich, dass City-Network mit der bestehenden OPEX- und CAPEX-Planung bei einer unterstellten konstanten Stromabnahme bis 2011 eine leichte Verringerung der grundsätzlich beeinflussbaren Gesamtkosten erreicht, die im Fortführungszeitraum infolge des zyklisch bedingt hohen Reinvestitionsvolumens aufgezehrt wird. Der erforderliche Abgleich mit der resultierenden Netzsubstanzentwicklung zeigt dabei, dass der angestrebte Gesamtkostensenkung kein nennenswerter Substanzverzehr zu Grunde liegt.[419]

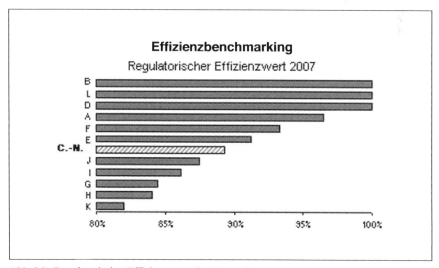

Abb. 96: Regulatorischer Effizienzwert City-Network
(Detaillierungsbereich Gesamtkosteneffizienz)

---

[419] Die verbleibende Veränderung der RCN-Anteile je Restlebenserwartungsklasse im Beispiel-Cockpit beruht auf der asymmetrischen Asset-Altersstruktur von City-Network.

Die zur näheren Beurteilung der Gesamtkostenentwicklung im NPC-Management-Cockpit erforderliche Betrachtung des regulatorischen Effizienzwertes im NPC-Detaillierungsbereich Gesamtkosteneffizienz stellt dar, dass die angestrebte Gesamtkostensenkung im Vergleich zum hohen Effizienzrückstand von über 10 Prozent gegenüber den relevanten Best Practice-Unternehmen noch eher gering ist (siehe Abb. 96, S. 201).[420] Als mögliche Ansatzpunkte für eine weitere Steigerung der Gesamtkosteneffizienz kann hier z. B. eine Verringerung des Betriebsmittelmengengerüstes durch Netzstrukturbereinigung im Rahmen der Netzplanung oder eine Verlängerung der Asset-Lebensdauern im Rahmen der strategischen Asset Planung geprüft werden.[421]

Im Performance-Bereich der Versorgungsqualität wird im Fallbeispiel anhand der SAIFI- und SAIDI-Spitzen in 2006 der stochastische Charakter der netzbezogenen Qualitätskennzahlen hervorgehoben. Die Unzuverlässigkeitsspitzen könnten bspw. durch eine Großstörung im entsprechenden Jahr erklärt werden.

Da eine quantitative Verknüpfung zwischen den Netzkosten und der Netzzuverlässigkeit aus Kundensicht für das regelmäßige Performance Management aktuell noch nicht umfassend möglich ist,[422] wird im Rahmen dieser Arbeit für das Netz-Performance Cockpit vereinfachend angenommen, dass durch die Erhaltung der Netzsubstanz und die Vermeidung eines übermäßigen Anstiegs des Netzrisikos wesentliche Einbrüche der Versorgungsqualität weitgehend verhindert werden können.

Diese vereinfachende Annahme bedeutet allerdings auch, dass das NPC im Falle der strategischen Vorgabe eines bewusst angestrebten Qualitätseinbruches aufgrund fehlender Erfahrungswerte zum quantitativen Zusammenhang von Netzzuverlässigkeit und Netzrisiko bzw. Netzsubstanz in diesem Bereich nur bedingt für die Performancebeurteilung geeignet ist. Im Rahmen dieser Arbeit wird allerdings davon ausgegangen, dass ein bewusst angestrebter deutlicher Qualitätseinbruch insbesondere vor dem Hintergrund einer Qualitätsüberwachung durch den Regulator zunächst

---

[420] Ein Effizienzrückstand in Höhe von 10% bedeutet, dass die Best Practice-Unternehmen je € beeinflussbarer Gesamtkosten 10% mehr Leistungsoutput erzeugen. Der Leistungsoutput kann sich dabei neben diversen weiteren Strukturmerkmalen z. B. in einer höheren Energieabnahme je € beeinflussbarer Gesamtkosten niederschlagen (zur näheren Erläuterung des regulatorischen Effizienzwertes siehe Abschnitt 4.6.1).

[421] Zur Netzplanung und zur strategischen Asset Planung siehe die Abschnitt 3.3.1 und 3.3.2.3. Zur Abstimmung der einzelnen Performance-Bereiche im Rahmen der Budgetierung siehe Abschnitt 4.11.2.

[422] Prinzipiell kann mit Hilfe von Modellnetz-basierten Simulationsanalysen eine quantitative Verknüpfung von Netzkosten und Netzzuverlässigkeit erreicht werden (siehe z. B. Abschnitt 3.3.1). Da die bestehenden Simulationsmodelle bislang allerdings nur Partialanalysen der Netzzuverlässigkeitsentwicklung für spezifische Asset Management-Fragestellungen durchführen können, ist eine Simulation der Netzzuverlässigkeitsentwicklung unter Berücksichtigung sämtlicher relevanter Einflussfaktoren für eine regelmäßige Performancebeurteilung und -steuerung aktuell noch nicht möglich (vgl. z. B. FGH (2006), S. 7–9).

keine sinnvolle strategische Alternative für das Netzinfrastruktur-Management in der Elektrizitätswirtschaft darstellt.

Aus dem Erfüllungsgrad bezüglich der Einhaltung netzübergreifender und kunden-individueller Standards der Qualitätsregulierung ergeben sich letztlich die im NPC dargestellten Bonuserlöse bzw. Pönalen, die sich entsprechend auf die Finanzresul-tate von City-Network auswirken.

Unter Berücksichtigung der dargestellten Abhängigkeiten zwischen den einzelnen Performance-Bereichen kann die erreichte Gesamtperformance des Stromnetz-geschäftes differenziert beurteilt werden. Die Wechselwirkungen zwischen den ein-zelnen Performance-Bereichen führen allerdings auch dazu, dass für die konkrete Planung von Performancesteigerungen eine iterative Abarbeitung der diversen Per-formanceaspekte erforderlich ist. Im folgenden Abschnitt wird daher ein Vorschlag zur Abstimmung der verschiedenen Performance-Bereiche im Rahmen der Budgetie-rung vorgestellt.

4.11.2 Abstimmung der Performance-Bereiche im Rahmen der Budgetierung

Im Cost Plus-Regulierungsszenario war eine Priorisierung des Ressourceneinsatzes im Rahmen der Budgetierung aufgrund der Ausgangssituation mit prinzipiell nicht-knappen Ressourcen nicht unbedingt notwendig. Im Rahmen der Anreizregulierung wird durch die Budgetbegrenzung infolge des regulatorischen Preisdrucks fortan eine Top Down-Sichtweise zur klaren Priorisierung von zum Teil sehr unterschied-lichen Ressourcenverwendungsmöglichkeiten zwingend erforderlich.

Im Folgenden wird ein Vorschlag für die iterative Abstimmung der verschiedenen NPC-Performance-Bereiche im Rahmen der Budgetierung vorgestellt. Für den Bud-getierungsprozess wird dabei eine klassische Top Down-/Bottom Up-Vorgehens-weise zu Grunde gelegt, die im Folgenden in fünf Schritten überblicksweise erläutert wird (siehe Abb. 97, S. 204).

Im ersten Schritt wird zum Beginn der jährlichen Budgetierung eine Abstimmung bzw. laufende Weiterentwicklung der strategischen Rahmenvorgaben vorgesehen. Als oberste strategische Rahmenvorgaben werden diesbezüglich die Entscheidungen im Rahmen des Konzessionsportfoliomanagements und der Netzplanung betrachtet,[423] da sie den weiteren Handlungsspielraum des Asset Managements abgrenzen. Die Ergeb-nisse des Portfoliomanagements und der Netzplanung können sich dabei gegenseitig beeinflussen. Zum Beispiel werden durch die übergreifenden Entscheidungen über den Zugang bzw. Abgang von Konzessionsgebieten die Planungsgrundlage und der

---

[423] Zur näheren Erläuterung des Konzessionsportfoliomanagement siehe Abschnitt 4.10; zur Netzplanung siehe Abschnitt 3.3.1.

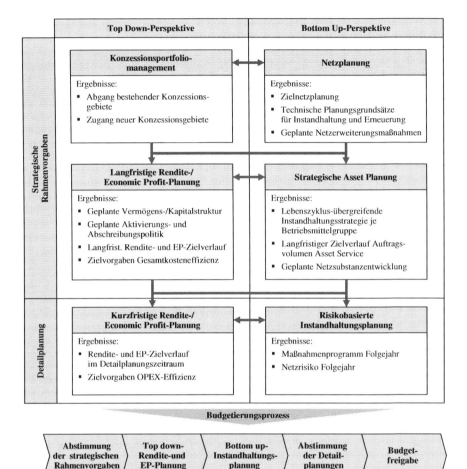

Abb. 97: Vorschlag zur Abstimmung der NPC-Performance-Bereiche im Rahmen
der Budgetierung (Prinzipdarstellung)

Zeithorizont der Zielnetzplanung vorgegeben. Im Gegenzug sind bspw. die Bottom
Up ermittelten Ergebnisse der Netzplanung eine zentrale Basis für die Abschätzung
netzstrukturbezogener Optimierungspotentiale in einzelnen Netzregionen.

Auf Basis des definierten Netzportfolios und Netzentwicklungsplans können im
Rahmen der strategischen Asset Planung Instandhaltungsstrategien zur lebenszyklusübergreifenden Optimierung der Asset-bezogenen Kosten erarbeitet werden.[424] Der

---

[424] Zur strategischen Asset Planung siehe Abschnitt 3.3.2.3.

daraus resultierende Verlauf des Asset Service-Auftragsvolumen bildet eine zentrale Grundlage für die Planung der langfristigen Rendite- und EP-Entwicklung. Nach einer evtl. erforderlichen Abstimmung zwischen den beiden Planungsbereichen können die in Abb. 97 (s. S. 204) dargestellten Resultate der langfristigen Rendite-/EP- und der strategischen Asset Planung als konkrete Rahmenvorgaben für die folgende Detailplanung genutzt werden.

Im zweiten Schritt kann auf Basis der langfristigen Rahmenvorgaben die Kostenverteilung im Detailplanungszeitraum vor dem Hintergrund der jeweiligen situativen Rahmenbedingungen optimiert werden. Falls zum Beispiel in der Einführungsphase einer Anreizregulierung der vorgegebene Erlöspfad von den unternehmensindividuellen Kosten zum Beginn einer Regulierungsperiode ausgeht, kann durch eine gezielte Steuerung der kurzfristigen Kostenverteilung das Ausgangsniveau des Erlöspfades zum Teil beeinflusst werden.[425]

Im dritten Schritt wird das risikooptimierte Maßnahmenprogramm für das Folgejahr Bottom up ermittelt.[426] Dabei werden nur die Netzprojekte freigegeben, deren Beitrag zur Netzrisikominderung die entsprechenden Maßnahmenkosten übersteigt. Für die sonstigen Kostenblöcke wie den kundenbezogenen Service wird eine regelmäßige Bottom Up-Planung hier als nicht erforderlich betrachtet, da davon ausgegangen wird, dass das Prozessmengengerüst bspw. aufgrund einer kurzfristig nur geringfügig variierenden Einwohneranzahl i. d. R. weitgehend konstant ist.

Im vierten Schritt sind die Top down definierten Zielkosten und das Bottom up hergeleitete risikooptimierte Instandhaltungsbudget miteinander abzustimmen. Über die Abstimmung der Instandhaltungsplanung hinaus sind im vierten Schritt insbesondere die Top down definierten OPEX-Effizienzvorgaben für die Service-Prozesse mit den entsprechenden Service-Providern zu verhandeln.

Nach der Abstimmung der Teilpläne kann das Gesamt-Budget abschließend **im fünften Schritt** nach einer finalen Abstimmung mit dem Asset Owner freigegeben werden.

Mit Hilfe der skizzierten Vorgehensweise kann sich der Asset Manager vor dem Hintergrund der verschiedenen Wechselwirkungen zwischen den einzelnen NPC-Bereichen somit iterativ einem optimalen Budget annähern. Vor dem Hintergrund der anstehenden Ressourcenverknappung im Rahmen der Anreizregulierung werden durch die Top down-orientierten Performancegrößen wie dem EP oder der Gesamtkosten- bzw. OPEX-Effizienz dabei Zielvorgaben ermöglicht, die in direktem Bezug zum Oberziel der Unternehmenswertsteigerung stehen. Durch die sukzessive Simulation und Ergebnisabstimmung alternativer Parameterkonstellationen bspw. im Rahmen der Abstimmung zwischen der EP-Detailplanung und dem risikooptimierten Instandhaltungsprogramm kann der Asset Manager weiterhin sein Verständnis für die komplexen Ursache-Wirkungs-Beziehungen des Stromnetzgeschäftes im Zeitablauf zunehmend verbessern.

---

[425] Zur näheren Erläuterung der Anreizregulierung siehe Abschnitt 2.3.

[426] Zur näheren Erläuterung des Netzrisikomanagements siehe Abschnitt 4.7.2.

4.12 Beurteilung des Netzinfrastruktur-Management-Frameworks

Nach der Vorstellung seiner verschiedenen Elemente kann das NIM-Framework abschließend beurteilt werden. Dazu wird es im Folgenden den zuvor in Abschnitt 3.1 definierten allgemeinen und besonderen Konzeptanforderungen an das Netzinfrastruktur-Management in der Elektrizitätswirtschaft gegenübergestellt. Darüber hinaus werden zum Abschluss des Hauptkapitels 4 die Implikationen des NIM-Frameworks für das Asset Manager-Verhalten erörtert.

4.12.1 Erfüllung der allgemeinen und geschäftsspezifischen Konzeptanforderungen

Für die Beurteilung des NIM-Frameworks werden in Abb. 98 noch einmal die in Abschnitt 3.1 definierten allgemeinen und besonderen Konzeptanforderungen an das Netzinfrastruktur-Management in der Elektrizitätswirtschaft aufgeführt. Im Folgenden werden die Managementinformationen des Netz-Performance Cockpits diesen Anforderungen gegenübergestellt.

Allgemeine Anforderungen an Management-informationen	Besondere Konzeptanforderungen an das Netzinfrastruktur-Management in der Elektrizitätswirtschaft
Relevanz	▪ Erfassung extrem langfristiger Ursache-Wirkungs-Beziehungen
Verlässlichkeit	▪ Hervorhebung des regulatorischen Risikos ▪ Operationalisierung von Störungsrisiken
Vergleichbarkeit	▪ Berücksichtigung von zyklischen Effekten im Zeitvergleich ▪ Berücksichtigung von Netzstrukturunterschieden bei der Effizienzbeurteilung
Verständlichkeit	▪ Adressatengerechte Verknüpfung von finanziellen und netztechnischen Aspekten
Wesentlichkeit	▪ Sicherstellung eines angemessenen Detaillierungsgrades der Betriebsmittelgruppierung
Wirtschaftlichkeit	▪ Konzentration auf einfach abbildbare Performancegrößen und Zusammenhänge

Abb. 98: Allgemeine und besondere Konzeptanforderungen an das Netzinfrastruktur-Management in der Elektrizitätswirtschaft

Die allgemeine **Relevanz** der verwendeten Performancegrößen wurde zuvor in den Abschnitten 4.5 bis 4.9 durch die gesonderte Hervorhebung des diesbezüglichen Informationsnutzens jeweils zum Ende der Vorstellung der betreffenden Performance-Bereiche nachgewiesen.

Die geschäftsspezifische Anforderung der Erfassung extrem langfristiger Ursache-Wirkungs-Beziehungen wird im NPC durch diverse langfristige Prognosen erfüllt. Insbesondere können mit Hilfe des Performance-Bereiches Netzsubstanz die Auswirkungen von Asset Strategien auf die Netzsubstanzentwicklung analysiert werden, die als wesentlicher Indikator für die Nachhaltigkeit des Netzinfrastruktur-Managements bzw. für die langfristige Versorgungsqualität dient. Weiterhin bietet die Prognose des künftigen Asset Service-Auftragsvolumens im Performance-Bereich Gesamtkosten die Möglichkeit einer frühzeitigen Erkennung drohender Kapazitätsengpässe. Darüber hinaus können im Rahmen des Performance-Bereiches Finanzresultate z. B. die Auswirkungen der gewählten Aktivierungspolitik auf den langfristigen Rendite- und EP-Verlauf sichtbar gemacht werden.

Hinsichtlich des Kriteriums der **Verlässlichkeit** wurden in den Abschnitten 4.5 bis 4.9 ebenfalls zum Ende der Vorstellung der betreffenden Performance-Bereiche die jeweiligen Verlässlichkeitsgrenzen der einzelnen Performancegrößen zur Sicherstellung einer angemessenen Kennzahleninterpretation explizit angesprochen. Die aufgeführten Verlässlichkeitsgrenzen der einzelnen Performancegrößen sollten schließlich durch die Gesamtbetrachtung des NPC unter Berücksichtigung der in Abb. 91 dargestellten Wechselwirkungen zwischen den Performance-Bereichen weitgehend überwunden werden können. Die Vollständigkeit des NPC sollte dabei durch den in Abschnitt 4.4 erfolgten Abgleich der Performancegrößen mit den strategischen Zielen der zuvor definierten Netz-Strategy Map erreicht sein.

Anzumerken ist an dieser Stelle aber auch: Die Verwendung des Netzrisikos und der Netzsubstanz als Indikatoren für die bisher noch nicht operationalisierbare Versorgungsqualität bzw. Netzzuverlässigkeit aus Kundensicht setzt voraus,[427] dass keine wesentlichen Abweichungen vom Status Quo der aktuellen Versorgungsqualität angestrebt werden. Im Falle einer bewusst geplanten deutlichen Verringerung

---

[427] Prinzipiell kann zwar mit Hilfe von Modellnetz-basierten Simulationsanalysen eine quantitative Verknüpfung von Netzkosten und Netzzuverlässigkeit erreicht werden (siehe z. B. Abschnitt 3.3.1). Da die bestehenden Simulationsmodelle bislang allerdings nur Partialanalysen der Netzzuverlässigkeitsentwicklung für spezifische Asset Management-Fragestellungen durchführen können, ist eine Simulation der Netzzuverlässigkeitsentwicklung unter Berücksichtigung sämtlicher relevanter Einflussfaktoren für eine regelmäßige Performancebeurteilung und -steuerung aktuell noch nicht möglich (vgl. z. B. FGH (2006), S. 7-9). Im NPC wird daher vereinfachend angenommen, dass durch die Erhaltung der Netzsubstanz und die Vermeidung eines übermäßigen Anstiegs des Netzrisikos wesentliche Einbrüche der Versorgungsqualität weitgehend verhindert werden können.

des Versorgungsqualitätsniveaus ist das NPC daher nur bedingt für eine umfassende Performancebeurteilung geeignet.[428]

Hinsichtlich der geschäftsspezifischen Verlässlichkeitsanforderungen wird zum einen das geschäftsspezifische regulatorische Risiko durch nicht beeinflussbare Umsatzeinbrüche infolge der Anreizregulierung im Rahmen des in Abschnitt 4.5.3.2 erläuterten Value at Risk im NPC- Detaillierungsbereich Finanzresultate explizit hervorgehoben. Zum anderen wird das Risiko durch Störungen im Versorgungsnetz im NPC im eigens dafür eingerichteten Performance Netzrisiko operationalisiert.

Hinsichtlich des Kriteriums der **Vergleichbarkeit** werden die zyklischen Effekte des Stromnetzgeschäftes im NPC durch die klare Trennung von kurz- und langfristigen Steuerungsaspekten berücksichtigt. Während die Performance in den eher kurzfristig orientierten NPC-Bereichen OPEX-Effizienz und Netzrisiko weitgehend zyklusunabhängig beurteilt werden kann, ist bezüglich der langfristig orientierten Performance-Bereiche der Gesamtkosteneffizienz und Netzsubstanz eine Berücksichtigung des aktuellen Standortes im Investitionszyklus der Netzinfrastruktur erforderlich. Diese wird letztlich durch die Prognose des Asset Service-Auftragsvolumens im NPC-Bereich Gesamtkosteneffizienz und die Ermittlung der RCN-Anteile je Restlebenserwartungsklasse im NPC-Bereich Netzsubstanz ermöglicht.

Hinsichtlich der erforderlichen Berücksichtigung von Netzstrukturunterschieden im Rahmen der Effizienzbeurteilung wird hier davon ausgegangen, dass der regulatorische Effizienzwert für die Standortbestimmung bezüglich der Gesamtkosteneffizienz die aktuell geeignetste Performancegröße darstellt, da er durch die unabhängige Institution des Regulators unter Berücksichtigung einer Vielzahl an Strukturmerkmalen auf Basis von State of the Art-Verfahren ermittelt wird.[429]

In Bezug auf das Kriterium der **Verständlichkeit** sollte im Management-Cockpit für die Gesamtnetzbeurteilung durch die Konzentration auf fünf Performancebereiche bzw. neun Charts sowie die darauf aufbauenden Detaillierungsmöglichkeiten ein einfacher und verständlicher Aufbau des Netz-Performance Cockpits erreicht sein, der die Akzeptanz des NIM-Frameworks auf der Anwenderseite fördert. Dabei sollten durch die monetäre Darstellung des Netzrisikos und der Netzsubstanz die technischen Restriktionen des Stromnetzgeschäftes auch für evtl. branchenfremde Finanzanalysten auf der Investorenseite nachvollziehbar sein.

Die **Wesentlichkeit** der in den einzelnen NPC-Charts betrachteten Performanceaspekte sollte durch das weitgehend aus realen Wertverhältnissen abgeleitete Fall-

---

[428] Es wird hier allerdings davon ausgegangen, dass ein bewusst angestrebter deutlicher Qualitätseinbruch insbesondere vor dem Hintergrund einer Qualitätsüberwachung durch den Regulator zunächst keine sinnvolle strategische Alternative für das Netzinfrastruktur-Management in der Elektrizitätswirtschaft darstellt.

[429] Zur Ermittlung des regulatorischen Effizienzwertes siehe Abschnitt 4.6.1.

beispiel City-Network nachvollziehbar dargelegt sein.[430] Da sich das NIM-Framework auf das Netzinfrastruktur-Management aus Gesamtunternehmenssicht fokussiert, wurde auf die spezifische Konzeptanforderung eines nicht zu tiefen Detaillierungsgrades der Betriebsmittelgruppierung hier allerdings nicht näher eingegangen.[431]

Hinsichtlich des Kriteriums der **Wirtschaftlichkeit** wird davon ausgegangen, dass das NPC durch die vereinfachenden Annahmen für den Fall fehlender Basisdaten sowie durch die Anlehnung an die in Teilbereichen bereits in der Praxis eingesetzten geschäftsspezifischen Management-Konzepte wie die risikobasierte Instandhaltungsplanung mit einem angemessenen Aufwand umgesetzt werden kann.

4.12.2 Verhaltensbezogene Implikationen des Netzinfrastruktur-Management-Frameworks

Wie in Abschnitt 3.1.4 erläutert, können verhaltensbezogene Aspekte zu wesentlichen Unwägbarkeiten im Rahmen des Performance Management führen, die kaum durch ein systematisches Management-Konzept wie das NIM-Framework erfasst werden können. Dennoch kann das NIM-Framework einen gewissen Beitrag zu einer übergreifenden Steuerung des Mitarbeiter-, Manager- und Stakeholderverhaltens leisten.

Durch die Formulierung und Implementierung eines eigenständigen Leitbildes für das Stromnetzgeschäft wird bspw. ein übergreifender Bezugsrahmen für das Verhalten der beteiligten Personen geschaffen.[432]

Durch die Anwendung der Scorecard-basierten Netz-Strategy Map und des Netz-Performance Cockpits werden im Unternehmen verhaltensbezogene Managementprozesse induziert, die nach Lern-, Führungs- und Organisationsprozessen unterschieden werden können.[433] Neben der reinen Leistungsplanung- und kontrolle werden durch den fortlaufenden Einsatz des NPCs und dem daraus resultierenden Aufbau von Erfahrungswissen über die einzelnen Performance-Bereiche und ihre Wechselwirkungen Lernprozesse ausgelöst, die z.B. zur Entdeckung neuer Lösungswege für Performancesteigerungen führen können und somit die Innovationskraft steigern. Durch das verbesserte Verständnis für die übergreifenden Zusammenhänge des Stromnetzgeschäftes kann weiterhin insbesondere eine strategische Denkhaltung des einzelnen Mitarbeiters gefördert werden, die durch eine verbesserte Einordnung des

---

[430] Zum Fallbeispiel City-Network siehe Abschnitt 1.3.3.

[431] Als Detailbeispiel für eine mögliche Gruppierung auf der Einzel-Betriebsmittelebene siehe z.B. Tab. 2 in Abschnitt 2.4.3.

[432] Zur Erläuterung der Leitbildformulierung siehe Abschnitt 4.2.

[433] Vgl. GRÜNER (2001), S. 213–215.

eigenen Leistungsbeitrages in den unternehmerischen Gesamtkontext implizite Führungs- und Organisationsprozesse in Gang setzt.

Auf der Stakeholderseite kann das NIM-Framework durch die Verbesserung der Transparenz des Netzgeschäftes u. a. zu einer Versachlichung der oftmals politisch geprägten Diskussionen bspw. über die Fairness der finanziellen Performance von Stromnetzbetreibern führen und so in gewissem Maße geschäftsschädigenden Verhaltensweisen von Stakeholdern wie Landesregierungen entgegenwirken. Darüber hinaus kann das NPC als konkrete Argumentationshilfe für Verhandlungen mit dem Regulator oder aktuellen bzw. potentiellen Konzessionsgebern genutzt werden. Die grundsätzliche Akzeptanz des NIM-Frameworks auf der Stakeholderseite sollte dabei aufgrund seines sachlogisch verständlichen Aufbaus letztlich auch über die Gruppe der Shareholder hinaus prinzipiell gegeben sein.

5 Ergebniszusammenfassung und Ausblick

Ziel der Arbeit war die Entwicklung eines Netzinfrastruktur-Management (NIM)-Frameworks für eine integrierte Beurteilung und Steuerung der Performance des Stromnetzgeschäftes nach Umsetzung des Unbundling und der Anreizregulierung mit vorgegebenen Erlösgrenzen. Die Arbeit konzentrierte sich dabei auf den Bereich der Stromverteilung und ein Anreizregulierungsszenario mit Effizienzvorgaben auf Basis einer Gesamtkostenbetrachtung. Im Folgenden werden die wichtigsten Ergebnisse der einzelnen Kapitel dieser Arbeit noch einmal vor dem Hintergrund ihrer Zielsetzung zusammengefasst. Im Anschluss erfolgt dann ein Ausblick mit Anregungen für weitere Arbeiten im Bereich des Netzinfrastruktur-Managements.

In **Kapitel 2** wurden die Grundlagen des Stromnetzgeschäftes vom allgemeinen Aufbau und Liberalisierungspfad der Elektrizitätswirtschaft über die spezifischen Ausgestaltungsmöglichkeiten der Anreizregulierung bis hin zur konkreten Unternehmensstruktur von „unbundelten" bzw. eigenständigen Stromverteilungsnetzbetreibern vorgestellt. Zur Vermittlung eines näheren Eindrucks des aktuellen Wandels des Stromnetzgeschäftes wurden zum Abschluss des Kapitels aktuelle Herausforderungen für Stromnetzbetreiber herausgestellt, die auf Basis von Praxisinterviews bei Stromnetzbetreibern und Unternehmensberatungen erhoben wurden. Die von den Interviewpartnern genannten Herausforderungen bzw. Handlungsbedarfe umfassen dabei sowohl fundamentale Änderungen der Unternehmenskultur, Netzstrategie und Führungsorganisation als auch ein Neudesign der angewandten Prozesse und Methoden.

Im **Kapitel 3** erfolgte eine Bestandsaufnahme und Bewertung von bestehenden Konzepten für das Netzinfrastruktur-Management in der Elektrizitätswirtschaft. Es wurden nach einer kurzen Begriffsklärung zunächst allgemeine Anforderungen hinsichtlich der „decision usefulness" von Management-Konzepten auf Basis der hierarchy of accounting qualities des FASB definiert und diese anschließend im hier betrachteten geschäftsspezifischen Kontext erörtert. Die resultierenden besonderen Konzeptanforderungen an das Netzinfrastruktur-Management in der Elektrizitätswirtschaft basieren im Wesentlichen auf dem spezifischen Charakter des Netzgeschäftes als reguliertem Monopol und technischen Rahmenbedingungen wie der extremen Langlebigkeit der Betriebsmittel und der begrenzten Operationalisierbarkeit der Versorgungsqualität als zentralem Leistungsoutput. Neben den allgemeinen und besonderen Konzeptanforderungen werden darüber hinaus die grundsätzlichen verhaltensbezogenen Grenzen von systematischen Management-Konzepten aufgezeigt, die auch für das Netzinfrastruktur-Management in der Elektrizitätswirtschaft gelten. Gesondert wurde dabei auf den geschäftsspezifischen Aspekt des Asset Manager-Verhaltens im Spannungsfeld von Asset Owner und Regulator eingegangen, der aus dem besonderen Konflikt zwischen unternehmerischen und öffentlichen Interessen am Versorgungsnetz resultiert und sich kaum konzeptionell fassen lässt.

Die im Anschluss an die Anforderungsdefinition vorgestellten bestehenden Konzepte für das Netzinfrastruktur-Management in der Elektrizitätswirtschaft wurden nach allgemeinen Managementansätzen und geschäftsspezifischen Modellen unterschieden. Als allgemeine Managementansätze mit besonderer Relevanz für diese Arbeit wurden das Value Based Management, die Scorecard-basierte Steuerung, das Enterprise Risk Management sowie das Financial und Management Accounting überblicksweise aufgeführt. Als geschäftsspezifische Management-Konzepte wurden die Netzplanung, die Instandhaltungsplanung, die spezifische Kosten- und Erlösrechnung von Stromnetzbetreibern sowie für das Netzgeschäft entwickelte Public Private Partnership-Finanzmodelle näher erläutert.

Zum Abschluss von Kapitel 3 wurden die vorgestellten bestehenden Konzepte den zuvor definierten Anforderungen gegenübergestellt. Es lässt sich zusammenfassen, dass die allgemeinen Management-Konzepte in kombinierter Anwendung wohl grundsätzlich für ein umfassendes Management des Stromnetzgeschäftes geeignet sind, sie aufgrund ihres generischen Charakters allerdings – wie zu erwarten – nur ein erstes Grundgerüst für das zu entwickelnde Netzinfrastruktur-Management-Framework liefern können. Die vorgestellten geschäftsspezifischen Management-Konzepte behandeln dagegen jeweils nur einen begrenzten, wenn auch wichtigen Ausschnitt der für das Stromnetzgeschäft relevanten Performance Aspekte. Durch sie lässt sich daher kaum die unter den betrachteten künftigen Rahmenbedingungen erforderliche umfassende Top Down-Steuerung des Netzgeschäftes sicherstellen. Die aufgezeigten Grenzen der bestehenden Konzepte wurden somit zum Anlass für die Entwicklung eines spezifischen Frameworks für das Netzinfrastruktur-Management in der Elektrizitätswirtschaft genommen, für das die vorgestellten bestehenden Ansätze weitgehend als Ausgangsbasis genutzt werden sollten.

Das **Kapitel 4** stellt den zentralen Ergebnisteil der Arbeit dar, in welchem das Netzinfrastruktur-Management (NIM)-Framework entwickelt wurde. Das NIM-Framework setzt sich in Anlehnung an die Performance Management-Strukturierung nach KAPLAN/NORTON aus den Bestandteilen Leitbild, Netz-Strategy Map und Netz-Performance Cockpit zusammen, wobei das Leitbild und die Netz-Strategy Map als konzeptioneller Überbau zu sehen sind und das Netz-Performance Cockpit die konkreten Steuerungsinhalte für das Netzinfrastruktur-Management liefert. Als primäre Adressaten des NIM-Frameworks werden dabei das Asset Management und die Asset Owner betrachtet.

Das Unternehmensleitbild schafft einen übergreifenden Rahmen für das Verhalten der handelnden Personen des Stromnetzgeschäftes. Es dient somit insbesondere der Prägung einer eigenständigen Unternehmenskultur, der vor dem Hintergrund des Paradigmenwechsels durch Unbundling und Anreizregulierung eine besondere

Bedeutung zukommt. Es wurden kurz die Leitbildformulierung erläutert und die wesentlichen Erfolgsmerkmale der Leitbildelemente Vision, Werte und Mission anhand von Leitbildbeispielen europäischer Netzbetreiber diskutiert.

Die Balanced Scorecard-basierte Netz-Strategy Map (NSM) liefert die Basis für die inhaltliche Ausgestaltung des Performance Managements. Ausgehend vom Oberziel der Unternehmenswertsteigerung wurden im Rahmen der NSM die strategischen Ziele des Stromnetzgeschäftes unter den betrachteten künftigen Rahmenbedingungen definiert. Als Zielperspektiven wurden dabei die Ebenen „Finanzielle Performance", „Versorgungsqualität", „Prozessgestaltung" und „Mitarbeiterpotential" unterschieden. Es wurde weiterhin ein Vorschlag für die organisatorische Verankerung der definierten strategischen Ziele erarbeitet, der im Zusammenspiel von Asset Manager und Asset Service eine klare Trennung von Planung bzw. Entscheidung und Ausführung ermöglichen soll.

Das Netz-Performance Cockpit (NPC) stellt den inhaltlichen Kern des NIM-Frameworks dar und enthält die konkreten Messgrößen für die Beurteilung und Steuerung der Performance des Netzgeschäftes. Ausgehend von den strategischen Zielen der NSM wurden die zentralen Performance-Bereiche „Finanzresultate", „Kosteneffizienz", „Netzrisiko", „Netzsubstanz" und „Versorgungsqualität" definiert, wobei sich der Bereich „Kosteneffizienz" weiter in die „OPEX-Effizienz" und die „Gesamtkosteneffizienz" aufteilt. Während im Bereich „Finanzresultate" die für den Asset Owner relevanten Endergebnisse des Netzinfrastruktur-Managements sichtbar gemacht werden, stellen die Bereiche OPEX-Effizienz und Netzrisiko kurzfristig beeinflussbare Steuerungsparameter und die Bereiche Gesamtkosteneffizienz und Netzsubstanz eher langfristige Steuerungsparameter dar. Der Bereich Versorgungsqualität liefert wichtige Informationen zum Leistungsoutput aus Endkundensicht, ist aber aufgrund der vielfältigen Bestimmungsfaktoren der Versorgungsqualität nur sehr begrenzt operationalisierbar. Im NPC dienen daher die technischen Restriktionen Netzrisiko und Netzsubstanz als direkt beeinflussbare Indikatoren für die nur schwer handhabbare Versorgungsqualität.

Zur Ermöglichung von Detailanalysen wurde für das Management-Cockpit auf der Gesamtnetzebene je Performance-Bereich ein spezifisches Detailcockpit ausgearbeitet. Zudem sind im Rahmen des NPC weitere Detailbetrachtungen mit Hilfe von Teilnetzcockpits vorgesehen, die bis auf den Bereich der Konzessionsportfolioanalyse heruntergebrochen werden können. Weiterhin wird die Möglichkeit der Einbindung von Prozesscockpits in das NPC aufgezeigt, ohne dass auf diese allerdings näher eingegangen wird.

Die einzelnen Performance-Bereiche und Detaillierungsstufen des NPC wurden im Laufe des Kapitels 4 ausführlich behandelt. Insbesondere wurde dabei zum Abschluss eines jeden Bereiches die Relevanz und Verlässlichkeit der gewählten Performancegrößen noch einmal gesondert erörtert. Nach der Vorstellung der einzelnen

Performance-Bereiche erfolgte in Abschnitt 4.11 eine integrierte Betrachtung der Wechselwirkungen zwischen den einzelnen Performance-Bereichen. Anhand des durchgängig in der Arbeit verwendeten Fallbeispiels City-Network wurden die wesentlichen Abhängigkeiten zwischen den Performance-Bereichen dargestellt. Zum Ende der Darstellung des NPC wurde abschließend ein Vorschlag für die Abstimmung der einzelnen Performance-Bereiche im Rahmen der Budgetierung vorgestellt.

Zum Abschluss von Kapitel 4 wurde das NIM-Framework erfolgreich auf die Erfüllung der zuvor definierten Konzeptanforderungen an das Netzinfrastruktur-Management in der Elektrizitätswirtschaft hin überprüft. Der Nutzen des NIM-Frameworks für seine Adressaten soll diesbezüglich noch einmal anhand der folgenden ausgewählten Merkmale hervorgehoben werden:

- Durch die Berücksichtigung sowohl kurz- als auch langfristiger Steuerungsparameter sowie die explizite Hervorhebung der spezifischen technischen Restriktionen des Stromnetzgeschäftes wird mit Hilfe des NPC die angestrebte umfassende Beurteilung und Steuerung der Performance des Stromnetzgeschäftes ermöglicht.

- Die zur Sicherstellung einer angemessenen Kennzahleninterpretation detailliert erläuterten Grenzen der verschiedenen Einzelkennzahlen können durch die Beobachtung des „Kennzahlenzusammenspiels" im Rahmen der Cockpit-Darstellung weitgehend überwunden werden.

- Insbesondere können durch die Darstellung der Netzsubstanzentwicklung sowie weitere Langfristprognosen bspw. der langfristigen Rendite- und EP-Entwicklung und des Asset Service-Auftragsvolumens kurzfristige orientierte Asset-Strategien zu Lasten der langfristigen Entwicklung direkt sichtbar gemacht werden.

- Durch die Konzentration auf fünf Performancebereiche bzw. neun Cockpit-Charts sowie die darauf aufbauenden Detaillierungsmöglichkeiten wurde ein einfacher und verständlicher Aufbau des Netz-Performance Cockpits erreicht, der die Akzeptanz auf der Anwenderseite fördert.

- Durch die monetäre Darstellung des Netzrisikos und der Netzsubstanz sollten insbesondere die technischen Restriktionen des Stromnetzgeschäftes auch für branchenfremde Finanzanalysten auf der Investorenseite nachvollziehbar sein.

- Die durch den fortlaufenden Einsatz des NPCs induzierten Lern- und Führungsprozesse fördern eine strategische Denkhaltung des einzelnen Mitarbeiters und steigern die Innovationskraft des Unternehmens.

- Durch die transparente Darstellung der Performance des Netzgeschäftes kann das NPC über die unternehmensbezogenen Aspekte hinaus schließlich auch eine Versachlichung politisch motivierter öffentlicher Diskussionen herbeiführen und als Argumentationshilfe im Rahmen von Verhandlungen mit Regulatoren oder Konzessionsgebern genutzt werden.

Ausblick

Das erarbeitete NIM-Framework liefert einen branchenbezogenen Beitrag für die wissenschaftliche Diskussion des Performance Management im bislang kaum betrachteten Bereich des regulierten Stromnetzgeschäftes. Ein Merkmal der vorgestellten Konzeption ist die Unabhängigkeit von spezifischen regulatorischen Vorschriften zur Netzentgeltkalkulation, welche sich vor dem Hintergrund der z. T. noch unausgereiften Anreizregulierung im Zeitablauf verändern und im Ländervergleich stark unterscheiden können. Im Rahmen weiterer Forschungsbestrebungen könnten die Erkenntnisse dieser Arbeit daher insbesondere dahingehend verfeinert werden, dass konkretisierte landesspezifische Anreizregulierungsformeln in das NIM-Framework integriert werden. Darüber hinaus bietet es sich an, die Ergebnisse dieser Arbeit als Grundlage für die Entwicklung von Performance Management-Konzepten im Bereich anderer Netzinfrastrukturen wie Gas-, Wasserversorgungs- oder Schienennetzen zu nutzen, die eine prinzipiell ähnliche Ausgangssituation aufweisen.

Mit Blick in die Zukunft kann dem hier erarbeiteten Lösungsansatz eine noch höhere Relevanz zu kommen, falls die aktuell von der EU-Kommission vehement geforderte eigentumsrechtliche Abspaltung des Netzgeschäftes von den bisher größtenteils nur organisatorisch entflechteten Energiekonzernen zum Tragen kommt. In diesem Fall würden neben den bereits jetzt schon hoch interessierten institutionellen Finanzinvestoren zwangsläufig branchenfremde Investoren in den Markt drängen. Die fundierte Kenntnis der spezifischen Besonderheiten und Restriktionen der Performanceentwicklung im Stromnetzgeschäft ist insbesondere hier entscheidend für die nachhaltige Bewirtschaftung von Stromnetzen und Sicherstellung der langfristigen Versorgungsqualität.

6   Literaturverzeichnis

AJODHIA, VIRENDRA / KRISTIANSEN, TARJEI et al. (2005): Total Cost efficiency analysis for regulatory purposes: statement of the problem and two European case studies. Konferenzabstract für: 4th Conference on Applied Infrastructure Research, 08.10.2005, Berlin. URL: http://www.wip.tu-berlin.de/typo3/fileadmin/documents/infraday/2005/papers/petrov_scarsi_kristiansen_adjohia_Total_Costefficiency_analysis_for_regulatry_purposes.pdf. Stand: 15.02.2007.

ALTENBEREND, OLAF / HOFMANN, FELIX / RIMMELSPACHER, UDO (2007): Power is nothing without Controlling. 2007.

ANDERSON, PATRICK L. / GECKIL, ILHAN K. (2003): Northeast Blackout Likely to Reduce US Earnings by $6.4 Billion. AEG Working Paper 2003-2, 2003.

ANGENEND, MICHAEL (2006): Regionale Netzgesellschaft als Kooperationsmodell. Konferenzpräsentation in: 2.ICG-Branchentreffen Netze, 08.06.2006, Frankfurt am Main.

ANGER, CORNELIUS (2002): Telecom Management-Accounting. Bamberg, 2002.

Anreizregulierungsverordnung (ARegV) (2007): Verordnung über die Anreizregulierung der Energieversorgungsnetze. In: BGBl. I S. 2529, 29.10.2007.

BALLWIESER, WOLFGANG (2001): Ertragswert örtlicher Stromnetze – Anmerkung zur aktuellen BGH-Rechtssprechung. In: Betriebs-Berater, Heft 30 2001, S. 1519–1526.

BALZER, G. / SCHORN, C. (2004): Risk Assessment von Betriebsmitteln der elektrischen Versorgung. In: Energiewirtschaftliche Tagesfragen, Heft 10 2004, S. 674–678.

BECKERS, VOLKER / ENGELBERTS, KLAUS / SPITZER, HEIKO u. a. (2002): Zielgerichtete Segmentierung des Anlagenparks. In: Energiewirtschaftliche Tagesfragen, Heft 10 2002, S. 380–384.

BENZ, THOMAS (2006): Zustandsbewertung und Entwicklung effizienter Instandhaltungsstrategien. Konferenzabstract in: FGH Forschungsgemeinschaft für Elektrische Anlagen und Stromwirtschaft e.V. (Hrsg.), Tagungsband „Asset Management in Verteilungsnetzen – Methoden, Daten, Praxiserfahrungen", 27.–28.09.2006, Heidelberg.

BERLE, ADOLF A. / MEANS, GARDINER C. (1948): The Modern Corporation and private property. New York, 1948.

BIALEK, JANUSZ W. (2004): Recent blackouts in US/Canada and continental Europe: Is liberalization to blame?. Konferenzbericht in: 9th POWER Research Conference on Electricity Restructuring, 19.04.2004, Berkeley. URL: http://www.econ.cam.ac.uk/electricity/publications/wp/ep34.pdf. Stand: 12.4.2006.

BLUME, D / SCHLABBACH, J. / STEPHANBLOME, T. (1999): Spannungsqualität in elektrischen Netzen, Berlin, 1999.

BOLKESTEIN, FRITS (2004): Liberalizing utility markets in the European Union. In: Robson, Colin (Hrsg.), Successes and Failures in Regulating and Deregulating, Northhamton, 2004, S. 125–132.

BREALEY, RICHARD A. / MYYERS, STEWART C. (2003): Principles of Corporate Finance, 7. Auflage, New York u. a., 2003.

BRUNEKREEFT, G. / KELLER, K. (2003): Elektrizität – Verhandelter versus regulierter Netzzugang. In: KNIEPS, G. / BRUNEKREEFT, G. (Hrsg.), Zwischen Regulierung und Wettbewerb, Heidelberg, 2003, S. 131–164.

BUCHHOLZ, BERND / GLAUSINGER, WOLFGANG / HECK, THOMAS u. a. (2006): Perspektiven der Versorgungsqualität in Elektroenergienetzen. In: Energiewirtschaft, Ausgabe 25 2006, S. 58–63.

Bundesministerium der Justiz (2005): Verordnung über die Entgelte für den Zugang zu Elektrizitätsversorgungsnetzen, 2005. URL: http://www.gesetze-im-internet.de/bundesrecht/stromnev/gesamt.pdf. Stand: 01.04.2008.

Bundesversammlung der Schweizerischen Eidgenossenschaft (2007): Bundesgesetz über die Stromversorgung (StromVG) vom 23. März 2007, 2007. URL: http://www.lexfind.ch/dtah/43636/2/734.7.de.pdf. Stand: 25.03.2008.

Central Networks (2007): Our distribution area. 2007. URL: http://www.eon-uk.com/distribution/600.aspx. Stand: 10.03.2008.

Central Networks (2007): Our vision, values and behaviours. 2007. URL: http://www.eon-uk.com/distribution/visionvaluesbehaviours.aspx. Stand: 10.03.2008.

CHENG, SONG / MATHEUS, CARTSEN / MAURER, CHRISTOPH u. a. (2006): Planungsgrundsätze für die Mittelspannung der MVV Energie AG. In: Institut für Elektrische Anlagen und Energiewirtschaft der RWTH Aachen (IAEW): Forschungsgesellschaft Energie (FGE), Jahresbericht 2006, S. 164–167, 2006.

Cigre International Council on Large Electric Systems (2003): Information strategy to support utility asset management. Paper JWG B3/C2, 2003.

CLEMENS, GABRIEL (2006): Risikobasiertes Asset Management – Ein Erfahrungsbericht. Konferenzabstract in: FGH Forschungsgemeinschaft für Elektrische Anlagen und Stromwirtschaft e. V. (Hrsg.), Tagungsband „Asset Management in Verteilungsnetzen – Methoden, Daten, Praxiserfahrungen", 27.–28.09.2006, Heidelberg.

COENENBERG, ADOLF G. / SCHULTZE, WOLFGANG (2002): Unternehmensbewertung: Konzeptionen und Perspektiven. In: Die Betriebswirtschaft, Heft 6 2002, S. 597–621.

COENENBERG, ADOLF G. / SALFELD, RAINER (2003): Wertorientierte Unternehmensführung: vom Strategieentwurf zur Implementierung. Stuttgart, 2003.

COPELAND, TOM / DOLGOFF, AARON (2005): Outperform with Expectations-Based Management. New Jersey, 2005.

Council of European Energy Regulators (CEER) (2003): Second Benchmarking Report on Quality of Electricity Supply. Brüssel, 2003.

Council of European Energy Regulators (CEER) (2005): Third Benchmarking Report on Quality of Electricity Supply. Brüssel, 2005.

CRASSELT, NILS / PELLENS, BERNHARDT / SCHREMPER, RALF (2000): Konvergenz wertorientierter Erfolgskennzahlen (II). In: WISU (2/2000), S. 205–208.

DAMODARAN, ASWATH (2001): The dark side of valuation. London, 2001.

Deutsches Institut für Normung e. V. (2003): DIN 31051: Grundlagen der Instandhaltung. Berlin/Köln, Ausgabe 2003–2006.

DRUCKER, PETER F. (2007): The Practice of Management. Oxford, 2007.

E-Control (2005): Jahresbericht 2005. Wien, 2005.

Electricité de France (EDF) (2006): EDF Group Annual Report 2006. Paris, 2006.

Enagas (2007): Our aims. Madrid, 2007. URL: http://www.enagas.es/cs/Satellite?cid=1146 231282286&language=en&pagename=ENAGAS%2FPage%2FENAG_pintarContenidoFinal. Stand: 10.03.2008.

Enagas (2007): Introduction. 2007. URL: http://www.enagas.es/cs/Satellite?cid =114241 7697548&language=en&pagename=ENAGAS%2FPage%2FENAG_pintarContenidoFinal. Stand: 10.03.2008.

EnBW AG. (2005): Geschäftsbericht 2005. Karlsruhe, 2005.

Energietechnische Gesellschaft im VDE (ETG) (2006): Versorgungsqualität im deutschen Stromversorgungssystem. Studie des VDE Verband der Elektrotechnik, Elektronik und Informationstechnik e. V., Frankfurt, 2006.

E.ON AG. (2005): Geschäftsbericht 2005. Düsseldorf, 2005.

ESTACHE, ANTONIO / RODRIGUEZ-PARDINA, MARTIN / RODRIGUEZ, JOSE MARIA u.a. (2003): An Introduction to Financial and Economic Modeling for Utility Regulators. In: Policy Research Working Paper Series 3001, 2003.

Euromonitor (2004): Electric power distribution in France. London, Juni 2004.

Euromonitor (2004): Electric power distribution in the UK. London, Juni 2004.

Euromonitor (2004): Electric power distribution in the USA. London, Juni 2004.

Europäische Kommission (2004): Third Benchmarking Report on the Implementation of the Internal Electricity and Gas Market. Brüssel, 2004.

Europäische Union (2003): Richtlinie 2003/54/EG des Europäischen Parlaments und des Rates vom 26. Juni 2003 über gemeinsame Vorschriften für den Elektizitätsbinnenmarkt und zur Aufhebung der Richtlinie 96/92/EG, 2003. URL: http://eur-lex.europa.eu/Lex-UriServ/LexUriServ.do?uri=OJ:L:2003:176:0037:0055:DE:PDF. Stand: 25.03.2008.

EVELEIGH, PAUL (2005): Development of Incentive Regulation in UK Electricity Distribution. Konferenzpräsentation in: Euroforum-Konferenz, Anreizregulierung – Sinkende Netzentgelte bei gleicher Versorgungsqualität, Berlin, 07.12.2005.

FGH – Forschungsgemeinschaft für elektrische Anlagen und Stromwirtschaft e.V. (2006): Technischer Bericht 299. Mannheim, 2006.

FICKERT, REINER (2002): Management Accounting. In: BEHR, GIORGIO / FICKERT, REINER/ GANTENBEIN, PASCAL, Accounting, Controlling und Finanzen, München 2002, S. 95–142.

FICKERT, REINER (2004): Business Performance und Finanzcontrolling. In: Der Schweizer Treuhänder, 09/2004, 2004.

FICKERT, REINER / GEUPPERT, FLORIAN / KÜNZLE, ANDREAS (2003): Finanzcontrolling für Nicht-Finanz-Spezialisten. Bern, 2003.

Financial Accounting Standards Board (FASB) (1980): Statement of Financial Accounting Concepts No. 2. Stamford, 1980.

FITZGERALD, L. / MOON, P. (1996): Delivering Goods at TNT: Evaluating a Performance measurement System. In: Management Accounting Research, Dezember 1996, S. 431–457.

FRITZ, WOLFGANG (2006): Berücksichtigung von Budget- und Ressourcengrenzen bei der langfristigen Erneuerungsplanung. Konferenzpräsentation in: FGH.Fachtagung „Asset Management in Verteilungsnetzen – Methoden, Daten und Praxiserfahrungen", 27.–28.09.2006, Heidelberg, 2006.

FRITZ, WOLFGANG / LINKE, CHRISTIAN / NACHTKAMP, JÜRGEN u.a. (2005): Optimierung von Substanzerhaltungsstrategien unter Kosten- und Qualitätsgesichtspunkten. Konferenzpräsentation in: Internationale Energiewirtschaftstagung IEWT, 16.–18.02.2005, Wien, 2005.

FRITZ, W. / LINKE, C. / WOLFFRAM, P. et al. (2006): Abhängigkeit der Netzzuverlässigkeit von Versorgungsaufgaben und Netzkonzepten. In: Elektrizitätswirtschaft, Heft 8 2006, S. 16–18.

GAISER, BERND / WUNDER, THOMAS (2004): Strategy Maps und Strategieprozess. In: Controlling, Heft 8/9 2004, S. 457–463.

GALLAS, WOLFGANG / KESSELMEIER, HORST (2006): Praxisorientierte IT-Systemeinführung bei einem Verteilnetzbetreiber. Konferenzabstract in: FGH Forschungsgemeinschaft für Elektrische Anlagen und Stromwirtschaft e.V. (Hrsg.), Tagungsband „Asset Management in Verteilungsnetzen – Methoden, Daten, Praxiserfahrungen", 27.–28.09.2006, Heidelberg.

GEBHARDT, GÜNTHER / MANSCH, HELMUT (2005): Wertorientierte Unternehmenssteuerung in Theorie und Praxis. Düsseldorf, 2005.

GERKE, W. / HENNIES, M. (2000): Der Stromhandel – Grundlagen, Profile, Perspektiven: Ein Wegweiser für Unternehmen, Marktteilnehmer an der Börse und Endverbraucher. Frankfurt am Main, 2000.

GLEISSNER, WERNER / ROMEIKE, FRANK (2005): Risikomanagement – Umsetzung, Werkzeuge, Risikobewertung. Freiburg, 2005.

Global Insight (2005): Energy Sector Analysis 31. 10. 2003. Bosten, 2005.

GOES, SEBASTIAN (2003): Management Accounting von Stromnetzbetreibern. Mannheim, 2003.

GROWITSCH, CHRISTIAN / JAMASB, TOORAJ / POLLITT, MICHAEL (2005): Quality of service, efficiency and scale in network industries: an analysis of European electricity distribution. 2005. URL: http://www.electricitypolicy.org.uk/pubs/wp/eprg0504.pdf. Stand: 17. 9. 2006.

GRÜNER, ANDREAS (2001): Scorecardbasiertes Cockpit Controlling: Konzeption und Umsetzung in der Einzelfertigung. Wiesbaden, 2001.

HAMMER, MICHAEL / CHAMPY, JAMES (2005): Reengineering the corporation: a manifesto for business revolution. New York, 2005.

HEGEL, MICHAEL (2006): Überblick: Was läuft im Ausland. Konferenzpräsentation in: Euroforum-Konferenz, Der strategische und finanzielle Wert von Energienetzen, 30. 08. 2006, Köln.

HOFFMANN, OLAF C. (1999): Performance Management: Systeme und Implementierungsansätze. Bern, 1999.

HOLZHERR, CHRISTIAN / KOFLUK, MICHAEL (2004): Wertorientierte Führung von regulierten Stromnetzgesellschaften. In: Energiewirtschaftliche Tagesfragen, Heft 11 2004, S. 718–735.

HORNGREN, CHARLES T. / DATAR, RIKANT M. / FOSTER, GEORGE (2005): Cost Accounting. Upper Saddle River, 2005.

HORVATH & Partners (2005): Prozessmanagement umsetzen – Durch nachhaltige Prozessperformance Umsatz steigern und Kosten senken. Stuttgart, 2005.

HOSTETTLER, STEPHAN / STERN, HERMANN J. (2004): Das Value Cockpit. Weinheim, 2004.

International Accounting Standards Board (IASB) (2001): Framework for the Preparation and Presentation of Financial Statements, 2001. URL: http://www.iasplus.com/standard/framewk.htm. Stand: 02. 04. 2008.

Institute of Electrical and Electronics Engineers (IEEE) (2004): IEEE Standard 1366-2003. New York, 2004.

Institute of Electrical and Electronics Engineers (2004): Guide 1366 2004. URL: http://standards.ieee.org/catalog/olis/arch_td.html. Stand: 11. 10. 2006.

International Financial Law Review (2007): Thames Water closes whole-business securitization. 2007. URL: http://www.iflr.com/?Page=9&PUBid=263&ISS=24118&SID=693242. Stand 10. 03. 2008.

JANSEN, JAAP C. (2006): Alternative regulation and DSO business models. URL: http://www.dg-grid.org/calendar&events/thehague/dggrid-seminar_impacts-of-connecting-dg_jansen.pdf. Stand: 15. 02. 2007.

JENDRIAN, LARS (2002): Netznutzungsentgeld elektrischer Energieverteilungsnetze. Berlin, 2002.

JENSEN, M. C. / MECKLIN, W. H. (1976): Theory of the firm: Managerial Behavior and Ownership Structure. In: Journal of Financial Economics, Heft 3, S. 305–360, 1976.

JONGEPIER, ARJEN G. (2007): Ageing networks: consume, prolong or replace. Leonardo ENERGY Briefing Paper, Januar 2007.

JOSEPH, JÜRGEN (2005): Anreizregulierung für Netzentgelte – Erwartungen der industriellen Verbraucher. Konferenzpräsentation in: Summer Conference on Energy, 19. 09. 2005, Berlin.

JOSKOW, PAUL L. (2005): Incentive Regulation in theory and practice: Electricity Distribution and Transmission Networks. 2005. URL: http://econ-www.mit.edu/faculty/download_ pdf.php?id=1220, Stand 15.03.2007.

JOSKOW, PAUL L. (2005): Regulation of natural Monopolies. 2005. URL: http://web.mit.edu/ ceepr/www/2005-008.pdf, Stand: 15.01.2007.

KALLWEIT, TORSTEN / SCHWARZ, UWE / SPITZER, HEIKO (2005): Asset Strategy Planning. In: Energiewirtschaftliche Tagesfragen, Heft 7, 2005.

KAPLAN, ROBERT S. / NORTON, D. P. (1992): The Balanced Scorecard. In: Harvard Business Review, 1–2/1992, S. 71–79, 1992.

KAPLAN, ROBERT S. / NORTON, DAVID P. (1997): Balanced Scorecard: Strategien erfolgreich umsetzen. Stuttgart, 1997.

KAPLAN, ROBERT S. / NORTON, DAVID P. (2004): Strategy Maps. Boston, 2004.

KARYDAS, D. M. / GIFUN, J. F. (2006): A method for the efficient prioritization of infrastructure renewal projects. In: Reliability Engineering & Systems Safety, January 2006, Volume 91, Issue 1, S. 84–99.

KEITSCH, DETLEF (2004): Risikomanagement. Stuttgart, 2004.

KINAST, KAI (2006): Führung und Kostensteuerung des Netzes im regulierten Markt. Konferenzpräsentation in: Managerakademie, Strategische Steuerung in der Energiewirtschaft. Düsseldorf, 12.–13. Dezember 2006.

KLEMM, ANDREAS (2005): Objektnetze im neuen Energiewirtschaftsrecht. In: Contracting und Recht, Heft 4 2005, S. 111–119.

KLINGER, STEFFEN / OTTO, FRANK / RADTKE, HANS-JÜRGEN (2003): Lösungen bei erhöhten Anforderungen an die Versorgungsqualität. In: ETZ Elektrotechnik + Automation, Heft 18 2003, S. 36–41.

KOLLER, TIM / GOEDHART, MARC / WESSELS, DAVID (2005): Valuation: measuring and managing the value of companies. 4. Auflage, Hoboken/New Jersey, 2005.

KPMG (2001): Achieving Measureable Performance Improvement in a Changing World. 2001. URL: http://www.kpmg.com.au/aci/docs/measure-performance.pdf. Stand: 02.04.2008.

KROMREY, H. (2000): Empirische Sozialforschung. Stuttgart, 2000.

LEWIS, THOMAS G. (1995): Steigerung des Unternehmenswertes: Total Value Management. Landsberg/Lech, 1995.

LINKE, CHRISTIAN (2005): Zuverlässigkeitsanalyse für Stromversorger. Köln, 2005.

Lloyd's Register (2006): News Release LR/15/06, April 2003. URL: http://www.lr.org/ News+and+Events/PAS+55+asset+management+award+to+Essent+BV.htm. Stand: 03.04.2006.

LÖHNERT, PETER G. / BÖCKMANN, ULRICH J. (2005): Multiplikatorverfahren in der Unternehmensbewertung. In: PEEMÖLLER, VOLKER H. (Hrsg.), Praxishandbuch der Unternehmensbewertung, Herne, 2005, S. 403–435.

LÜCKE, WOLFGANG (1995): Investitionsrechnung auf der Grundlage von Ausgaben oder Kosten? In: ZfhF (1955), S. 310–324.

MAURER, CH. / PAULUM, T. / HAUBRICH, H.-J. u. a. (2005): Zuverlässigkeit als Randbedingung kostenoptimierter Verteilungsnetze. In: Energiewirtschaftliche Tagesfragen, Heft 5, S. 24–27, 2006.

MAURER, CHRISTOPH (2005): Integrierte Grundsatz- und Ausbauplanung für Hochspannungsnetze. In: Institut für Elektrische Anlagen und Energiewirtschaft der RWTH Aachen (IAEW), Forschungsgesellschaft Energie (FGE), Jahresbericht 2005, S. 17–25, 2005.

MAURER, CHRISTOPH (2004): Integrierte Grundsatz- und Ausbauplanung für Hochspannungsnetze. Aachen, 2004.

MAYER, REINHOLD / CORNERS, ANDRE / VON DER HARDT, GERRIT (2005): Anwendungsfelder und Aufbau einer Prozesskostenrechnung, In: HORVATH & Partners (Hrsg.), Prozessmanagement umsetzen, Stuttgart, 2005, S. 123–140.

MEISTER, FLORIAN (2007): Etablierung von Netzwerken in der Energiewirtschaft. Potsdam, 2007.

MONTEBAUR, A. (2005): Langfristige Entwicklung von Mittelspannungsnetzen in Regionen unterschiedlicher Versorgungsdichte. Konferenzpräsentation in: FGE-Tagung 2005, 23.09.2005, Aachen.

MÜLLER-KIRCHENBAUER, JOACHIM (2006): Gesamtkonzept Anreizregulierung im Entwurf der Bundesnetzagentur. Konferenzbericht in: Treffpunkt Netze 2006, 9.5.2006, Bonn. URL: http://www.treffpunkt-netze.de/documents/07Muller-Kirchenbauer.pdf. Stand: 11.3.2007.

National Grid Transco (2005): Annual Report and Accounts 2004/2005. 2005. URL: http://www.investis.com/ngt/ara_2005/t_ofr_01.html. Stand: 03.03.2008.

National Grid (2006): Annual Review 2006. London, 2006.

National Grid (2007): Our standards of ethical business conduct. 2007. URL: http://www.nationalgrid.com/NR/rdonlyres/19E04B27-BE1A-4AFC-B598-FDB82A3F 18FB/16047/SOEBC0309.pdf. Stand: 03.03.2008.

National Grid (2007): Welcome to National Grid. London, 2007. URL: http://www.nationalgrid.com. Stand: 10.03.2008.

NEWBERRY, DAVID M. (2005): The Power UK Interview. In: POWER UK, January 2005, S. 56–60.

NEWBERRY, DAVID M. (1999): Privatization, Restructuring and Regulation of Network Utilities. London, 1999.

NICOLAI, MARC / MEISTER, FLORIAN (2007): Aktuelle Herausforderungen des Legal Unbundling. In: Energiewirtschaftliche Tagesfragen, S. 60–65, 2007.

OFGEM (2004): Electricity Distribution Price Control. 2004. URL: http://www.ofgem.gov.uk/ Networks/ElecDist/PriceCntrls/DPCR4/Documents1/7023-letter_may14_2004.pdf. Stand: 10.04.2008.

OGASAWARA, JUNICHI (2005): Current Status and evaluation of electricity market liberalization in Japan, USA and Europe. Konferenzbericht in: Annual Meeting of the Institute of Electrical Engineers of Japan. 17–19.05.2005, URL: http://eneken.ieej.or.jp/en/data/ pdf/294.pdf. Stand: 11.08.2006.

OHLSON, J. A. (1995): Earnings, Book Values. In: Zeitschrift für Energiewirtschaft, Heft 2, S. 661–687, 1995.

OHMEN, STEFAN (2006): Netzgesellschaften und -dienstleistungen. Konferenzbericht in: Euroforum-Konferenz, Der strategische und finanzielle Wert von Energienetzen, 30.08.2006, Köln.

OSTERLOH, MARGIT / FROST, JETTA (2006): Prozessmanagement als Kernkompetenz: wie Sie Business Reengineering strategisch nutzen können. Wiesbaden, 2006.

Organisation for Economic Cooperation and Development (OECD) (2006): Infrastructure to 2030. Paris, 2006.

PARKER, DAVID (2003): The dynamics of regulation: performance, risk and strategy in the privatized, regulated industries. In: WUBBEN, E. F. M. / HULSINK, W. (Hrsg,), On Creating Competition and Strategic Restructuring, Cheltenham, 2003, S. 69–100.

PAULUN, TOBIAS (2007): Strategische Ausbauplanung für elektrische Netze unter Unsicherheit. Aachen, 2007.

PFAFFENBERGER, W. / HAUPT, U. / KINNUNEN, K. (2002): Anwendung der Vergleichsmarkt-analyse auf Netzentgelte in der Stromwirtschaft. In: Energiewirtschaftliche Tagesfragen, Heft 52, S. 374–379, 2002.

Power System Engineering Research Center (PSERC) (2006): Risk-based Resource Alloca-tion for Distribution System Maintenance. URL:http://www.pserc.org/cgi-pserc/getbig/ publicatio/reports/2006report/jewell_24 _main tenance_final_pserc_report_aug31.pdf. Stand: 08. 2006

RAPPAPORT, ALFRED (1986): Creating Shareholder Value. New York, 1986.

RAPPAPORT, ALFRED (1999): Shareholder Value. Stuttgart, 1999.

Red Electrica de Espana (2006): Annual Report 2005. Alcobendas, 2006.

REICHMANN, THOMAS (2006): Controlling mit Kennzahlen und Management-Tools – Die systemgestützte Controlling-Konzeption. München, 2006.

Rheinisch-Westfälische Energie AG (RWE) (2004): Weltenergiereport 2004. Essen, 2004.

RIMAP-Konsortium (2004): RIMAP Framework. 2004. URL: http://research.dnv.com/ri-map/RIMAP%20Framework.pdf. Stand: 12. 02. 2007.

RWE AG (2005): Geschäftsbericht 2005. Essen, 2005.

RUHLAND, F. (2001): Anforderungen an Lieferantenpartnerschaften aus Sicht eines Energie-einzelhändlers. In BECKER, P. / HELD, M. / THEOBALD, C. (Hrsg.), Energiewirtschaft im Aufbruch. Köln, 2001, S. 347–357.

SAUTHOFF, JAN-PHILIPP (2006): Was sind Netze künftig noch Wert? Konferenzpräsentation in: ICG-Stadtwerkekongress, 28.–30. 06. 2006, Berlin.

SCHIERLE, WILHELM (2006): Wert von Netzen in „Zahlen". Konferenzbericht in: Euroforum-Konferenz, Der strategische und finanzielle Wert von Energienetzen, 30. 08. 2006, Köln.

SCHIMANK, CHRISTOF / WEHRLI, HANS PETER (2006): Performance Management: Bestand-teile einer Gesamtarchitektur. In HORVATH & Partners (Hrsg.), Performance Management in der Praxis: Unternehmensziele – Führungsprozesse – Maßnahmen Neue Wege und in-novative Lösungen. Zürich, 2006, S. 9–21.

SCHMIDLI, MARC (2005): Finanzielle Qualität in der schweizerischen Elektrizitätswirt-schaft: Eine empirische Untersuchung im Zeitraum von 1994 bis 2003. Zürich, 2005.

SCHMUDE, THORSTEN (2006): Definition von akzeptablen Risiken – Ein wichtiger Baustein für die Balance im Asset Management zwischen Qualität, Risiko und wirtschaftlichem Erfolg. Konferenzpräsentation in: Marcus Evans-Konferenz, Risikobasiertes Asset Ma-nagement in EVU, Berlin, 30.–31. 5. 2006.

SCHNEIDER, JOACHIM (2006): Asset Managemet – Status Quo und Quo Vadis. Konferenz-bericht in: FGH Forschungsgemeinschaft für Elektrische Anlagen und Stromwirtschaft e. V. (Hrsg.), Tagungsband „Asset Management in Verteilungsnetzen – Methoden, Daten, Praxiserfahrungen", 27.–28. 09. 2006, Heidelberg.

SCHORN, CHRISTIAN (2006): Organisation des Asset Management unter Unbundlingvor-schriften. Konferenzbericht in: FGH Forschungsgemeinschaft für Elektrische Anlagen und Stromwirtschaft e. V. (Hrsg.), Tagungsband „Asset Management in Verteilungsnet-zen – Methoden, Daten, Praxiserfahrungen", 27.–28. 09. 2006, Heidelberg.

SCHORN, CHRISTIAN / SPITZER, HEIKO (2005): Integriertes Asset Management – Langfristige Sicherstellung einer zuverlässigen Netzinfrastruktur. In: Energie, Markt und Wettbewerb, Heft 4, S. 60–63, 2005.

SCHWANINGER, MARKUS (1994): Managementsysteme. Frankfurt a. M. / New York, 1994.

Scottish Power (2007): Scottish Power UK Regulation businesses: Transmission & Distribu-tion. Bellshill, 2007. URL: http://www.manweb.com/uploads/5UKRegulated businesses-TransmissionandDistribution.pdf. Stand: 10. 03. 2008.

SEIFERT, T. / WENZEL, T. / CORD, M. u. a. (2003): Legal Unbundling – Kostenfalle oder neue Geschäftspotenziale für EVU? In: Energiewirtschaftliche Tagesfragen, Heft 4, S. 225–230, 2003.

SENDNER, H. (2003): Unbundling – Untauglich, unmöglich – chancenreich? In: Energie und Management, 15. Januar 2003, S. 4.

SIEBEN, GÜNTER / MALTRY, HELMUT (2005): Der Substanzwert der Unternehmung. In: PEEMÖLLER, VOLKER H. (Hrsg.), Praxishandbuch der Unternehmensbewertung, Herne, 2005, S. 377–401.

SOBEK, LARS-HOLGER (2006): Risikobasierte Strategien für das Asset Management von Verteilungsnetzen. Berlin, 2006.

SPECHT, OLIVER (2004): Asset Management im Netzbetrieb. In: Energiewirtschaftliche Tagesfragen, Heft 1/2, S. 80–83, 2004.

STEIN, NEIL D. (2000): The ASB's revised statement of principles for financial reporting. Part1, 2000.

STELLBRINK, JÖRN (2005): Der Restwert in der Unternehmensbewertung. Düsseldorf, 2005.

Terna (2005): Annual Report 2005. Rom, 2005.

The Institute of Asset Management (IAM) / WOODHOUSE, JOHN (2004): PAS 55 – Specification for the optimized managment of physical infrastructure assets. URL: http://www.iam-uk.org/downloads/PASworkshop.pdf. Stand: 29. 06. 2004.

The Office of Gas and Electricity Markets (OFGEM) (2007): Electricity Distribution Cost Review 2005–2006. London, 2007.

The Office of the Gas and Electricity Markets (OfGEM) (2005): 2004/05 Electricity Distribution Quality of Service Report. London, 2005.

The World Bank (2004): PPIAF Activity Summary: Financial Modeling of Regulatory Policy for Water and Electricity Distribution Services. 2004. URL: http://wbln0018.worldbank.org/ppiaf/activity.nsf/files/Global+Financial+Modeling.pdf/$FILE/Global+Financial+Modeling.pdf. Stand: 01. 03. 2008.

Vattenfall AB (2005): Annual Report 2005. Stockholm, 2005.

VELTHUIS, LOUIS J. / WESNER, PETER (2005): Value Based Management. Stuttgart, 2005.

Verband der Elektrizitätswirtschaft e. V. (VDEW) et al. (2006): Regulierungsansätze für Verteilnetzbetreiber zur Vermeidung von Investitionshemmnissen in der Anreizregulierung. Berlin, 2006.

Verband der Elektrizitätswirtschaft (VDEW) et al. (2006): Gutachten Effizienzanalysemethoden: Zusammenfassung des Schlussberichts. Berlin, 2006.

Verband der Energiewirtschaft (VDEW) (2007): VDEW-Energiemonitor 2007. 2007.

Verband der Netzbetreiber e. V. (VDN) (2005): Reliability of Supply. URL: http://www.vdn-berlin.de/news_reliability_of_supply2005_11_04.asp. Stand: 04. 11. 2004.

VILJAINEN, SATU / TAHVANAINEN; KAISA et al. (2004): Regulation of Electricity Distribution Businesses. Working Paper, Lappeenranta University of Technology, 2004. URL: http://powersystems.tkk.fi/nordac2004/papers/ Stand: 12. 01. 2007.

WAGNER, RALF /ALBIN, JAN / SEELOS, CHRISTIAN (2005): Auswirkungen der Energiemarktregulierung. energate Research-Studie, September 2005. URL: http://www.energate.de/download/Studie_05_1_Energiemarktregulierung.pdf. Stand: 12. 08. 2006.

WAGNER, RALF / PAPANIKOLAU, NIKOLAOS (2004): Nettosubstanzerhaltung versus Realkapitalerhaltung. In: Energie, Markt und Wettbewerb (2004), Heft 6 2004, unter: „EMW in Zahlen".

WEBER, JÜRGEN / HIRSCH, BERNHARD / LINDER, STEFAN u. a. (2003): Verhaltensorientiertes Controlling. Vallendar, 2003.

WOLF, HANS-GÜNTER (2007): Strategischer und finanzieller Wert von Energienetzen in EVU. Konferenzpräsentation in: Euroforum-Konferenz, Strategischer und finanzieller Wert von Energienetzen, Berlin, 30. 01. 2007.

WOLF, HANS GÜNTER / PORBATZKI, MICHAEL / HILLER, THOMAS (2005): Anreizregulierung wird Strom- und Gasnetzbetreiber zur kontinuierlichen Effizienzverbesserung zwingen. In: Energiewirtschaftliche Tagesfragen, Heft 11 2005, S. 778–779.

YOUNG, S. DAVID / BYRNE, STEPHEN F. (2001): EVA and Value-Based Management. New York, 2001.

ZANDER, WOLFGANG (2006): Praxiserfahrungen mit Effizienzmessungen. Konferenzpräsentation in: Managerakademie, Herausforderung Anreizregulierung – Neue Anforderungen für Strom- und Gasnetzbetreiber, 30. 03. 2006, Düsseldorf.

ZANDER, WOLFGANG / STEINBACH, PIET / HINTZE, DAG (2008): Berücksichtigung der Anreizregulierung bei der Ertragsbewertung von Strom- und Gasnetzen. In: Energiewirtschaftliche Tagesfragen, Heft 4 2008, S. 41–46.

7   Anhang

7.1   Praxisinterviews

7.1.1   Übersicht Interviewpartner

Unternehmen	Dienstsitz	Gesprächspartner	Funktion/Bereich
		Regionalverteiler (1/2)	
BKW FMB Energie AG	Bern, Schweiz	Braun, Patrick	Netzvorstand
Central Networks	Castle Donington, UK	Eveleigh, Paul	Regulation Manager
E.ON AG	Düsseldorf, DE	Schönefuß, Dr. Stephan	Referent Regulierungs- management Konzern
E.ON Avacon AG	Helmstedt, DE	Montebaur, Dr. Alexander	Bereichsleiter Asset Management
		Murche, Thomas	Leiter Regulierungs- management
		Rhode, Irmela	Leiterin Netzcontrolling
		Schmiesing, Johannes	Leiter Netzentwicklung Strom
		Butzke, Dr. Rainer Bünsche, Axel	Netzsteuerung Leiter Netzsteuerung
E.ON Hanse AG	Quickborn, DE	Dammann, Michael	Leiter Asset Management
		Kinast, Kai	Leiter Geschäfts- steuerung Netz
ENBW Regional AG	Stuttgart, DE	Katz, Philipp	Leiter Budget und Leistungsbeziehungen im Bereich Technisches Anlagenmanagement
Nordost- schweizerische Kraftwerke AG	Baden, Schweiz	Sander, Bernhard	Leiter Asset Management

Unternehmen	Dienstsitz	Gesprächspartner	Funktion/Bereich
Regionalverteiler (2/2)			
RWE Westfalen-Weser-Ems Netzservice GmbH	Dortmund, DE	Karpowski, Dr. Ralf	Leiter Bereich Netzführung
		Duman, Metin	Leiter Team Einsatzkoordination
Vattenfall AB	Stockholm, Schweden	Johansson, Mats	Regulatory Management – Distribution Sweden
Stadtverteiler			
ewz – Elektrizitätswerk der Stadt Zürich	Zürich, Schweiz	Küng, Dr. Lukas	Leiter Asset Management
Mainova AG	Frankfurt a.M., DE	Becker, Dr. Joerg	Leiter Asset Netze
Rheinische NETZgesellschaft mbH	Köln, DE	Angenend, Michael	Geschäftsführer
		Straub, Holger	Leiter Asset Management
swb Netze GmbH & Co. KG	Bremen, DE	Becker, Andre	Leiter Netzmanagement
		Sobek, Dr. Lars-Holger	Netzstrategie/ Netzmanagement
Vattenfall Europe Distribution Berlin GmbH	Berlin, DE	Katzfey, Dr. Jörg	Leiter Regulierung
Vattenfall Europe Distribution Hamburg GmbH	Hamburg, DE	Schmude, Thorsten	Leiter Strategie

Unternehmen	Dienstsitz	Gesprächspartner	Funktion/Bereich
Unternehmensberatungen			
A.T. Kearney GmbH	Düsseldorf, DE	Meister, Dr. Florian	Manager
British Telecom Consulting & Systems Integration (BT Deutschland GmbH)	Frankfurt a. M., DE	Kallweit, Torsten Consulting	Geschäftsbereichs-leiter Business
CONSENTEC Consulting für Energiewirtschaft und -technik GmbH	Aachen, DE	Fritz, Dr. Wolfgang	Geschäftsführer/ Partner
		Linke, Christian	Berater
CTG Corporate Transformation Group GmbH	Berlin, DE	Wenzel, Dr. Tim	Senior Manager
KPMG Deutsche Treuhand-Gesellschaft AG	Frankfurt a. M., DE	Hallinger, Martin	Director Energy & Utilities Corporate Finance
PriceWaterhouse-Coopers AG	Düsseldorf, DE	Windloff, Klaus	Senior Manager Valuation Strategy
The Boston Consulting Group GmbH	Stuttgart, DE	Kofluk, Michael	Geschäftsführer/ Partner

7.1.2   Erhebung aktuelle Herausforderungen für Stromnetzbetreiber

Herkunft der in Abschnitt 2.5 erläuterten aktuellen Herausforderungen für Stromnetzbetreiber:

Themen-bereich	Aktuelle Herausforderungen für Stromnetzbetreibern	Herkunft der sinngemäßen aktiven Nennungen		
		Regional-verteiler	Stadt-verteiler	Unter-nehmens-beratungen
Regulatorische Rahmen-bedingungen	Antizipation des neuen Regulierungsszenarios	x	x	x
Unternehmens-kultur	Betrachtung des Netzbereiches als eigenständiges Unternehmen	x		
	Definition des Zielverhälnisses von Netzrendite und Netzrisiko	x	x	x
Strategische Netzplanung	Abdeckung des anstehenden Reinvestitionsbedarfes	x	x	
	Anpassung des Netzes an die Einspeisungsentwicklung	x	x	
Organisation	Neuordnung der Rollen von Asset Management und Asset Service			x
Prozesse	Verbesserung der Effektivität der netzbezogenen Maßnahmen			x
Methoden	Durchgängige Wertorientierung			x
	Berücksichtigung langfristiger Ursache-/Wirkungs-beziehungen	x		x

7.1.3   Interviewleitfäden

7.1.3.1   Basis-Interviewleitfaden

Interviewleitfaden für die Erhebungsstufen (siehe auch Abschnitt 1.3.2):

- Aktuelle Herausforderungen für Stromnetzbetreibern
- Bestehende Konzepte für das Netzinfrastruktur-Management

Netzinfrastrukturmanagement –
Konzepte für die Elektrizitätswirtschaft

Basis-Interviewleitfaden

Interviewpartner:	**Vorname Name**
Interviewer:	**Andreas Stender**
Ort/Datum:	**Ort, Datum, Uhrzeit**

Inhaltsübersicht:

1. **Funktion des Interviewpartners/seines Bereiches**
2. **Aktuelle Herausforderungen für Stromnetzbetreibern**
3. **Wichtigste Steuerungsinstrumente und Kennzahlen**
4. **Investitions- und Instandhaltungsplanung**
5. **Steuerung der Netz-Prozesse**
6. **Asset-Finanzierung**
7. **Sonstige Fragen**

1. Funktion des Interviewpartners/seines Bereiches

    a. Funktionsbezeichnung
-

    b. Wesentliche Aufgaben
-
-
-

    c. Wesentliche Schnittstellen zu anderen Organisationsbereichen
-
-
-

2. Aktuelle Herausforderungen für Stromnetzbetreibern

    a. Was sind aus Ihrer Sicht die aktuell größten Herausforderungen für Stromnetzbetreiber?
-
-
-

    b. Welche zentralen Anforderungen lassen sich daraus für das Management von Stromnetzen ableiten?
-
-
-

3. Wichtigste Steuerungsinstrumente und Kennzahlen

    a. Was sind Ihre wichtigsten Instrumente zur Steuerung des Stromnetzbetriebs?
-
-
-

    b. Welche wesentlichen Kennzahlen verwenden Sie zur Beurteilung der finanziellen Performance und der Versorgungsqualität des Stromnetzbetriebs? Welche wesentlichen, handhabbaren Wechselwirkungen sehen Sie zwischen den einzelnen Kennzahlen und wie bilden Sie diese im Rahmen Ihrer Steuerungsinstrumente ab?
-
-
-

4. Investitions- und Instandhaltungsplanung

    a. Welche allgemeinen Kriterien geben Sie für Erneuerungs- bzw. Erweiterungsinvestitionen zentral vor (z. B. Konzern-übergreifende Renditevorgaben, Sollnetzregeln, etc.)?
-
-

    b. Wie verläuft der Budgetierungsprozess für den Stromnetzbetrieb? Welche Annahmen treffen Sie aktuell für die Abschätzung der künftigen Netznutzungsentgelte? Wie erfolgt die Budgetkontrolle? Was sind häufige Ursachen für Plan-/Ist-Abweichungen?
-
-

c. Wie stellen Sie künftig die erforderliche Verknüpfung von Einnahmen- und Ausgabenseite – bspw. die Abstimmung von Entgeltkalkulation und Investitions-/Instandhaltungsplanung – her?

-
-

d. Inwieweit und nach welchen Kriterien ist Ihr Netzgebiet segmentiert? Welche Erneuerungs-/Instandhaltungsstrategien verfolgen Sie für die einzelnen Netzteilgebiete? Für welche Netzkunden bieten Sie erhöhte individuelle Qualitätsstandards gegen zusätzliches Entgelt an?

-
-
-

e. Wie sind Ihre Betriebsmittel segmentiert? Welche Erneuerungs-/Instandhaltungsstrategien verfolgen Sie für welche Betriebsmittel? Anhand welcher Kriterien beurteilen Sie den Zustand bzw. die Zuverlässigkeit sowie die Bedeutung einzelner Betriebsmittel bei Anwendung einer zustands- bzw. zuverlässigkeitsorientierten Instandhaltung?

-
-
-

f. Welche wirtschaftsbezogenen Simulationsrechnungen bzw. Sensitivitätsanalysen führen Sie im Rahmen Ihrer Investitions- und Instandhaltungsplanung durch? Wie sind diese grundsätzlich aufgebaut?

-
-

g. Welche Verbesserungspotentiale sehen Sie ggf. hinsichtlich Ihrer Investitions- und Instandhaltungsplanung?

-
-

5. Steuerung der Netz-Prozesse

a. Wie ist Ihr Stromnetzbetrieb organisiert (z. B. Ausgliederung ausschließlich der Asset Manager-Aufgaben/„kleiner" DSO, Ausgliederung von Asset Manager und Asset Service-Aufgaben/„großer" DSO, etc.)? Welche Vorteile und ggf. welche Nachteile sehen Sie in der von Ihnen gewählten Organisationsform?

-
-
-

b. Wie erfolgt die Steuerung des Stromnetzbetriebs über die einzelnen Organisationseinheiten hinweg? Welche wesentlichen Zielvorgaben bzw. Service Level-Kriterien wurden zwischen den einzelnen Organisationseinheiten (z. B. zwischen Asset Owner und DSO) vereinbart?
   -
   -
   -

c. Welche Verbesserungspotentiale sehen Sie ggf. hinsichtlich der Struktur bzw. der Steuerung Ihrer Netz-Prozesse?
   -
   -
   -

6. Asset-Finanzierung

a. Welche Werte setzen Sie im Rahmen der wertorientierten Unternehmenssteuerung für die durchschnittlichen Kapitalkosten (WACC) Ihres Stromnetzbetriebes und ihre Berechnungskomponenten an?
   -
   -
   -

b. Was sind die Hintergründe für die gewählten Wertansätze (z. B. Übernahme einer Konzernkapitalstruktur, Allokation der Schulden beim Mutterunternehmen, etc.)?
   -
   -
   -

c. Welche Verbesserungspotentiale sehen Sie ggf. hinsichtlich der Finanzierung Ihres Stromnetzbetriebs?
   -
   -
   -

7. Sonstige Fragen
   -
   -
   -

7.1.3.2 Interviewleitfaden zum Sonderthema Regulierung

Netzinfrastrukturmanagement –
Konzepte für die Elektrizitätswirtschaft

Interviewleitfaden zum Sonderthema Regulierung

Interviewpartner:	Vorname Name
Interviewer:	Andreas Stender
Ort/Datum:	Ort, Datum, Uhrzeit

Inhaltsübersicht:

1. Funktion des Interviewpartners/seines Bereiches
2. Status Quo bestehender Regulierungskonzepte
3. Ausblick künftige Regulierungskonzepte
4. Implikationen für das Management von Stromnetzen
5. Sonstiges

1. Funktion des Interviewpartners/seines Bereiches

   a. Funktionsbezeichnung
      -
      -
      -

   b. Wesentliche Aufgaben
      -
      -
      -

   c. Wesentliche Schnittstellen zu anderen Organisationsbereichen
      -
      -
      -

2. Status Quo bestehender Regulierungskonzepte

   a. Wie ordnen Sie bestehende Regulierungskonzepte im internationalen Vergleich aktuell ein? Welche Länder können aus Ihrer Sicht als Best Practice-Beispiele dienen?
      -
      -
      -

b. Welche wesentlichen Schwachstellen bzw. Optimierungspotentiale weisen die bestehenden Regulierungskonzepte auf?

-
-
-

c. Welche Möglichkeiten und Grenzen sehen Sie hinsichtlich der Vorgabe regulatorischer Mindestanforderungen an die Versorgungsqualität? Was sind aus Ihrer Sicht geeignete Kennzahlen zur Regulierung der Versorgungsqualität (z. B. Ausfallminuten pro Jahr, Durchlaufzeiten für Serviceprozesse, etc.)?

-
-
-

3. Ausblick künftige Regulierungskonzepte

a. Welche Ausgestaltungsform zeichnet sich für die Anreizregulierung nach Ihrem bisherigen Kenntnisstand langfristig ab?

-
-

b. Ist ein EU-weit einheitlicher Regulierungsstandard in absehbarer Zukunft aus Ihrer Sicht realistisch? Wenn ja, wie könnte dieser aussehen? Wenn nein, welche unterschiedlichen Regulierungsszenarien deuten sich an?

-
-
-

4. Implikationen für das Management von Stromnetzen

a. Welche zentralen Anforderungen lassen sich aus den bevorstehenden regulatorischen Veränderungen für das Management von Stromnetzen ableiten?

-
-

b. Welche wesentlichen Ansatzpunkte zur Wertsteigerung werden für Stromnetzbetreiber verbleiben?

-
-

5. Sonstiges

-
-

7.2 Basisdaten City-Network

7.2.1 NPC-Bereich Finanzresultate

Wertangaben in T €; Base Case für Werttreiberanalyse

Kapitalkosten- Steuersätze

EK-Anteil (Zielkapitalstruktur)	40%
FK-Anteil (Zielkapitalstruktur)	60%
EK-Zins nach Steuern	8,00%
FK vor Steuern	5,90%
FK-Zins nach Steuern	3,83%
WACC	5,50%
Kalkulatorischer Steuersatz	35,00%

Bilanzen

Jahr	2004	2005	2006	2007	2008E	2009E	2010E	2011E
Aktiva								
Umlaufvermögen gesamt	231.447	229.023	227.252	248.487	249.972	246.901	241.051	240.261
Kasse	126.282	129.885	130.823	136.996	140.539	142.186	138.620	131.485
Debitoren	81.658	87.241	81.103	95.372	101.641	92.059	91.311	92.207
Material	23.507	11.898	15.326	16.119	7.792	12.656	11.120	16.570
Anlagevermögen gesamt	503.472	509.313	515.988	525.158	536.913	548.605	568.595	591.802
Sachanlagevermögen Netz	498.376	503.964	510.364	519.188	530.524	541.803	561.140	583.604
Sonstiges SAV	3.411	3.658	3.869	4.021	4.290	4.680	5.113	5.653
Immaterielles AV	1685	1.691	1.756	1.949	2.099	2.122	2.342	2.545
Summe Aktiva gesamt	734.919	738.336	743.240	773.645	786.885	795.505	809.647	832.063
Passiva								
Fremdkapital gesamt	466.646	466.555	470.446	473.449	481.002	485.789	487.991	510.732
Kreditoren	84.847	88.605	85.674	100.264	97.751	92.513	89.388	94.746
übriges kurzfristiges FK	93.595	84.448	86.204	88.171	90.757	92.983	96.906	101.655
langfristiges FK	288.204	293.503	298.567	285.014	292.494	300.293	301.698	314.331
Eigenkapital	268.273	271.781	272.795	300.196	305.884	309.716	321.656	321.332
Summe Passiva gesamt	734.919	738.336	743.240	773.645	786.885	795.505	809.647	832.063

Erfolgsrechnung

Jahr	2005	2006	2007	2008E	2009E	2010E	2011E	2012+
Umsatz	309.755	315.950	322.269	315.824	309.508	303.317	297.251	312.002
Personal	41.731	42.149	42.570	42.144	41.723	41.306	40.893	35.963
Material und bezog. Dienstleistungen	85.998	93.858	87.727	84.218	80.849	77.615	74.511	65.528
Vorgelagerte NNE	54.740	55.835	56.951	55.812	54.696	53.602	52.530	46.197
Abschreibungen	25.079	25.852	26.665	27.561	28.544	29.550	30.789	71.019
Übrige Aufwendungen u. Erträge	1.353	1.380	1.407	1.436	1.464	1.494	1.523	1.340
EBIT	100.854	96.877	106.949	104.653	102.231	99.751	97.006	91.956
EBIAT	65.555	62.970	69.517	68.024	66.450	64.838	63.054	59.771
FK-Zinsen	18.534	18.395	18.639	18.980	19.412	19.844	20.581	21.437
EBT	82.320	78.482	88.310	85.673	82.819	79.907	76.425	70.519
Steuern	28.812	27.469	30.908	29.986	28.987	27.967	26.749	24.682
EAT	53.508	51.014	57.401	55.688	53.833	51.940	49.676	45.837

Cash Flow-Rechnung

Jahr	2005	2006	2007	2008E	2009E	2010E	2011E	2012+
EAT	53.508	51.014	57.401	55.688	53.833	51.940	49.676	45.837
+ Abschreibungen	25.079	25.852	26.665	27.561	28.544	29.550	30.789	71.019
- Zunahme Debitoren	-5.583	6.138	-14.269	-6.269	9.582	747	-896	0
- Zunahme Material	11.609	-3.428	-794	8.327	-4.864	1.537	-5.450	0
+ Zunahme Kreditoren	3.758	-2.930	14.590	-2.513	-5.238	-3.126	5.358	0
Operativer Cash Flow	88.371	76.646	83.594	82.794	81.857	80.648	79.478	116.856
Investionen Anlagen	-30.920	-32.528	-35.835	-39.316	-40.235	-49.541	-53.996	-71.019
davon Leitungen	-16.934	-17.880	-19.842	-21.907	-22.441	-27.989	-30.636	
davon Verteilanlagen	-11.387	-12.022	-13.342	-14.731	-15.090	-18.820	-20.600	
davon sonstige	-2.599	-2.625	-2.652	-2.678	-2.705	-2.732	-2.759	
Desinvestionen Anlagen	0	0	0	0	0	0	0	0
Investiver Cash Flow	-30.920	-32.528	-35.835	-39.316	-40.235	-49.541	-53.996	-71.019
Zunahme übriges kurzfrist. FK	-9.147	1.756	1.967	2.586	2.226	3.923	4.749	0
Zunahme langfristige FK	5.299	5.064	-13.552	7.480	7.799	1.404	12.633	0
Einzahlung in EK	0	0	20.000	0	0	10.000	0	0
Entnahme aus EK	-50.000	-50.000	-50.000	-50.000	-50.000	-50.000	-50.000	-45.837
Finanzieller Cash Flow	-53.848	-43.180	-41.586	-39.934	-39.975	-34.673	-32.618	-45.837
Cash Flow Total	3.603	938	6.173	3.544	1.647	-3.565	-7.136	0

Eigenkapitalnachweis

Jahr	2005	2006	2007	2008E	2009E	2010E	2011E	2012+
Anfangsbestand	268.273	271.781	272.795	300.196	305.884	309.716	321.656	321.332
EAT	53.508	51.014	57.401	55.688	53.833	51.940	49.676	45.837
Einzahlung EK	0	0	20.000	0	0	10.000	0	0
Entnahme EK	-50.000	-50.000	-50.000	-50.000	-50.000	-50.000	-50.000	-45.837
Endbestand	271.781	272.795	300.196	305.884	309.716	321.656	321.332	321.332

Adjustierter Free Cash Flow (zur Übereinstimmung von EBIAT und FCF)

Jahr	2005	2006	2007	2008E	2009E	2010E	2011E	2012+
Operativer Cash Flow	88.371	76.646	83.594	82.794	81.857	80.648	79.478	116.856
Investiver Cash Flow	-30.920	-32.528	-35.835	-39.316	-40.235	-49.541	-53.996	-71.019
+ FK-Zinsen	18.534	18.395	18.639	18.980	19.412	19.844	20.581	21.437
- Tax-Shield FK-Zinsen	-6.487	-6.438	-6.524	-6.643	-6.794	-6.945	-7.203	-7.503
Adjustierter Freier Cash Flow für Anteilseigner und Gläubiger	69.498	56.075	59.873	55.815	54.239	44.006	38.860	59.771
Finanzieller Cash Flow FK	-3.848	6.820	-11.586	10.066	10.025	5.327	17.382	0
Freier Cash Flow für Anteilseigner	53.603	50.938	36.173	53.544	51.647	36.435	42.864	45.837

Net Operating Assets

Jahr	2004	2005	2006	2007	2008E	2009E	2010E	2011E
SAV Netz	498.376	503.964	510.364	519.188	530.524	541.803	561.140	583.604
Leitungen	297.998	301.339	305.166	310.442	317.221	323.964	335.527	348.959
Verteilanlagen	200.378	202.625	205.198	208.746	213.304	217.838	225.613	234.645
Sonstige NOA	25.414	15.883	16.378	17.197	18.071	19.004	20.498	22.229
Sonstiges SAV	3.411	3.658	3.869	4.021	4.290	4.680	5.113	5.653
Immaterielles AV	1.685	1.691	1.756	1.949	2.099	2.122	2.342	2.545
Material	23.507	11.898	15.326	16.119	7.792	12.656	11.120	16.570
Debitoren	81.658	87.241	81.103	95.372	101.641	92.059	91.311	92.207
Kreditoren	-84.847	-88.605	-85.674	-100.264	-97.751	-92.513	-89.388	-94.746
Summe NOA gesamt	523.790	519.847	526.742	536.386	548.595	560.806	581.639	605.833

Clean Surplus Accounting

Jahr	2005	2006	2007	2008E	2009E	2010E	2011E	2012+
Anfangsbestand NOA	523.790	519.847	526.742	536.386	548.595	560.806	581.639	605.833
EBIAT	65.555	62.970	69.517	68.024	66.450	64.838	63.054	59.771
FCF	-69.498	-56.075	-59.873	-55.815	-54.239	-44.006	-38.860	-59.771
Endbestand NOA	519.847	526.742	536.386	548.595	560.806	581.639	605.833	605.833

Economic Profit und Renditen

Jahr	2005	2006	2007	2008E	2009E	2010E	2011E	2012+
EBIAT	65.555	62.970	69.517	68.024	66.450	64.838	63.054	59.771
Economic Profit	36.747	34.378	40.546	38.523	36.278	33.994	31.064	26.451
RONOA	12,52%	12,11%	13,20%	12,68%	12,11%	11,56%	10,84%	9,87%
ROE n. St.	19,95%	18,77%	21,04%	18,55%	17,60%	16,77%	15,44%	14,26%
EBIT-Marge	32,56%	30,66%	33,19%	33,14%	33,03%	32,89%	32,63%	29,47%

Unternehmenswert zum 1.1.2008

Discounted Economic Profit

NOA 1.1.2008	536.386
Discounted EP 2008-2011	123.133
Discounted EP 2012+	388.205
Unternehmenswert bzgl. NOA (1.1.2008)	1.047.724
Kasse	136.996
Fremdkapital	-473.449
Wert Eigenkapital	711.271

Discounted (adjusted) Free Cash Flow

Discounted FCF 2008-2011	170.480
Discounted FCF 2012+	877.244
Unternehmenswert bzgl. NOA (1.1.2008)	1.047.724
Kasse	136.996
Fremdkapital	-473.449
Wert Eigenkapital	711.271

Investitionen (Aktivierungsquote 100%)

Jahr	Reinvestitionen in Asset Base	Sonstige Invest.	Summe Investitionen	Barwerte Invest. 2012-2061 zum 1.1.2012	Summe Barwerte	Annuitäten-faktor	Annuität Invest. 2012+
2004	26.604	2.574	29.177				
2005	28.321	2.599	30.920				
2006	29.902	2.625	32.528				
2007	33.184	2.652	35.835				
2008	36.638	2.678	39.316				
2009	37.530	2.705	40.235				
2010	46.809	2.732	49.541				
2011	51.236	2.759	53.996				
2012	55.843	2.787	58.630	55.574	1.202.452	0,0591	71.019
2013	64.319	2.815	67.134	60.317			71.019
2014	68.318	2.843	71.161	60.601			71.019
2015	75.633	2.871	78.504	63.370			71.019
2016	83.750	2.900	86.650	66.299			71.019
2017	92.305	2.929	95.234	69.068			71.019
2018	99.260	2.958	102.218	70.269			71.019
2019	104.956	2.988	107.944	70.336			71.019
2020	100.312	3.018	103.330	63.819			71.019
2021	100.056	3.048	103.104	60.360			71.019
2022	97.642	3.079	100.721	55.891			71.019
2023	91.741	3.109	94.850	49.890			71.019
2024	85.664	3.140	88.805	44.275			71.019
2025	80.422	3.172	83.594	39.504			71.019
2026	74.950	3.204	78.153	35.007			71.019
2027	68.917	3.236	72.153	30.635			71.019
2028	60.436	3.268	63.704	25.637			71.019
2029	52.336	3.301	55.637	21.223			71.019
2030	49.567	3.334	52.901	19.128			71.019
2031	45.120	3.367	48.487	16.618			71.019
2032	42.806	3.401	46.207	15.011			71.019
2033	40.955	3.435	44.389	13.669			71.019
2034	39.791	3.469	43.260	12.627			71.019
2035	37.831	3.504	41.334	11.435			71.019
2036	36.978	3.539	40.516	10.625			71.019
2037	35.979	3.574	39.553	9.831			71.019
2038	38.360	3.610	41.970	9.888			71.019
2039	42.317	3.646	45.963	10.265			71.019
2040	40.914	3.682	44.596	9.440			71.019
2041	46.830	3.719	50.549	10.142			71.019
2042	49.282	3.756	53.038	10.087			71.019
2043	49.726	3.794	53.520	9.648			71.019
2044	51.322	3.832	55.153	9.424			71.019
2045	51.750	3.870	55.620	9.008			71.019
2046	50.689	3.909	54.598	8.382			71.019
2047	48.919	3.948	52.867	7.693			71.019
2048	46.631	3.987	50.618	6.982			71.019
2049	43.861	4.027	47.888	6.261			71.019
2050	46.044	4.068	50.112	6.210			71.019
2051	34.026	4.108	38.135	4.479			71.019
2052	29.880	4.149	34.030	3.789			71.019
2053	30.870	4.191	35.061	3.700			71.019
2054	29.061	4.233	33.294	3.331			71.019
2055	29.343	4.275	33.618	3.188			71.019
2056	28.395	4.318	32.713	2.940			71.019
2057	31.869	4.361	36.230	3.086			71.019
2058	38.132	4.405	42.537	3.435			71.019
2059	37.403	4.449	41.852	3.203			71.019
2060	41.081	4.493	45.574	3.306			71.019
2061	47.028	4.538	51.566	3.546			71.019

Annuität Umsatzerlöse und OPEX 2012+

Jahr	Umsatz-erlöse	Barwert Umsatz-erlöse 2012-2061 zum 1.1.2012	Summe Barwert Umsatz-erlöse	Annuität Umsatz-erlöse 2012+	OPEX (Aktivierungs-quote 100%)	Barwert OPEX 2012-2061 zum 1.1.2012	Summe Barwert OPEX	Annuität OPEX 2012+
2011	297.251		5.282.672	312.002	169.457		2.523.268	149.028
2012	285.000	270.142			155.000	146.919		
2013	285.000	256.059			155.000	139.260		
2014	285.000	242.710			155.000	132.000		
2015	285.000	230.057			155.000	125.119		
2016	285.000	218.063			155.000	118.596		
2017	290.000	210.321			150.000	108.787		
2018	290.000	199.357			150.000	103.116		
2019	290.000	188.964			150.000	97.740		
2020	290.000	179.112			150.000	92.644		
2021	290.000	169.775			150.000	87.815		
2022	310.000	172.022			145.000	80.462		
2023	310.000	163.054			145.000	76.267		
2024	310.000	154.554			145.000	72.291		
2025	310.000	146.497			145.000	68.523		
2026	310.000	138.859			145.000	64.950		
2027	320.000	135.866			140.000	59.441		
2028	320.000	128.783			140.000	56.343		
2029	320.000	122.069			140.000	53.405		
2030	320.000	115.705			140.000	50.621		
2031	320.000	109.673			140.000	47.982		
2032	330.000	107.204			140.000	45.481		
2033	330.000	101.615			140.000	43.110		
2034	330.000	96.318			140.000	40.862		
2035	330.000	91.297			140.000	38.732		
2036	330.000	86.537			140.000	36.713		
2037	340.000	84.511			145.000	36.042		
2038	340.000	80.106			145.000	34.163		
2039	340.000	75.929			145.000	32.382		
2040	340.000	71.971			145.000	30.694		
2041	340.000	68.219			145.000	29.093		
2042	350.000	66.564			150.000	28.528		
2043	350.000	63.094			150.000	27.040		
2044	350.000	59.805			150.000	25.631		
2045	350.000	56.687			150.000	24.294		
2046	350.000	53.732			150.000	23.028		
2047	360.000	52.386			155.000	22.555		
2048	360.000	49.655			155.000	21.379		
2049	360.000	47.066			155.000	20.265		
2050	360.000	44.613			155.000	19.208		
2051	360.000	42.287			155.000	18.207		
2052	370.000	41.196			160.000	17.814		
2053	370.000	39.048			160.000	16.886		
2054	370.000	37.012			160.000	16.005		
2055	370.000	35.083			160.000	15.171		
2056	370.000	33.254			160.000	14.380		
2057	380.000	32.372			165.000	14.056		
2058	380.000	30.684			165.000	13.324		
2059	380.000	29.085			165.000	12.629		
2060	380.000	27.568			165.000	11.971		
2061	380.000	26.131			165.000	11.346		

Finanzdaten Teilnetzportfolio

Jahr	EBIAT	Net Operating Assets	RONOA	Economic Profit
2005				
Teilnetz A	32.778	157.137	20,86%	24.135
Teilnetz B	19.667	261.895	7,51%	5.262
Teilnetz C	13.111	104.758	12,52%	7.349
2006				
Teilnetz A	31.485	155.954	20,19%	22.908
Teilnetz B	18.891	259.923	7,27%	4.595
Teilnetz C	12.594	103.969	12,11%	6.876
2007				
Teilnetz A	34.758	158.023	22,00%	26.067
Teilnetz B	20.855	263.371	7,92%	6.370
Teilnetz C	13.903	105.348	13,20%	8.109
2008E				
Teilnetz A	34.012	160.916	21,14%	25.162
Teilnetz B	20.407	268.193	7,61%	5.657
Teilnetz C	13.605	107.277	12,68%	7.705
2009E				
Teilnetz A	33.225	164.579	20,19%	24.173
Teilnetz B	19.935	274.298	7,27%	4.849
Teilnetz C	13.290	109.719	12,11%	7.256
2010E				
Teilnetz A	32.419	168.242	19,27%	23.166
Teilnetz B	19.451	280.403	6,94%	4.029
Teilnetz C	12.968	112.161	11,56%	6.799
2011E				
Teilnetz A	31.527	174.492	18,07%	21.930
Teilnetz B	18.916	290.819	6,50%	2.921
Teilnetz C	12.611	116.328	10,84%	6.213

Detailübersicht Beispiel Konzessionsportfolio Teilnetz C 2007

Jahr 2007	EBIAT	Net Operating Assets	RONOA	Economic Profit
Konzessionsgebiet 1	-1.390	10.535	-13,20%	-1.970
Konzessionsgebiet 2	2.085	2.634	79,18%	1.941
Konzessionsgebiet 3	2.085	2.107	98,98%	1.970
Konzessionsgebiet 4	695	21.070	3,30%	-464
Konzessionsgebiet 5	695	15.802	4,40%	-174
Konzessionsgebiet 6	2.085	5.267	39,59%	1.796
Konzessionsgebiet 7	3.476	10.535	32,99%	2.896
Konzessionsgebiet 8	2.781	5.267	52,79%	2.491
Konzessionsgebiet 9	2.781	3.160	87,98%	2.607
Konzessionsgebiet 10	-1.390	28.971	-4,80%	-2.984

7.2.2   NPC-Bereich Kosteneffizienz

Wertangaben in T €

Netzstrukturparameter

Stromabnahme	2005	2006	2007	2008E	2009E	2010E	2011E	2012+
Hochspannung (MWh)	369.402	369.402	369.402	369.402	369.402	369.402	369.402	369.402
Mittelspannung (MWh)	4.802.223	4.802.223	4.802.223	4.802.223	4.802.223	4.802.223	4.802.223	4.802.223
Niederspannung (MWh)	4.063.420	4.063.420	4.063.420	4.063.420	4.063.420	4.063.420	4.063.420	4.063.420
Summe (GWh)	9,235	9,235	9,235	9,235	9,235	9,235	9,235	9,235

Netzlänge	2005	2006	2007	2008E	2009E	2010E	2011E	2012+
Leitungslänge (km)	14.912	14.912	14.912	14.912	14.912	14.912	14.912	14.912

Einwohner im Netzgebiet	2005	2006	2007	2008E	2009E	2010E	2011E	2012+
Anzahl Personen	1.500.000	1.500.000	1.500.000	1.500.000	1.500.000	1.500.000	1.500.000	1.500.000

Grds. beeinflussbare Gesamtkosten

Jahr	2005	2006	2007	2008E	2009E	2010E	2011E	2012-2016	2017-2021	2022-2026
OPEX ohne vorgelag. NNE	129.082	137.387	131.704	127.798	124.036	120.414	116.927	108.500	105.000	101.500
Abschreibungen	25.079	25.852	26.665	27.561	28.544	29.550	30.789	30.975	34.452	39.052
Gesamtkapitalkosten	28.808	28.592	28.971	29.501	30.173	30.844	31.990	37.304	52.232	69.723
Gesamtkosten ohne vorgelagerte NNE vor Steuern	182.970	191.830	187.341	184.860	182.753	180.809	179.705	176.780	191.684	210.274

Grds. beeinflussbare Gesamtkosten je abgenommener MWh (€/MWh)
(zur konkreten Berechnungsmethodik siehe Abschnitt 2.4.3)

Jahr	2005	2007	2008E	2011E	2012-2016	2017-2021	2022-2026
anteil. Gesamtkosten HS	2,185	2,237	2,207	2,146	2,111	2,289	2,511
anteil. Gesamtkosten MS	13,389	13,709	13,527	13,150	12,936	14,026	15,387
anteil. Gesamtkosten NS	29,007	29,700	29,306	28,489	28,025	30,388	33,335

OPEX-Zusammensetzung nach Hauptprozessen

Jahr	2005	2006	2007	2008E	2009E	2010E	2011E
OPEX AM	12.908	13.039	13.170	12.780	12.404	12.041	11.693
OPEX AS	90.358	95.271	92.193	89.458	86.825	84.290	81.849
OPEX CS	19.362	22.558	19.756	19.170	18.605	18.062	17.539
OPEX sonst.	6.454	6.519	6.585	6.390	6.202	6.021	5.846
OPEX-gesamt ohne vergelag. NNE	129.082	137.387	131.704	127.798	124.036	120.414	116.927

Spezifische OPEX

OPEX-Kategorie	Einheit	2005	2006	2007	2008E	2009E	2010E	2011E
OPEX AM	€/m Leitungslänge	0,866	0,874	0,883	0,857	0,832	0,807	0,784
OPEX AS	€/m Leitungslänge	6,059	6,389	6,182	5,999	5,823	5,652	5,489
OPEX CS	€/Einwohner	12,908	15,039	13,170	12,780	12,404	12,041	11,693

Auftragsvolumen Asset Service

Jahr	2007-2011	2012-2016	2017-2021	2022-2026	2027-2031	2032-2036	2037-2041	2042-2046	2047-2051	2052-2056	2057-2061
Prognose Ø-OPEX Asset Service pro Jahr	86.923	77.500	75.000	72.500	70.000	70.000	72.500	75.000	77.500	80.000	82.500
Prognose Ø-CAPEX Asset Service pro Jahr	43.514	71.847	101.768	88.596	57.916	42.448	43.797	53.145	47.119	32.897	42.662
Auftragsvolumen Asset Service gesamt	130.437	149.347	176.768	161.096	127.916	112.448	116.297	128.145	124.619	112.897	125.162

7.2.3   NPC-Bereich Netzrisiko

Wertangaben in T €

Schadenswert durch Störungen im Versorgungsnetz
(fiktive Angaben; keine Berechnung)

Jahr	2005	2006	2007	2008E	EP at Risk 2008
Erwarteter Schadenswert	22.387	21.963	24.155	27.008	
Ist-Schadenswert	16.579	26.341	21.757		58.412

Detailübersicht Schadenswerte

Jahr	2005 Ist	2006 Ist	2007 Ist	2008 Erwartet
Entstörung	14.126	17.965	18.760	23.935
Erhöhte Kundenbetreuung	338	3.008	449	660
Entgangene Netznutzungsentgelte	127	136	131	156
Pönalen bzgl. kundenindividueller Qualitätsstandards	1.988	2.732	2.417	2.258
Pönalen bzgl. Netz-übergreifender Qualitätsstandards	0	2.500	0	0

Netzprojektbudget 2008

Projekt-Nr.	Verhältnis Nutzen vs. Barwert Projektkosten	Nutzen durch Risiko- minderung	Kosten/ Auszah- lungen (Barwert)	Kum. Nutzen durch Risiko- minderung	Kum. Kosten/ Auszahlungen (Barwert)
1	32,4	3.476	107	3.476	107
2	28,3	3.337	118	6.813	225
3	24,7	3.204	130	10.017	355
4	22,0	6.412	292	16.429	647
5	21,6	3.075	143	19.504	789
6	20,3	3.621	179	23.125	968
7	18,8	2.952	157	26.078	1.125
8	16,4	2.834	173	28.912	1.297
9	14,3	2.721	190	31.633	1.487
10	14,3	2.721	190	34.354	1.677
11	14,1	6.156	438	40.510	2.115
12	14,1	6.156	438	46.666	2.553
13	12,7	3.772	298	50.437	2.851
14	12,7	3.772	298	54.209	3.148
15	12,5	2.612	209	56.821	3.357
16	12,5	2.612	209	59.433	3.566
17	11,8	17.804	1.515	77.237	5.081
18	10,9	2.508	230	79.745	5.310
19	10,9	2.508	230	82.252	5.540
20	9,5	2.407	253	84.660	5.793
21	9,5	2.407	253	87.067	6.045
22	9,0	5.910	657	92.977	6.703
23	9,0	5.910	657	98.886	7.360
24	7,9	3.929	496	102.815	7.856
25	7,9	3.929	496	106.744	8.352
26	7,0	2.311	328	109.055	8.680
27	7,0	2.311	328	111.366	9.009
28	6,1	16.590	2.736	127.956	11.745
29	5,8	5.673	986	133.629	12.731
30	5,8	5.673	986	139.302	13.716
31	5,4	6.360	1.172	145.663	14.889
32	5,3	9.502	1.791	155.165	16.680
33	5,2	2.219	427	157.383	17.107
34	5,2	2.219	427	159.602	17.534
35	5,0	4.093	827	163.695	18.360
36	5,0	4.093	827	167.787	19.187
37	4,7	17.450	3.686	185.238	22.873
38	4,4	4.136	938	189.373	23.811
39	4,3	3.994	938	193.367	24.748
40	4,2	12.672	2.985	206.039	27.734
41	4,2	10.289	2.457	216.328	30.191

Fortsetzung: Netzprojektbudget 2008

Projekt-Nr.	Verhältnis Nutzen vs. Barwert Projektkosten	Nutzen durch Risiko-minderung	Kosten/ Auszah-lungen (Barwert)	Kum. Nutzen durch Risiko-minderung	Kum. Kosten/ Auszahlungen (Barwert)
42	4,1	4.993	1.219	221.321	31.410
43	3,9	4.709	1.219	226.030	32.630
44	3,8	2.130	555	228.160	33.185
45	3,8	2.130	555	230.290	33.740
46	3,8	2.130	555	232.420	34.295
47	3,8	2.130	555	234.550	34.850
48	3,6	4.234	1.172	238.784	36.022
49	3,6	8.871	2.457	247.655	38.479
50	3,6	8.871	2.457	256.526	40.936
51	3,6	8.871	2.457	265.397	43.393
52	3,5	3.285	938	268.683	44.331
53	3,5	3.285	938	271.968	45.269
54	3,4	4.142	1.219	276.110	46.488
55	3,3	9.837	2.985	285.947	49.473
56	3,3	9.837	2.985	295.785	52.459
57	3,1	4.915	1.585	300.700	54.044
58	3,1	4.915	1.585	305.614	55.629
59	2,9	3.599	1.234	309.214	56.863
60	2,9	3.599	1.234	312.813	58.097
61	2,3	2.967	1.299	315.780	59.396
62	2,0	2.541	1.299	318.321	60.694
63	1,5	2.211	1.515	320.533	62.209
64	1,4	1.910	1.367	322.442	63.576
65	1,2	1.626	1.367	324.069	64.943
66	1,2	1.705	1.439	325.774	66.383
67	1,2	1.705	1.439	327.480	67.822
68	0,9	2.426	2.679	329.906	70.501
69	0,9	1.444	1.682	331.350	72.183
70	0,8	1.359	1.682	332.708	73.865
71	0,8	2.143	2.679	334.851	76.544
72	0,6	5.285	8.292	340.135	84.837
73	0,5	4.292	8.292	344.428	93.129
74	0,4	760	1.857	345.188	94.986
75	0,4	689	1.857	345.877	96.843
76	0,4	563	1.595	346.440	98.438
77	0,3	588	2.050	347.028	100.488
78	0,3	588	2.050	347.616	102.539
79	0,3	620	2.182	348.235	104.721
80	0,3	630	2.264	348.865	106.984
81	0,3	620	2.297	349.485	109.281
82	0,3	672	2.499	350.157	111.780
83	0,3	587	2.264	350.744	114.044
84	0,3	620	2.418	351.364	116.462
85	0,2	620	2.545	351.984	119.007
86	0,2	620	2.613	352.603	121.620
87	0,2	646	2.759	353.249	124.379
88	0,2	620	3.046	353.868	127.425
89	0,2	620	3.166	354.488	130.590

7.2.4 NPC-Bereich Netzsubstanz

Wertangaben in T €

Replacement Cost New Asset Base untergliedert nach Restlebenserwartungsklassen (ohne Netzstrukturbereinigung und Preisinflation)

Restlebenserwartung	2005	2007	2008E	2011E	2016E	2021E	2026E
< 6 Jahre	184.063	228.057	255.738	347.863	496.889	430.419	276.375
6-10 Jahre	315.349	384.325	419.266	496.889	430.419	276.375	198.361
11-25 Jahre	1.242.314	1.154.185	1.095.880	905.156	679.135	655.528	676.649
> 25 Jahre	1.039.284	1.011.623	1.008.800	1.019.712	1.163.176	1.407.297	1.618.235
Replacement Cost New Asset Base gesamt	2.781.011	2.778.189	2.779.683	2.769.620	2.769.620	2.769.620	2.769.620

Prozentanteil der Restlebenserwartungsklassen an den Gesamt-RCN

Restlebenserwartung	2005	2007	2008E	2011E	2016E	2021E	2026E
< 6 Jahre	7%	8%	9%	13%	18%	16%	10%
6-10 Jahre	11%	14%	15%	18%	16%	10%	7%
11-25 Jahre	45%	42%	39%	33%	25%	24%	24%
> 25 Jahre	37%	36%	36%	37%	42%	51%	58%

Detailübersichten nach Spannungsebenen

Assets Hochspannung

Restlebenserwartung	2005	2007	2008E	2011E	2016E	2021E	2026E
< 6 Jahre	15.295.965	20.146.976	23.199.255	33.357.576	49.790.106	42.460.756	25.474.891
6-10 Jahre	34.772.356	42.378.076	46.230.860	54.790.106	47.460.756	30.474.891	21.872.529
11-25 Jahre	136.985.417	127.267.702	120.838.636	99.808.176	74.885.729	72.282.608	74.611.549
> 25 Jahre	119.598.053	116.547.892	116.236.680	117.439.879	133.259.146	160.177.481	183.436.768
Replacement Cost New gesamt	306.651.792	306.340.647	306.505.431	305.395.737	305.395.737	305.395.737	305.395.737

Assets Umspannung Hoch-/Mittelspannung

Restlebenserwartung	2005	2007	2008E	2011E	2016E	2021E	2026E
< 6 Jahre	24.311.692	31.078.570	35.336.322	49.506.589	72.429.014	62.204.996	38.510.702
6-10 Jahre	48.505.416	59.114.953	64.489.363	76.429.014	66.204.996	42.510.702	30.510.906
11-25 Jahre	191.086.695	177.531.048	168.562.874	139.226.605	104.461.239	100.830.038	104.078.775
> 25 Jahre	163.857.624	159.602.827	159.168.703	160.847.096	182.914.054	220.463.567	252.908.921
Replacement Cost New Asset Base gesamt	427.761.427	427.327.398	427.557.262	426.009.304	426.009.304	426.009.304	426.009.304

Assets Mittelspannung

Restlebenserwartung	2005	2007	2008E	2011E	2016E	2021E	2026E
< 6 Jahre	51.613.920	68.730.617	79.500.523	115.343.960	173.325.825	147.464.355	87.530.062
6-10 Jahre	122.693.582	149.530.217	163.124.691	193.325.825	167.464.355	107.530.062	77.176.792
11-25 Jahre	483.350.382	449.061.614	426.376.777	352.171.209	264.232.838	255.047.778	263.265.401
> 25 Jahre	424.357.003	413.594.570	412.496.463	416.741.927	472.559.903	567.540.726	649.610.667
Replacement Cost New Asset Base gesamt	1.082.014.887	1.080.917.017	1.081.498.455	1.077.582.921	1.077.582.921	1.077.582.921	1.077.582.921

Assets Umspannung Mittel-/Niederspannung

Restlebenserwartung	2005	2007	2008E	2011E	2016E	2021E	2026E
< 6 Jahre	25.164.648	29.028.218	31.459.195	39.549.753	52.637.382	46.799.948	33.271.617
6-10 Jahre	27.694.318	33.751.866	36.820.402	43.637.382	37.799.948	24.271.617	17.420.296
11-25 Jahre	109.101.541	101.361.902	96.241.495	79.491.862	59.642.468	57.569.223	59.424.099
> 25 Jahre	82.271.206	79.841.916	79.594.052	80.552.336	93.151.534	114.590.545	133.115.320
Replacement Cost New gesamt	244.231.713	243.983.902	244.115.144	243.231.332	243.231.332	243.231.332	243.231.332

Assets Niederspannung

Restlebenserwartung	2005	2007	2008E	2011E	2016E	2021E	2026E
< 6 Jahre	67.676.932	79.072.365	86.242.425	110.105.176	148.706.574	131.489.313	91.588.086
6-10 Jahre	81.683.193	99.549.669	108.600.184	128.706.574	111.489.313	71.588.086	51.380.412
11-25 Jahre	321.790.282	298.962.552	283.860.133	234.457.812	175.912.884	169.797.935	175.268.813
> 25 Jahre	249.200.479	242.035.394	241.304.330	244.130.745	281.291.536	344.524.973	399.162.996
Replacement Cost New Asset Base gesamt	720.350.886	719.619.980	720.007.072	717.400.307	717.400.307	717.400.307	717.400.307

7.2.5   NPC-Bereich Versorgungsqualität

Durchschnittliche Anzahl Unterbrechung je Kunde (SAIFI)

Jahr	2005	2006	2007	2008E
SAIFI gesamt	2,5	3,5	2,8	2,8
davon ungeplant	2,0	3,1	2,3	2,3

Aufgliederung ungeplante SAIFI

SAIFI ungeplant	2005	2006	2007	2008E
Höhere Gewalt/Naturkatastrophen	0,1	1,0	0,2	0,2
Verschulden Dritter	0,9	1,1	1,0	1,0
Sonstige Ursachen	1,0	1,0	1,1	1,1

Durchschnittliche Ausfallminuten je Kunde (SAIDI)

Jahr	2005	2006	2007	2008E
SAIDI	25,0	46,0	31,5	32,0
davon ungeplant	20,0	40,5	26,0	26,3

Aufgliederung ungeplante SAIDI

SAIDI ungeplant	2005	2006	2007	2008E
Höhere Gewalt/Naturkatastrophen	1,0	13,1	2,3	2,3
Verschulden Dritter	9,0	14,4	11,4	11,4
Sonstige Ursachen	10,0	13,1	12,4	12,6

Kundenindividuelle Qualitätsstandards

Häufigkeit Nicht-Einhaltung kundenindividueller Qualitätsstandards	2005	2006	2007	2008E
Berechtigte Kundenbeschwerden bzgl. Spannungsqualität	7.370	7.146	6.688	6.354
Überschreitung maximale Störungshäufigkeit	28.345	48.234	39.231	37.269
Überschreitung maximale Störungsbearbeitungsdauer	45.352	61.174	62.770	59.631
Nicht-fristgerechte Ankündigung geplanter Unterbrechungen	4.077	5.500	5.643	5.361
Nicht-Einhaltung sonstiger Mindeststandards	4.863	5.373	4.487	4.263

7.3 Finanzdaten börsennotierter Stromübertragungsnetzbetreiber

Verwendet in Abschnitt 2.4.1

	National Grid[1] (Mio. GBP)	Red Eletrica de España[1] (Mio. €)	Terna[1] (Mio. €)
Umsatz	9.193	949	1.110
EBIT	2.439	402	551
Jahresüberschuss (continued operations)	1.217	200	356
Total Assets	25.924	4.818	6.272
Eigenkapital	3.493	1.022	1.902
Marktkapitalisierung[2]	21.233	4.588	5.510

Quellen:
[1] Annual Reports 2006
[2] Reuters UK, 24.03.2007

7.4 Berechnung des Cash Value Added

Das Residualgewinnmodell Cash Value Added basiert auf der Rentabilitätskennzahl Cash Flow Return on Investment (CFROI) und den absoluten Kennzahlen Cash Value Added (CVA) und Discounted Cash Value Added (DCVA). Der CFROI einer Periode t wird dabei wie folgt ermittelt:[434]

$$CFROI = \frac{Brutto\ Cash\ Flow - Ökonomische\ Abschreibung}{Brutto\ Investitionsbasis}$$

---

[434] Vgl. CRASSELT et al. (2000), S. 206.

Der Brutto-Cash Flow kann indirekt aus der Erfolgsrechnung als das Ergebnis nach Steuern zuzüglich der Abschreibungen, Zinszahlungen und sowie diverser weiterer Anpassungen abgeleitet werden.[435]

Die Brutto-Investitionsbasis (BIB) ergibt sich aus den inflationierten Anschaffungs- und Herstellungskosten der Aktiva und diversen Bereinigungen wie dem Abzug der nicht-verzinslichen Verbindlichkeiten oder Inflationsanpassungen.[436]

Durch die ökonomische Abschreibung wird die Tatsache berücksichtigt, dass ein Unternehmen zur Sicherung seines Fortbestandes fortlaufend weitere Investitionen tätigen muss. Die ökonomische Abschreibung entspricht der notwendigen Ansparung, die unter Berücksichtigung von Zinseffekten erforderlich ist, um am Ende der gegebenen Nutzungsdauer der Brutto-Investitionsbasis wieder über den Gegenwert der Brutto-Investitionsbasis zu verfügen. Die jährliche ökonomische Abschreibungsrate entspricht daher dem Kehrwert des Rentenendwertfaktors.[437]

Zur Beurteilung der Performance bzw. Wertentwicklung eines Unternehmens wird die Rentabilitätsgröße CFROI dem Kapitalkostensatz Weighted Average Cost of Capital (WACC) gegenübergestellt, der dem gewichteten Durchschnitt der Mindestrenditeerwartungen der Eigenkapitalgeber und der Zinsverpflichtungen gegenüber den Kapitalgebern entspricht.

Der absolute periodische Wertbeitrag Cash Value Added ergibt sich durch die Multiplikation der Differenz von CFROI und WACC mit der BIB:

$$CVA = (CFROI - WACC) * BIB$$

Der aktuelle Unternehmensnehmenswert ergibt sich wie folgt aus einer aktualisierten Planung der künftigen CVAs:

$$Unternehmenswert = Discounted\ CVA + BIB_{t=0} = \sum_{t=1}^{\infty} \frac{CVA_t}{(1 + WACC)^{T-1}} + BIB_{t=0}$$

---

[435] Vgl. LEWIS (1995), S. 41.

[436] Vgl. LEWIS (1995), S. 41. Im Rahmen der konkreten Definition des Brutto-Cash Flow und der Brutto-Investitionsbasis ist darauf zu achten, dass die Zahlungs- und die Kapitalgröße konsistent zueinander sind.

[437] Der Rentenendwertfaktor wird für einen gegebenen Kapitalkostensatz WACC und die BIB-Nutzungsdauer T wie folgt berechnet:

$$Rentenendwertfaktor\ (WAAC;\ T) = \frac{(1 + WACC)^T - 1}{WACC}$$

Druck:
Customized Business Services GmbH
im Auftrag der
KNV Zeitfracht GmbH
Ein Unternehmen der Zeitfracht - Gruppe
Ferdinand-Jühlke-Str. 7
99095 Erfurt